学习贯彻习近平新时代中国特色社会主义经济思想
做好“十四五”规划编制和发展改革工作
| 系列丛书 |

# 加快构建现代综合交通运输体系

丛书编写组　编著

中国计划出版社　中国市场出版社 China Market Press
·北京·

## 图书在版编目（CIP）数据

加快构建现代综合交通运输体系 / 学习贯彻习近平新时代中国特色社会主义经济思想 做好“十四五”规划编制和发展改革工作系列丛书编写组编著. -- 北京 : 中国计划出版社 : 中国市场出版社有限公司，2020.8（2020.11重印）

（学习贯彻习近平新时代中国特色社会主义经济思想做好“十四五”规划编制和发展改革工作系列丛书）

ISBN 978-7-5182-1221-7

Ⅰ. ①加… Ⅱ. ①学… Ⅲ. ①习近平新时代中国特色社会主义思想－学习参考资料②综合运输－交通运输系统－中国－学习参考资料 Ⅳ. ①D610②F512.4

中国版本图书馆CIP数据核字(2020)第160110号

# 加快构建现代综合交通运输体系

JIAKUAI GOUJIAN XIANDAI ZONGHE JIAOTONG YUNSHU TIXI

---

**编　　著：** 丛书编写组

**责任编辑：** 高　明　李　颖

**装帧设计：** 蒋宏工作室

**出版发行：** 中国计划出版社　中国市场出版社

**社　　址：** 北京市西城区木樨地北里甲11号国宏大厦C座3层（100038）

**电　　话：**（010）63906433（发行部）

**网　　址：** www. jhpress. com

**印　　刷：** 北京中科印刷有限公司

**规　　格：** 170mm × 240mm　　1/16开本

**印　　张：** 22　　**字　　数：** 240千字

**版　　次：** 2020年8月第1版　　**印　　次：** 2020年11月第3次印刷

**书　　号：** ISBN 978-7-5182-1221-7

**定　　价：** 50.00元


---

# 前 言

习近平新时代中国特色社会主义经济思想，是新时代推动我国经济社会发展实践的理论结晶，是中国特色社会主义政治经济学的最新成果。交通运输是国民经济发展的基础和纽带，是经济社会迈向现代化发展阶段的战略支撑和先行引领。习近平总书记高度重视我国交通运输发展，就现代综合交通运输发展作出系列重要讲话和指示批示，多次强调“经济要发展，交通要先行”“‘要想富、先修路’不过时”“推进供给侧结构性改革，促进物流降本增效，交通运输大有可为”，明确要求加快建设交通强国、航运强国和航空强国，建设人民满意交通，从综合交通运输体系全局出发，加强各种运输方式衔接协调，调整运输结构，提高整体效率。

习近平总书记关于综合交通运输发展的重要论述，涵盖交通强国建设、交通运输供给侧结构性改革、交通扶贫、“一带一路”交通基础设施互联互通、低碳绿色智慧交通、现代化城市交通系统、区域交通协同发展、大飞机和跨海桥隧等大国重器和超级工程研发创新、一体化组织衔接以及运营服务管理“软实力”提升、新动能新业态发展、重大改革和体制机制创新、艰苦奋斗交通精神等方方面面。习近平总书记关于综合交通运输发展的重要论述，是习近平新时代中国特色社会主义经济思想的重要组成部分，是在中国大地上提炼总结出的符合中国发展实际、顺应世界潮流趋势的交通运输发展理论，是指导新时代我国综合交通运输体系建设和交通运输现代化发展的理论根基、战略纲领、基本方略和根本遵循。

党的十八大以来，以习近平总书记关于综合交通运输发展的重要论述为指引，我国交通运输事业继往开来，取得了举世瞩目的发展成就，公路成网，铁路密布，西气东输，高铁飞驰，巨轮远航，飞机翱翔，高速铁路、跨海桥隧等部分领域发展水平世界领先，成功跻身世界交通大国行列并向世界交通强国迈进，为支撑全面建成小康社会和率先全面开启现代化建设新征程奠定了坚实基础。“十四五”时期，面对世界百年未有之大变局以及新一轮产业科技变革加速推进下的内外部发展环境深度调整，交通运输供需格局和矛盾困难深刻变化等复杂艰巨的风险挑战，在习近平总书记关于综合交通运输发展的重要论述指引下，我们建设中国特色社会主义交通强国的意志信念愈发坚定，构建现代综合交通运输体系的时代使命愈发荣耀，理论指导愈发充分，逻辑思路愈发清晰，目标取向愈发明确，路径方法愈发明朗，任务重点愈发突出。

为深入学习贯彻习近平新时代中国特色社会主义经济思想，编制好“十四五”规划，统筹推进疫情防控和经济社会发展，进一步提升发展改革工作质量和水平，国家发展改革委组织编写《学习贯彻习近平新时代中国特色社会主义经济思想 做好“十四五”规划编制和发展改革工作》系列丛书，《加快构建现代综合交通运输体系》是丛书之一。

本书包括五章，分别为深刻认识习近平总书记关于综合交通运输发展重要论述的重大意义，学习贯彻习近平总书记关于综合交通运输发展重要论述的深刻体会，习近平总书记关于综合交通运输发展的重要论述指导交通运输迈上新台阶，积极应对综合交通运输体系建设面临的新机遇和新挑战，以习近平新时代中国特色社会主义经济思想为指导做好“十四五”现代综合交通运输体系发展规划编制工作。

习近平总书记关于综合交通运输发展的重要论述是党和国家十分宝贵的精神财富，是我国现代综合交通运输体系发展的战略指引，博大精深、内涵丰富、要义深邃，必须长期坚持，不断深入学习、不断深刻领会、不断付诸实践。

本书编写组

2020 年 8 月

# 目　录

第一章

## 思想光辉 深刻认识习近平总书记关于综合交通运输发展重要论述的重大意义


第一节　描绘建设交通强国的宏伟蓝图……3

第二节　指明安全、便捷、高效、绿色、经济的交通运输发展方向……11

第三节　给出交通供给侧结构性改革的实践路径……20

第四节　明确创新是引领综合交通运输发展的第一动力……33

第五节　弘扬新时代的交通精神……40


第二章

## 理论指南 学习贯彻习近平总书记关于综合交通运输发展重要论述的深刻体会


第一节　切中要害，抓住新时期交通运输发展“大而不强”的主要矛盾……49

第二节　科学研判，揭示交通运输作为先行领域适度超前的客观规律……63

第三节　与时俱进，明确交通运输发展向高质量转型的基本要求……73

第四节　根植人民，提出交通运输以人为本的内在实质……81

## 第三章
## 累累硕果 习近平总书记关于综合交通运输发展的重要论述指导交通运输迈上新台阶


第一节 基础设施网络不断完善，大国重器亮点纷呈 …… 95

第二节 运输服务品质大幅提升，人民获得感显著增强 …… 116

第三节 技术装备水平明显提高，部分领域发展水平位居世界前列 …… 133

第四节 新领域新业态加快涌现，行业融合深度广度延伸拓展 …… 146

第五节 体制机制改革迈出新步伐，一体化建设运营管理环境进一步优化 …… 157


## 第四章
## 时代呼唤 积极应对综合交通运输体系建设面临的新机遇和新挑战


第一节 建设现代化经济体系要求提升综合交通服务保障能力 …… 167

第二节 人民生活水平提高要求交通运输服务全面适应 …… 180

第三节 国土空间格局优化要求发挥综合交通支撑引领作用 …… 190

第四节 资源环境约束要求加快完善绿色交通体系 …… 200

第五节 新一代科技革命和产业变革要求塑造交通运输发展新模式 …… 208

第六节 全面开放新格局要求交通基础设施更高水平互联互通 …… 217

## 第五章
## 奋勇前进 以习近平新时代中国特色社会主义经济思想为指导做好“十四五”现代综合交通运输体系发展规划编制工作

第一节 坚持以人民为中心，全面提升运输服务质量 229
第二节 坚持适度超前发展，增强基础保障能力 238
第三节 注重综合一体衔接，提高交通运输整体效率 264
第四节 促进融合联动，支撑引领经济社会发展 274
第五节 推动改革创新，形成发展新动力源 300
第六节 坚守绿色安全，增强综合交通运输系统韧性 316

参考文献 326
后 记 335

学习贯彻习近平新时代中国特色社会主义经济思想

做好“十四五”规划编制和发展改革工作

系列丛书

第一章

# 思想光辉 深刻认识习近平总书记关于综合交通运输发展重要论述的重大意义

党的十八大以来，习近平总书记高度重视交通运输发展工作，多次发表重要讲话、作出重要指示批示，是习近平新时代中国特色社会主义经济思想的重要组成部分，为综合交通运输体系发展提供了根本遵循，是推动综合交通运输体系持续健康发展的科学指引。

## 第一节

# 描绘建设交通强国的宏伟蓝图

党的十九大报告提出，经过长期努力，中国特色社会主义进入了新时代，这是我国发展新的历史方位，开启了我国全面建设社会主义现代化强国的新征程。习近平总书记指出，国家强，经济体系必须强。只有形成现代化经济体系，才能更好顺应现代化发展潮流和赢得国际竞争主动，也才能为其他领域现代化提供有力支撑。[1]交通运输是国民经济的基础性、先导性、战略性产业，是重要的服务性行业。建设交通强国是以习近平同志为核心的党中央立足国情、着眼全局、面向未来作出的重大战略部署，是建设现代化经济

[1]《习近平在中共中央政治局第三次集体学习时强调 深刻认识建设现代化经济体系重要性 推动我国经济发展焕发新活力迈上新台阶》，《人民日报》2018 年 2 月 1 日。

体系的先行领域，是全面建成社会主义现代化强国的重要支撑，是新时代做好综合交通运输体系发展工作的总抓手。

## 一、新时代要求建设交通强国

2017 年，习近平总书记在党的十九大报告中首次明确提出建设交通强国，将其作为建设现代化经济体系的先行领域。习近平总书记指出，创新是引领发展的第一动力，是建设现代化经济体系的战略支撑。要瞄准世界科技前沿，强化基础研究，实现前瞻性基础研究、引领性原创成果重大突破。加强应用基础研究，拓展实施国家重大科技项目，突出关键共性技术、前沿引领技术、现代工程技术、颠覆性技术创新，为建设科技强国、质量强国、航天强国、网络强国、交通强国、数字中国、智慧社会提供有力支撑。[1] 此后，习近平总书记在多个场合发表重要讲话和作出重要指示批示，系统诠释了交通强国的内涵。习近平总书记在北京大兴国际机场投运仪式上指出，民航业是国家重要的战略产业。要建设更多更先进的航空枢纽、更完善的综合交通运输系统，加快建设交通强国。[2] 加速建设世界一流强港，更好地服务国家建设，是新时期

[1]《决胜全面建成小康社会 夺取新时代中国特色社会主义伟大胜利——在中国共产党第十九次全国代表大会上的报告》，《人民日报》2017 年 10 月 28 日。
[2]《习近平出席投运仪式并宣布北京大兴国际机场正式投入运营》，《人民日报》2019 年 9 月 26 日。

建设航运强国的重要命题。习近平总书记在上海洋山港考察时指出，经济强国必定是海洋强国、航运强国。洋山港建成和运营，为上海加快国际航运中心和自由贸易试验区建设、扩大对外开放创造了更好条件，要有勇创世界一流的志气和勇气，要做就做最好的，努力创造更多世界第一。[1] 习近平总书记考察天津港码头时进一步明确指出，经济要发展，国家要强大，交通特别是海运首先要强起来。[2]

交通运输技术装备的自主创新，是习近平总书记一直牵挂的重点领域。习近平总书记在中国商用飞机有限责任公司设计研发中心考察时指出，大型客机研发和生产制造能力是一个国家航空水平的重要标志，也是一个国家整体实力的重要标志。制造大飞机承载着几代中国人的航空梦。我们的事业刚刚起步，前面的路还很长，但时间紧迫，容不得半点懈怠，要一以贯之、锲而不舍抓下去，用前进的目标激励自己，用比较的差距鞭策自己，力争早日让我们自主研制的大型客机在蓝天上自由翱翔。[3] 习近平总书记在上海汽车集团技术中心考察时指出，汽车行业是市场很大、技术含量和管理精

[1]《习近平在上海考察时强调 坚定改革开放再出发信心和决心 加快提升城市能级和核心竞争力》，《人民日报》2018 年 11 月 8 日。

[2]《习近平在京津冀三省市考察并主持召开京津冀协同发展座谈会时强调 稳扎稳打勇于担当敢于创新善作善成 推动京津冀协同发展取得新的更大进展》，《人民日报》2019 年 1 月 19 日。

[3]《习近平在上海考察时强调 当好全国改革开放排头兵 不断提高城市核心竞争力》，《人民日报》2014 年 5 月 25 日。

细化程度很高的行业，发展新能源汽车是我国从汽车大国迈向汽车强国的必由之路，要加大研发力度，认真研究市场，用好用活政策，开发适应各种需求的产品，使之成为一个强劲的增长点。[1] 2016 年 8 月，中国航空发动机集团公司成立，习近平总书记作出重要指示，坚持实施创新驱动战略，大胆创新，锐意改革，脚踏实地，勇攀高峰，加快实现航空发动机及燃气轮机自主研发和制造生产，为把我国建设成为航空强国而不懈奋斗。[2] 2018 年 10 月，习近平总书记致电祝贺我国自主研制的大型灭火 / 水上救援水陆两栖飞机 AG600 成功实施首次水上试飞任务时强调，AG600 水上首飞圆满成功，是我国航空工业坚持自主创新取得的又一重大科技成果。希望各有关方面继续弘扬航空报国精神，切实贯彻新发展理念，奋力推动创新发展，再接再厉，大力协同，确保项目研制成功，继续为满足我国应急救援体系和国家自然灾害防治体系建设需要、实现建设航空强国目标而奋斗。[3]

习近平总书记十分关心国家工程、国之重器建设。他回忆起在浙江省工作时亲历全长 36 公里的杭州湾跨海大桥修建过程时指

---

[1]《“上海的今天好，上海的明天会更好！”——习近平总书记考察上海侧记》，《解放日报》2014 年 5 月 26 日。

[2]《习近平对中国航空发动机集团公司成立作出重要指示强调 加快实现航空发动机及燃气轮机自主研发和制造生产 为把我国建设成为航空强国而不懈奋斗》，《人民日报》2016 年 8 月 29 日。

[3]《习近平致电祝贺国产大型水陆两栖飞机 AG600 水上首飞成功》，《人民日报》2018 年 10 月 21 日。

出，这一工程不仅促进了当地从交通末梢到交通枢纽的飞跃，更通过物流、资金流、信息流的汇聚和扩散影响了经济社会发展各个领域，促进了苏浙沪经济圈发展。[1] 2018 年 10 月 23 日，习近平总书记在港珠澳大桥开通仪式上指出，港珠澳大桥的建设创下多项世界之最，非常了不起，体现了一个国家逢山开路、遇水架桥的奋斗精神，体现了我国综合国力、自主创新能力，体现了勇创世界一流的民族志气。[2]

## 二、新时代要求加快形成现代综合交通运输体系

2014 年 2 月，习近平总书记在北京市考察工作时强调，抓紧编制首都经济圈一体化发展的相关规划，明确三地功能定位、产业分工、城市布局、设施配套、综合交通体系等重大问题，并从财政政策、投资政策、项目安排等方面形成具体措施。要把交通一体化作为推进京津冀协同发展的先行领域，通盘考虑、统筹规划、共同推进区域重大基础设施建设和交通格局优化，科学规划并建设现代化、智能化的交通网络体系，加快构建三地快速、便捷、高效、安全、大容量、低成本的互联互通综合交通网络，为京津冀协同发展

[1]《让工程科技造福人类、创造未来——在 2014 年国际工程科技大会上的主旨演讲》，《人民日报》2014 年 6 月 4 日。

[2]《习近平出席开通仪式并宣布港珠澳大桥正式开通》，《人民日报》2018 年 10 月 24 日。

提供坚实基础和保障条件。[1] 2019 年 9 月，习近平总书记在考察北京市轨道交通建设发展情况时指出，城市轨道交通是现代大城市交通的发展方向。发展轨道交通是解决大城市病的有效途径，也是建设绿色城市、智能城市的有效途径。北京要继续大力发展轨道交通，构建综合、绿色、安全、智能的立体化现代化城市交通系统，始终保持国际最先进水平，打造现代化国际大都市。[2]

面对未来还有 2 亿 ~ 3 亿人口将进入城市的发展大势，城市综合交通如何更好地支撑新型城镇化发展，也是当前城市管理者面临的重要问题。对比现代综合交通运输体系发展要求，当前我国交通运输在基础设施联网、综合枢纽衔接、联程联运协作、发展要素融合等方面依旧任重道远。习近平总书记关于北京市构建立体化现代化城市交通系统的重要指示，不仅为北京，也为全国大城市综合交通运输系统发展指明了方向。

## 三、新时代要求建设人民满意交通

增进民生福祉是一切发展的根本目的。“为政之道，以顺民心为本，以厚民生为本”。习近平总书记高度重视交通运输的民生问

[1]《习近平在听取京津冀协同发展专题汇报时强调 优势互补互利共赢扎实推进努力实现京津冀一体化发展》，《人民日报》2014 年 2 月 28 日。

[2]《习近平出席投运仪式并宣布北京大兴国际机场正式投入运营》，《人民日报》2019 年 9 月 26 日。

题。在各地考察时，习近平总书记总是在百忙之中抽出时间，关心人民群众的生产生活、交通出行等情况。2013 年 2 月，习近平总书记在北京看望慰问坚守岗位的一线劳动者时，来到北京市祥龙出租客运有限公司，了解节日期间出租车运营情况。习近平总书记指出，你们工作很辛苦，为群众出行提供了方便，为城市交通事业发展作出了贡献。行胜于言，应该综合施策、标本兼治，健全激励保障机制，加强科学管理，提高职业道德水平，努力解决好“打车难”问题。[1] 2014 年 2 月，习近平总书记在北京市考察工作结束时发表讲话进一步指出，交通拥堵是“城市病”的典型表现，也是大城市发展中最难以治理的突出问题。北京要把解决交通拥堵问题放在城市发展的重要位置，加快形成安全、便捷、高效、绿色、经济的综合交通体系。对中心城区交通运输，也要善用人性化的办法，更加巧妙地疏解。[2]

交通运输是重要的服务性行业，交通运输公共产品和公共服务供给与人民群众的日常工作生活密切相关。交通设施供需的匹配程度、运输服务质量的好坏、交通治理效率的高低直接影响人民群众的满足感和获得感。当前，人民日益增长的美好出行需要和不平衡不充分的发展之间仍然存在较大矛盾。改革开放 40 多年来，我国已解决大多数地区人民群众的基本出行问题，但随着我国全面建

[1]《习近平看望慰问坚守岗位的一线劳动者》，《人民日报》2013 年 2 月 10 日。

[2]《习近平在北京考察工作时强调 立足优势 深化改革 勇于开拓 在建设首善之区上不断取得新成绩》，《人民日报》2014 年 2 月 27 日。

成小康社会和开启社会主义现代化国家建设新征程，人民群众对交通出行的质量和服务水平提出了更高要求，对美好生活有了更多期待。我们必须深入学习贯彻习近平总书记的重要论述精神，加快建设人民满意交通，不断满足人民对美好生活的需要。习近平总书记的重要论述为新时代建设人民满意的交通指明了方向，提供了根本遵循。

## 第二节

# 指明安全、便捷、高效、绿色、经济的交通运输发展方向

理念是行动的先导，发展方向是发展实践的指挥棒。党的十八大以来，以习近平同志为核心的党中央在深刻分析国内外发展大势、正确运用经济社会发展规律、科学破解我国发展中突出矛盾和问题的基础上，指明我国交通运输的发展方向，推动交通运输的深刻变革，构建新时代中国交通运输事业“发展逻辑”。发展不能想当然，发展更不能蛮干，必须遵循经济规律、自然规律、社会规律等客观规律。安全、便捷、高效、绿色、经济的发展方向，充分体现了从交通大国迈向交通强国的发展阶段对发展规律的科学遵循，其基本特征就是随着我国经济由高速增长阶段转向高质量发展阶段，交通运输必须从“走得了”“运得出”转向“走得好”“运得高

效、经济”。

## 一、必须守住安全红线底线

安全发展是交通运输的生命线。习近平总书记十分关心交通安全。2013 年 6 月，正在国外访问的习近平总书记对全国多个地区接连发生多起重特大安全生产事故高度重视，就做好安全生产工作作出重要指示，人命关天，发展决不能以牺牲人的生命为代价。这必须作为一条不可逾越的红线。要始终把人民生命安全放在首位，以对党和人民高度负责的精神，完善制度、强化责任、加强管理、严格监管，把安全生产责任制落到实处，切实防范重特大安全生产事故的发生。[1] 2015 年 6 月 1 日，“东方之星”客轮突遇龙卷风发生翻沉，习近平总书记立即作出重要指示，要深刻吸取教训，强化维护公共安全的措施，确保人民生命安全。[2] 2018 年 9 月，习近平总书记对民航安全作出重要指示，安全是民航业的生命线，任何时候任何环节都不能麻痹大意。民航主管部门和有关地方、企业要牢固树立以人民为中心的思想，正确处理安全与发展、安全与效益的关系，始终把安全作为头等大事来抓。要加大隐患排查和整治力

[1]《习近平就做好安全生产工作作出重要指示 始终把人民生命安全放在首位 切实防范重特大安全生产事故的发生》，《人民日报》2013 年 6 月 8 日。

[2]《习近平对东方之星旅游客船翻沉事件作出重要指示 要求全力做好人员搜救工作》，《人民日报》2015 年 6 月 3 日。

度，完善风险防控体系，健全监管工作机制，加强队伍作风和能力建设，切实把安全责任落实到岗位、落实到人头，确保民航安全运行平稳可控。[1]

习近平总书记高度重视安全制度建设。2014 年 2 月，习近平总书记在北京考察工作时指出，轨道交通特别是地铁，安全保障制度一定要严密，安全检查措施一定要严格，安全运行工作一定要严谨。[2] 2016 年 1 月，习近平总书记强调，重特大突发事件，不论是自然灾害还是责任事故，其中都不同程度存在主体责任不落实、隐患排查治理不彻底、法规标准不健全、安全监管执法不严格、监管体制机制不完善、安全基础薄弱、应急救援能力不强等问题，对加强安全生产工作提出 5 点要求。一是必须坚定不移保障安全发展，狠抓安全生产责任制落实。二是必须深化改革创新，加强和改进安全监管工作，举一反三，在标准制定、体制机制上认真考虑如何改革和完善。三是必须强化依法治理，用法治思维和法治手段解决安全生产问题，着力提高安全生产法治化水平。四是必须坚决遏制重特大事故频发势头，加强应急救援工作，最大限度减少人员伤亡和财产损失。五是必须加强基础建设，提升安全保障能力，针对交通

[1]《习近平在会见四川航空“中国民航英雄机组”全体成员时强调 学习英雄事迹 弘扬英雄精神 将非凡英雄精神体现在平凡工作岗位上》，《人民日报》2018 年 10 月 1 日。
[2]《习近平在北京考察工作时强调 立足优势 深化改革 勇于开拓 在建设首善之区上不断取得新成绩》，《人民日报》2014 年 2 月 27 日。

运输等重点行业，坚决做好安全防范。[1] 2019 年 11 月，中共中央政治局就我国应急管理体系和能力建设进行第十九次集体学习，习近平总书记强调，要健全风险防范化解机制，坚持从源头上防范化解重大安全风险，真正把问题解决在萌芽之时、成灾之前。要加强风险评估和监测预警，加强对危化品、矿山、道路交通、消防等重点行业领域的安全风险排查，提升多灾种和灾害链综合监测、风险早期识别和预报预警能力。[2]

习近平总书记高度重视交通运输行业信息基础设施安全问题。2016 年 4 月，习近平总书记在网络安全和信息化工作座谈会上指出，金融、能源、电力、通信、交通等领域的关键信息基础设施是经济社会运行的神经中枢，是网络安全的重中之重，也是可能遭到重点攻击的目标。交通中断、金融紊乱、电力瘫痪等问题，具有很大的破坏性和杀伤力。我们必须深入研究，采取有效措施，切实做好国家关键信息基础设施安全防护。[3]

新冠肺炎疫情发生后，习近平总书记明确要求保运输、保畅通、保安全，提高交通运输发展韧性，坚决打赢疫情防控阻击战。2020 年 2 月 3 日，习近平总书记在中央政治局常委会会议研究应

---

[1]《习近平对加强安全生产工作作出重要指示强调 坚定不移保障安全发展 坚决遏制重特大事故频发势头》，《人民日报》2016 年 1 月 7 日。

[2]《习近平在中央政治局第十九次集体学习时强调 充分发挥我国应急管理体系特色和优势 积极推进我国应急管理体系和能力现代化》，《人民日报》2019 年 12 月 1 日。

[3]《习近平：在网络安全和信息化工作座谈会上的讲话》，《人民日报》2016 年 4 月 26 日。

对新冠肺炎疫情工作时的讲话中指出，打疫情防控阻击战，实际上也是打后勤保障战。要加强道路交通管控，积极协助做好出入管控地区的人员、车辆、物品检查检测工作，优先保障救护、防疫车辆和运送医护人员、药品器械、民生物资等车辆通行。各地要加强统筹协调，确保人员、车辆正常通行秩序。大城市要根据疫情防控实际需要，研究采取错峰复工、错峰返程和错时上下班、暂停尾号限行等办法，最大限度减轻公交地铁压力，防止聚集性交叉感染。落实人员流入地和流出地的防控责任，做好乘客健康监测、交通工具场站消毒通风等工作。[1]

交通运输领域必须牢固树立“生命至上，安全发展”理念，强化红线意识，落实安全责任，夯实安全基础，兜住安全底线，努力为经济社会发展和人民出行提供安全便捷、优质高效的交通运输保障。

## 二、必须加强综合交通衔接协调

2013 年 7 月 21 日，习近平总书记来到武汉新港阳逻集装箱港区考察时指出，长江航运发展不能只盯着国际市场和长三角地区，一定要向内延伸到整个流域，调整航运组织形式也是赢得发展的一大途径，不能单靠增加投入，这和调整经济结构是一

[1]《在中央政治局常委会会议研究应对新型冠状病毒肺炎疫情工作时的讲话》（2020 年 2 月 3 日），《求是》2020 年第 4 期。

个概念。[1] 2018 年 4 月，习近平总书记在深入推动长江经济带发展座谈会上指出，要协调解决跨区域基础设施互联互通、流域管理统筹协调的重大问题。[2] 2019 年 1 月，习近平总书记在调研京津冀协同发展时再次指出，要破除制约协同发展的行政壁垒和机制体制障碍，构建促进协同发展、高质量发展的制度保障。京津冀地区要拿出方案，促进机场、港口群发挥协同作用。[3] 2019 年 9 月，习近平总书记在北京大兴国际机场综合交通中心听取机场综合交通体系建设情况介绍时指出，建设内外部联通的综合交通体系，是提高机场运行效率的关键。要树立先进管理理念，运用现代信息技术，提高管理运营智能化、便利化水平。[4]

加强综合交通衔接协调，是提高交通运输整体效率和服务水平、降低物流成本的有效途径，是优化运输结构、实现交通运输战略转型的迫切需要，是集约利用资源、节能环保的客观要求。综合交通枢纽是衔接多种运输方式、辐射一定区域的客、货转运中心。近年来，我国建成了一批以机场、铁路车站等为代表的大型综合客

---

[1]《书写新世纪海上丝绸之路新篇章——习近平总书记关心港口发展纪实》，《人民日报》2017 年 7 月 6 日。

[2]《习近平：在深入推动长江经济带发展座谈会上的讲话》，《人民日报》2018 年 6 月 14 日。

[3]《一项历史性工程——习近平总书记调研京津冀协同发展并主持召开座谈会纪实》，《人民日报》2019 年 1 月 20 日。

[4]《习近平出席投运仪式并宣布北京大兴国际机场正式投入运营》，《人民日报》2019 年 9 月 26 日。

运枢纽，改善了运输服务质量，方便了旅客出行。当前和今后一段时期是我国交通完善网络、提质增效的关键时期。在加快发展各种运输方式的同时，需要更加强化方式间的衔接与协作，更加注重提升综合交通枢纽现代化水平，使之成为资源要素高效流转的载体，设施网络与一体服务衔接的纽带，交通运输与新兴业态融合的平台，增加有效服务供给，满足运输需求。

## 三、必须打造绿色交通体系

习近平总书记多次就绿色交通体系交通节能、绿色出行作出重要指示，要倡导简约适度、绿色低碳的生活方式，反对奢侈浪费和不合理消费。推广绿色出行，通过生活方式绿色革命，倒逼生产方式绿色转型。[1] 要全面推动重点领域低碳循环发展，加强高能耗行业能耗管理，强化建筑、交通节能，发展节水型产业，推动各种废弃物和垃圾集中处理和资源化利用。[2] 要调整运输结构，减少公路运输量，增加铁路运输量。要抓紧治理柴油货车污染，推动货运经营整合升级、提质增效，加快规模化发展、连锁化经营。[1] 中国坚持走绿色、低碳、可持续发展道路，愿同国际社会一道，加速推进新能源汽车科技创新和相关产业发展，为建设清洁美丽世界、推动

[1]《推动我国生态文明建设迈上新台阶》（2019 年 1 月 31 日），《求是》2019 年第 3 期。
[2]《在十八届中央政治局第四十一次集体学习时的讲话》（2017 年 5 月 26 日），《习近平关于总体国家安全观论述摘编》，中央文献出版社 2018 年版，第 204 页。

构建人类命运共同体作出更大贡献。[1]

绿色发展是新发展理念的重要组成部分，是全方位变革，是构建现代化经济体系的必然要求。资源开发利用既要支撑当代人过上幸福生活，也要为子孙后代留下生存根基，要解决这个问题，就必须在转变资源利用方式、提高资源利用效率上下功夫。绿色交通是绿色发展的重要领域。

生态环境部发布的《中国机动车环境管理年报（2018）》显示，机动车污染已成为我国空气污染的重要来源之一，防治的紧迫性日益凸显。生态环境部发布的《中国移动源环境管理年报（2019）》进一步揭示，汽车是机动车大气污染排放的主要贡献者。按车型分类，占汽车保有量 7.9% 的柴油货车是交通运输污染防治的重中之重。优化调整交通运输结构，监管整治高污染高排放柴油货车，构建以电气化铁路、清洁船舶为主的中长途客货运体系，以低排放汽车、新能源汽车为主的短途客货运体系，是未来机动车污染防治的重要任务。

## 四、必须加快构建高效经济的综合交通网络

习近平总书记多次强调各种交通运输方式要统筹协调发展、降低运输成本、提高综合运输效益。习近平总书记指出，长江流域要

[1]《习近平向 2019 世界新能源汽车大会致贺信》，《人民日报》2019 年 7 月 3 日。

加强合作，充分发挥内河航运作用，发展江海联运，把全流域打造成黄金水道。[1] 2018 年 4 月，习近平总书记在深入推动长江经济带发展座谈会上讲话指出，我们国家物流费用成本偏高，这其中就有运输效率不高问题，主要是各种运输方式各自为政发展，各种交通运输方式衔接协调不畅、彼此结构不平衡不合理导致的。沿长江通道集合了各种类型的交通运输方式，要注意加强衔接协调，提高整体效率。[2]

---

[1]《书写新世纪海上丝绸之路新篇章——习近平总书记关心港口发展纪实》，《人民日报》2017 年 7 月 6 日。

[2]《习近平：在深入推动长江经济带发展座谈会上的讲话》，《人民日报》2018 年 6 月 14 日。

## 第三节

# 给出交通供给侧结构性改革的实践路径

党的十九大报告将深化供给侧结构性改革摆在贯彻新发展理念、建设现代化经济体系的首要位置，强调必须坚持质量第一、效益优先，推动经济发展质量变革、效率变革、动力变革。习近平总书记指出，推进供给侧结构性改革，促进物流降本增效，交通运输大有可为。[1] 交通运输是衔接供需两端的重要纽带，在提高供需匹配效率、提升供给体系质量等方面发挥着重要作用。不断深化交通运输供给侧结构性改革，既是国家深化供给侧结构性改革的必然要求，也是交通运输转型发展、建设交通强国的必由之路。

---

[1] 中华人民共和国中央人民政府网 . 深化交通运输供给侧结构性改革 助推经济高质量发展——2018 年深化交通运输供给侧结构性改革任务解读 [EB/OL].（2018-04-18）[2020-07-13]. http://www.gov.cn/xinwen/2018-04/18/content_5283616.htm。

## 一、巩固基础设施网络优势

党的十八届五中全会明确了供给侧结构性改革的方向和要求，其中涉及交通运输领域的主要体现在：提高基础设施网络化水平；推进流通体制改革，研究如何提高运输效率，平衡各种运输方式，降低各种物流费用；研究通过提高成品油消费税、降低高速公路收费；补齐软硬基础设施短板，提高投资有效性和精准性，加快“最后一公里”水电气路、新能源汽车基础设施、城际交通基础设施互联互通等建设。2016 年 12 月，习近平总书记在中央财经领导小组第十四次会议讲话中强调，加强基础设施薄弱环节。[1] 党的十九大报告提出，加强水利、铁路、公路、水运、航空、管道、电网、信息、物流等基础设施网络建设。2018 年 7 月，习近平总书记在中央政治局会议上指出，要把补短板作为当前深化供给侧结构性改革的重点任务，加大基础设施领域补短板的力度，增强创新力、发展新动能，打通去产能的制度梗阻，降低企业成本。[2] 2018 年 12 月，习近平总书记在中央经济工作会议上进一步强调，降低全社会各类营商成本，加大基础设施等领域补短板力度。加大城际交通、物

[1]《习近平主持召开中央财经领导小组第十四次会议强调 从解决好人民群众普遍关心的突出问题入手 推进全面小康社会建设》，《人民日报》2016 年 12 月 22 日。
[2]《中共中央政治局召开会议 中共中央总书记习近平主持会议 分析研究当前经济形势和经济工作 审议〈中国共产党纪律处分条例〉》，《人民日报》2018 年 8 月 1 日。

流、市政基础设施等投资力度，补齐农村基础设施和公共服务设施建设短板。[1]我们要深入学习贯彻习近平总书记的重要论述，进一步加大补短板力度，深入查找薄弱环节，协调好各种运输方式，推动更高水平的成网，巩固交通基础设施的网络优势。

习近平总书记心系城乡一体化发展问题，提出要建立全域覆盖、普惠共享、城乡一体的基础设施服务网络。习近平总书记对当前我国城乡差距作出深刻判断指出，现阶段城乡差距大最直观的表现是基础设施和公共服务差距大。农业农村优先发展，要体现在公共资源配置上。要把公共基础设施建设的重点放在农村，推进城乡基础设施共建共享、互联互通，推动农村基础设施建设提档升级，特别是加快道路、农田水利、水利设施建设，完善管护运行机制。习近平总书记强调，加大投入力度，创新投入方式，引导和鼓励各类社会资本投入农村基础设施建设，逐步建立全域覆盖、普惠共享、城乡一体的基础设施服务网络，重点抓好农村交通运输、农田水利、农村饮水、乡村物流、宽带网络等基础设施建设。[2]

习近平总书记对农村公路建设高度重视，多次作出指示要求建好、管好、护好、运营好农村公路。“四好农村路”是习近平总书记亲自总结提出、领导推动的重要民生工程、民心工程。2017年12月，习近平总书记再次对“四好农村路”建设作出重要指示，

---

[1]《中央经济工作会议在北京举行 习近平李克强作重要讲话 栗战书汪洋王沪宁赵乐际韩正出席会议》，《人民日报》2018年12月22日。
[2]《习近平论“三农”》，《人民日报》（海外版）2019年5月8日。

近年来，“四好农村路”建设取得了实实在在的成效，为农村特别是贫困地区带去了人气、财气，也为党在基层凝聚了民心。交通运输部等有关部门和各地区要认真贯彻落实党的十九大精神，从实施乡村振兴战略、打赢脱贫攻坚战的高度，进一步深化对建设农村公路重要意义的认识，聚焦突出问题，完善政策机制，既要把农村公路建好，更要管好、护好、运营好，为广大农民致富奔小康、为加快推进农业农村现代化提供更好保障。[1]

习近平总书记指出，贫困地区要脱贫致富，改善交通等基础设施条件很重要。[2] 特别是在一些贫困地区，改一条溜索、修一段公路就能给群众打开一扇脱贫致富的大门。[3]“要想富，先修路”不过时。[4] 在顶层设计上，要采取更加倾斜的政策，加大对老区发展的支持，要把基础设施建设放在重要位置，加快道路和交通设施建设，加快水利、能源、通信、市场等建设，从根本上改变交通落后状况，改善生产生活条件。[5] 习近平总书记指出，开对了“药方子”，才能拔掉“穷根子”。对贫困人口中有劳动能力、有耕地或

[1]《习近平对四好农村路建设作出重要指示强调 把农村公路建好管好护好运营好 为广大农民致富奔小康加快推进农业农村现代化提供更好保障》,《人民日报》2017 年 12 月 26 日。

[2]《筑好康庄大道 共圆小康梦想——习近平总书记关心农村公路发展纪实》,《人民日报》2014 年 4 月 29 日。

[3]《让农民致富奔小康的道路越走越宽广——党的十八大以来以习近平同志为核心的党中央关心农村公路发展纪实》，《人民日报》2018 年 2 月 5 日。

[4] 中华人民共和国中央人民政府网 . 交通运输部：奋力从交通大国向交通强国迈进 [EB/OL].（2017-10-18）[2020-07-13]. http：//www.gov.cn/xinwen/2017-10/18/content_5232641.htm。

[5]《在陕甘宁革命老区脱贫致富座谈会上的讲话》（2015 年 2 月 13 日），《习近平扶贫论述摘编》，中央文献出版社 2018 年版，第 88 页。

其他资源，但缺资金、缺产业、缺技能的，要把脱贫攻坚重点放在改善生产生活条件上，着重加强农田水利、交通通信等基础设施和技术培训、教育医疗等公共服务建设，特别是要解决好入村入户等“最后一公里”问题。[1] 2017 年 6 月，习近平总书记在深度贫困地区脱贫攻坚座谈会上再次强调，深度贫困地区的区域发展是精准扶贫的基础，是精准扶贫的重要组成部分。集中连片的贫困区要着力解决健全公共服务、建设基础设施、发展产业等问题，但必须明确，这样做是为了给贫困人口脱贫提供有利的发展环境，在深度贫困地区促进区域发展的措施必须围绕如何减贫来进行，真正为实施精准扶贫奠定良好基础。交通建设项目要尽量做到向进村入户倾斜。[2] 交通运输是促进资源要素便捷顺畅流动的重要载体，是推动区域协同、城乡一体、平急兼顾发展等的重要支撑。交通运输跨域深度融合联动发展，对于改善贫困地区发展环境，强化自我造血功能，破解贫困地区经济社会发展“瓶颈”具有重要意义。

## 二、增强经济社会发展支撑力

交通运输是经济社会持续健康发展的有力支撑和坚强保障。习近平总书记反复强调交通基础设施建设具有很强的先导作用，明确

[1]《在中央扶贫开发工作会议上的讲话》（2015 年 11 月 27 日），《习近平关于社会主义经济建设论述摘编》，中央文献出版社 2017 年版，第 218、219 页。

[2]《在深度贫困地区脱贫攻坚座谈会上的讲话》，《人民日报》2017 年 9 月 1 日。

要求把交通作为先行领域，发挥好交通运输“先行官”作用。

党的十八大以来，习近平总书记多次考察调研京津冀协同发展，指出交通一体化是京津冀协同发展的骨骼系统。2014 年 2 月，习近平总书记在北京考察工作时指出，这个系统立起来了，协同发展的基础和条件就立起来了，人流、物流、信息流一体化就很容易实现了。[1] 2016 年 3 月，习近平总书记在听取北京冬奥会冬残奥会筹办工作情况汇报时强调，要推动交通、环境、产业等领域协同发展先行先试，重点突破，以点带面，为全面实施京津冀协同发展战略起到引领作用。[2] 2017 年 2 月，习近平总书记在考察北京大兴国际机场建设工程时指出，新机场是首都的重大标志性工程，是国家发展一个新的动力源。[3] 2019 年 9 月，习近平总书记再次指出，城市现代化要交通先行，要发挥好大兴国际机场的辐射带动作用，联通京津冀世界级城市群、北京“四个中心”、雄安新区建设，服务好京津冀协同发展。[4]

港口是基础性、枢纽性设施，是供应链、产业链上的重要环节。2016 年 1 月，习近平总书记在重庆考察长江上游航运中心建

[1]《习近平在北京考察工作时强调 立足优势 深化改革 勇于开拓 在建设首善之区上不断取得新成绩》，《人民日报》2014 年 2 月 27 日。

[2]《习近平在听取北京冬奥会冬残奥会筹办工作情况汇报时强调 绿色办奥共享办奥开放办奥廉洁办奥 办成一届精彩非凡卓越的奥运盛会》，《人民日报》2016 年 3 月 19 日。

[3]《习近平在北京考察工作时强调 立足提高治理能力抓好城市规划建设 着眼精彩非凡卓越筹办好北京冬奥会》，《人民日报》2017 年 2 月 25 日。

[4]《习近平出席投运仪式并宣布北京大兴国际机场正式投入运营》，《人民日报》2019 年 9 月 26 日。

设时要求，把港口建设好、管理好、运营好，以一流的设施、一流的技术、一流的管理、一流的服务，为长江经济带发展服务好，为“一带一路”建设服务好，为深入推进西部大开发服务好。完善各个开放平台，建设内陆国际物流枢纽和口岸高地，建设内陆开放高地。[1] 2017 年 4 月，习近平总书记在广西北海铁山港码头考察时指出，我们常说“要想富，先修路”，在沿海地区要想富也要先建港。北海具有古代海上丝绸之路的历史底蕴，我们现在要写好新世纪海上丝路新篇章。[2] 2019 年 1 月，习近平总书记在天津港码头考察时指出，国家要发展，经济是第一要务。经济要发展，交通要先行。新中国成立 70 年、改革开放 40 年，我国航运事业、港口建设发生了沧桑巨变，取得了显著成果。我们要做好实体经济，实体经济做大做强了，我们才能够扎扎实实、名副其实攀登世界高峰，实现中华民族伟大复兴。[3] 习近平总书记指出，要志在万里，努力打造世界一流的智慧港口、绿色港口，更好服务京津冀协同发展和共建“一带一路”。[4] 2020 年 3 月，习近平总书记在浙江宁波舟山港

[1]《习近平在重庆调研时强调 落实创新协调绿色开放共享发展理念 确保如期实现全面建成小康社会目标》，《人民日报》2016 年 1 月 7 日。

[2]《习近平在广西考察时强调 扎实推动经济社会持续健康发展 以优异成绩迎接党的十九大胜利召开》，《人民日报》2017 年 4 月 22 日。

[3] 习近平考察天津港：做好实业，攀登世界高峰 [EB/OL].（2019-01-18）[2020-07-13]. http：//www.xinhuanet.com/politics/leaders/2019-01/18/c_1124009395.htm。

[4]《习近平在京津冀三省市考察并主持召开京津冀协同发展座谈会时强调 稳扎稳打勇于担当敢于创新善作善成 推动京津冀协同发展取得新的更大进展》，《人民日报》2019 年 1 月 19 日。

穿山港区考察时指出，要坚持一流标准，把港口建设好、管理好，努力打造世界一流强港，为国家发展作出更大贡献。[1]

## 三、提升应急服务保障水平

交通运输在应对各类突发事件以及统筹保障平时与急时、常态与非常态时期经济社会发展，特别是产业链供应链稳定运行具有重要作用。

2020 年 2 月，习近平总书记在统筹推进新冠肺炎疫情防控和经济社会发展工作部署会议上讲话要求，对重要物资实行国家统一调度，建立交通运输“绿色通道”，多措并举保障重点地区医用物资和生活物资供应。畅通运输通道和物流配送，着重解决好生活必需品供应的“最后一公里”问题。打通人流、物流堵点，放开货运物流限制，确保员工回得来、原料供得上、产品出得去。要建立与疫情防控相适应的经济社会运行秩序，有序推动复工复产，使人流、物流、资金流有序转动起来，畅通经济社会循环。习近平总书记指出，复工复产，交通运输是“先行官”，必须打通“大动脉”，畅通“微循环”。[2] 2020 年 3 月，在抗击新冠肺炎疫情的特

[1]《习近平在浙江考察时强调 统筹推进疫情防控和经济社会发展工作 奋力实现今年经济社会发展目标任务》，《人民日报》2020 年 4 月 2 日。
[2]《在统筹推进新冠肺炎疫情防控和经济社会发展工作部署会议上的讲话》，《人民日报》2020 年 2 月 24 日。

殊时刻，习近平总书记前往浙江考察时指出，宁波舟山港率先恢复生产，对推动我国企业复工复产、恢复物流体系、恢复全球产业链具有重要意义。要未雨绸缪，关注境外疫情形势，在坚持不懈抓好疫情防控的同时，积极应对和化解各国为抗击疫情采取的各项限制性措施对货物航运带来的影响，促进我国出口货物出得去、进口货物进得来。[1]

## 四、畅通对外开放的血脉

互联互通是贯穿“一带一路”的血脉，基础设施是互联互通的基石。习近平总书记高度重视推进“一带一路”基础设施开放合作。2014 年 11 月，习近平主席在“加强互联互通伙伴关系”东道主伙伴对话会上指出，丝绸之路首先得要有路，有路才能人畅其行、物畅其流。[2] 习近平主席在亚太经合组织第二十二次领导人非正式会议上指出，互联互通是一条脚下之路，无论是公路、铁路、航路还是网路，路通到哪里，我们的合作就在哪里。[3] 2016 年 9 月，习近平主席在二十国集团领导人杭州峰会上指出，我们应该发

[1]《习近平在浙江考察时强调 统筹推进疫情防控和经济社会发展工作 奋力实现今年经济社会发展目标任务》，《人民日报》2020 年 4 月 2 日。

[2]《联通引领发展 伙伴聚焦合作——在“加强互联互通伙伴关系”东道主伙伴对话会上的讲话》，《人民日报》2014 年 11 月 9 日。

[3]《共建面向未来的亚太伙伴关系——在亚太经合组织第二十二次领导人非正式会议上的开幕辞》，《人民日报》2014 年 11 月 12 日。

挥基础设施互联互通的辐射效应和带动作用，帮助发展中国家和中小企业深入参与全球价值链，推动全球经济进一步开放、交流、融合。[1] 2017 年 5 月，习近平主席在首届“一带一路”国际合作高峰论坛开幕式上指出，我们要着力推动陆上、海上、天上、网上四位一体的联通，聚焦关键通道、关键城市、关键项目，联结陆上公路、铁路道路网络和海上港口网络。[2] 2019 年 4 月，习近平主席在第二届“一带一路”国际合作高峰论坛开幕式上指出，建设高质量、可持续、抗风险、价格合理、包容可及的基础设施，有利于各国充分发挥资源禀赋，更好融入全球供应链、产业链、价值链，实现联动发展。[3]

2019 年 4 月，习近平主席在第二届“一带一路”国际合作高峰论坛开幕式上指出，中国将同各方继续努力，构建以新亚欧大陆桥等经济走廊为引领，以中欧班列、陆海新通道等大通道和信息高速路为骨架，以铁路、港口、管网等为依托的互联互通网络。[3] 以中巴、中蒙俄、新亚欧大陆桥等经济走廊为引领，以陆海空通道和信息高速路为骨架，以铁路、港口、管网等重大工程为依托，一个复合型的基础设施网络正在形成。

[1]《构建创新、活力、联动、包容的世界经济——在二十国集团领导人杭州峰会上的开幕辞》，《人民日报》2016 年 9 月 5 日。

[2]《携手推进“一带一路”建设——在“一带一路”国际合作高峰论坛开幕式上的演讲》，《人民日报》2017 年 5 月 15 日。

[3]《齐心开创共建“一带一路”美好未来——在第二届“一带一路”国际合作高峰论坛开幕式上的主旨演讲》，《人民日报》2019 年 4 月 27 日。

习近平主席在多边国际场合多次强调，以交通基础设施为突破，实施好一批示范性项目，多搞一点早期收获，让有关国家不断有实实在在的获得感。习近平主席指出，中方高度重视联通中国和巴基斯坦、孟加拉国、缅甸、老挝、柬埔寨、蒙古国、塔吉克斯坦等邻国的铁路、公路项目，将在推进“一带一路”建设中优先部署。[1]中老铁路全线开工，承载着老挝人民发展梦想的交通大动脉正逐步变为现实。[2]连接义乌和马德里的中欧班列为两国货物运输提供更多选择，成为共建“一带一路”的早期收获。[3]进一步释放口岸、交通、物流合作潜力，加快新亚欧大陆桥、中国—中亚—西亚经济走廊和“双西公路”项目建设，促进互联互通和贸易便利化。[4]建议加强交通基础设施建设，积极推进中吉乌铁路等重大互联互通项目取得新进展。[5]中亚第一长隧道“安格连—帕普”铁路隧道，成为连接中国和中亚交通走廊的新枢纽。[6]要

[1]《联通引领发展 伙伴聚焦合作——在“加强互联互通伙伴关系”东道主伙伴对话会上的讲话》，《人民日报》2014 年 11 月 9 日。

[2]《习近平在老挝媒体发表署名文章 携手打造中老具有战略意义的命运共同体》，《人民日报》2017 年 11 月 14 日。

[3]《习近平在西班牙媒体发表署名文章 阔步迈进新时代，携手共创新辉煌》，《人民日报》2018 年 11 月 28 日。

[4]《习近平在哈萨克斯坦媒体发表署名文章 为中哈关系插上梦想的翅膀》，《人民日报》2017 年 6 月 8 日。

[5]《弘扬上海精神 巩固团结互信 全面深化上海合作组织合作——在上海合作组织成员国元首理事会第十六次会议上的讲话》，《人民日报》2016 年 6 月 25 日。

[6]《习近平在乌兹别克斯坦媒体发表署名文章 谱写中乌友好新华章》，《人民日报》2016 年 6 月 22 日。

善用巴拿马运河，不断优化物流运输，为促进国家航运事业和全球繁荣作出更大贡献。[1] 比雷埃夫斯港项目是中希双方优势互补、强强联合、互利共赢的成功范例。希望双方再接再厉，搞好港口后续建设发展，实现区域物流分拨中心的目标，打造好中欧陆海快线。[2]

加强同周边国家在政策、规制等各方面的软联通，衔接和统一各类规章制度，是习近平主席高度重视的问题。习近平主席指出，当务之急是协商解决影响互联互通的制度、政策、标准问题，降低人员、商品、资金跨境流动的成本和时间。有必要开展信息互换、监管互认、执法互助的海关合作，加快边境口岸“单一窗口”建设，推广旅客在同一地点办理出入境手续的“一地两检”查验模式。[3] 要加快地区贸易便利化进程，加紧落实国际道路运输便利化协定等合作文件。[4] 确保 2020 年前如期开放《上海合作组织成员国政府间国际道路运输便利化协定》中规定的跨境线路。[5] 中国同有关国家的铁路部门将签署深化中欧班列合作协议。我们将推动这些

[1]《习近平和巴拿马总统巴雷拉共同参观巴拿马运河新船闸》，《人民日报》2018 年 12 月 5 日。
[2]《习近平和希腊总理米佐塔基斯共同参观中远海运比雷埃夫斯港项目》，《人民日报》2019 年 11 月 13 日。
[3]《联通引领发展 伙伴聚焦合作——在“加强互联互通伙伴关系”东道主伙伴对话会上的讲话》，《人民日报》2014 年 11 月 9 日。
[4]《弘扬“上海精神” 构建命运共同体——在上海合作组织成员国元首理事会第十八次会议上的讲话》，《人民日报》2018 年 6 月 11 日。
[5]《弘扬上海精神 巩固团结互信 全面深化上海合作组织合作——在上海合作组织成员国元首理事会第十六次会议上的讲话》，《人民日报》2016 年 6 月 25 日。

合作项目早日启动、早见成效。[1]海上通道是中国对外贸易和进口能源的主要途径，保障海上航行自由安全对中方至关重要。中国政府愿同相关国家加强沟通和合作，共同维护海上航行自由和通道安全，构建和平安宁、合作共赢的海洋秩序。[2]

[1]《携手推进“一带一路”建设——在“一带一路”国际合作高峰论坛开幕式上的演讲》，《人民日报》2017年5月15日。
[2]《携手追寻中澳发展梦想 并肩实现地区繁荣稳定——在澳大利亚联邦议会的演讲》，《人民日报》2014年11月18日。

## 第四节

# 明确创新是引领综合交通运输发展的第一动力

习近平总书记指出，综合交通运输进入了新的发展阶段，在体制机制上、方式方法上、工作措施上都要勇于创新、敢于创新、善于创新。[1]交通运输是一个崇尚创新、勇于创新的行业。我国特大桥隧、离岸深水港、大型机场工程建设技术世界领先，一批运输装备达到世界先进水平，正是抓住了创新这个增强发展动力的核心。在新时代推动交通运输高质量发展、建设交通强国，必须要坚持把创新摆在更加突出的位置，在更高层次推进交通运输创新发展，支撑引领经济社会高质量发展。

---

[1]《推动江苏交通运输发展再上新台阶》[EB/OL].（2017-02-19）[2020-07-13]. http：//www.qstheory.cn/llqikan/2017-02/19/c_1120491930.htm。

## 一、加强人工智能在交通运输领域深度应用

习近平总书记指出，加快发展新一代人工智能是事关我国能否抓住新一轮科技革命和产业变革机遇的战略问题。要围绕建设现代化经济体系，以供给侧结构性改革为主线，把握数字化、网络化、智能化融合发展契机，在质量变革、效率变革、动力变革中发挥人工智能作用，提高全要素生产率。要培育具有重大引领带动作用的人工智能企业和产业，构建数据驱动、人机协同、跨界融合、共创分享的智能经济形态。要推动智能化信息基础设施建设，提升传统基础设施智能化水平，形成适应智能经济、智能社会需要的基础设施体系。要加强人工智能在教育、医疗卫生、体育、住房、交通、助残养老、家政服务等领域的深度应用，创新智能服务体系。要加强人工智能同社会治理的结合，开发适用于政府服务和决策的人工智能系统，加强政务信息资源整合和公共需求精准预测，推进智慧城市建设。[1]

人工智能是引领新一轮科技革命和产业变革的战略性技术，具有溢出带动性很强的"头雁"效应，也是对交通运输领域具有引领带动作用的创新技术。加快发展新一代人工智能是我们赢得全球科技竞争

[1]《习近平在中共中央政治局第九次集体学习时强调 加强领导做好规划明确任务夯实基础 推动我国新一代人工智能健康发展》，《人民日报》2018 年 11 月 1 日。

主动权的重要战略抓手，是推动我国科技跨越发展、产业优化升级、生产力整体跃升的重要战略资源。智能交通等新兴产业由人工智能与交通运输深度融合产生。发展智能交通有利于提升综合交通质量效率，也可助力我国抢占新一轮科技革命和产业变革先机。在移动互联网、大数据、超级计算、传感网、脑科学等新理论新技术的驱动下，人工智能加速发展，呈现出深度学习、跨界融合、人机协同等新特征，正在对经济发展、社会进步、国际政治经济格局等方面产生重大而深远的影响。以人工智能技术推动交通运输产业变革，在交通建设运营、技术创新引领、绿色低碳环保、共享分享经济、现代供应链等领域培育新增长点、形成交通运输发展新动能大有可为。推动交通运输领域智能化基础设施建设，提升传统交通基础设施智能化水平，形成适应智能经济、智能社会需要的基础设施体系，发展空间广阔。

## 二、促进交通运输领域新业态新模式发展

习近平总书记指出，新一轮科技革命和产业变革正在积聚力量，催生大量新产业、新业态、新模式，给全球发展和人类生产生活带来翻天覆地的变化。我们要抓住这个重大机遇，推动新兴市场国家和发展中国家实现跨越式发展。[1] 2016 年 1 月，习近平总书记

[1]《顺应时代潮流 实现共同发展——在金砖国家工商论坛上的讲话》，《人民日报》2018 年 7 月 26 日。

在省部级主要领导干部学习贯彻党的十八届五中全会精神专题研讨班上指出，推进供给侧改革，必须牢固树立创新发展理念，推动新技术、新产业、新业态蓬勃发展，为经济持续健康发展提供源源不断的内生动力。[1] 2019 年 9 月，习近平总书记指出，推动先进制造业和现代服务业深度融合是增强制造业核心竞争力、培育现代产业体系、实现高质量发展的重要途径。要顺应技术革命、产业变革、消费升级的趋势，深化业务关联、链条延伸、技术渗透，探索新业态、新模式、新路径，推动先进制造业和现代服务业相融相长、耦合共生。[2] 交通运输新业态、新模式是交通运输与经济社会深度融合发展产生的业态模式，也是创新驱动引领产生的新的经济形态。交通运输新业态、新模式将带动新增就业，催生新消费，方便群众生产生活，促动关联产业的蓬勃发展。交通运输领域的互联网经济、共享经济、平台经济、电商快递等新业态、新模式存在广阔的发展空间，如电商、快递、移动支付、互联网共享交通等新业态、新模式，将大幅提升人民群众的幸福感和获得感。我们要深入学习贯彻习近平总书记的重要论述，加快发展交通运输新业态、新模式。

跨境电子商务是交通运输融合发展产生的重要新业态、新模式。2018 年 11 月，习近平主席在首届中国国际进口博览会开幕式

---

[1]《在省部级主要领导干部学习贯彻党的十八届五中全会精神专题研讨班上的讲话》，《人民日报》2016 年 5 月 10 日。

[2]《习近平主持召开中央全面深化改革委员会第十次会议强调 加强改革系统集成协同高效 推动各方面制度更加成熟更加定型》，《人民日报》2019 年 9 月 10 日。

上指出，只有敢于创新、勇于变革，才能突破世界经济发展“瓶颈”。在休戚与共的地球村，共享创新成果，是国际社会的一致呼声和现实选择。各国应该把握新一轮科技革命和产业变革带来的机遇，加强数字经济、人工智能、纳米技术等前沿领域合作，共同打造新技术、新产业、新业态、新模式。中国将进一步降低关税，提升通关便利化水平，削减进口环节制度性成本，加快跨境电子商务等新业态新模式发展。[1] 我国跨境电子商务呈现出高速发展的态势，产业集群不断培育壮大，交易规模连创新高。支持跨境电子商务发展，可以实现外贸优进优出，发挥我国制造业大国优势，扩大海外营销渠道，合理增加进口，扩大国内消费，促进企业和外贸转型升级。同时，支持跨境电子商务发展还有利于扩大就业，打造新的经济增长点，更高质量共建“一带一路”，推动开放型经济发展升级。

## 三、形成交通运输领域数字经济新动能

习近平总书记高度重视交通运输领域数字经济新动能培育，对交通运输领域大数据开放共享作出重要指示。习近平总书记指出，我们要瞄准世界科技前沿，集中优势资源突破大数据核心技术，加快构建自主可控的大数据产业链、价值链和生态系统。要加快构建

[1]《共建创新包容的开放型世界经济——在首届中国国际进口博览会开幕式上的主旨演讲》，《人民日报》2018 年 11 月 6 日。

高速、移动、安全、泛在的新一代信息基础设施，统筹规划政务数据资源和社会数据资源，完善基础信息资源和重要领域信息资源建设，形成万物互联、人机交互、天地一体的网络空间。要发挥我国制度优势和市场优势，面向国家重大需求，面向国民经济发展主战场，全面实施促进大数据发展行动，完善大数据发展政策环境。要坚持问题导向，抓住民生领域的突出矛盾和问题，强化民生服务，弥补民生短板，推进教育、就业、社保、医药卫生、住房、交通等领域大数据普及应用，深度开发各类便民应用。[1]

针对区块链技术应用已延伸到数字金融、物联网、智能制造、供应链管理、数字资产交易等多个领域的趋势，习近平总书记指出，我国在区块链领域拥有良好基础，要加快推动区块链技术和产业创新发展，积极推进区块链和经济社会融合发展。要推动区块链底层技术服务和新型智慧城市建设相结合，探索在信息基础设施、智慧交通、能源电力等领域的推广应用，提升城市管理的智能化、精准化水平。要探索利用区块链数据共享模式，实现政务数据跨部门、跨区域共同维护和利用，促进业务协同办理，深化“最多跑一次”改革，为人民群众带来更好的政务服务体验。[2] 2020 年 3 月，习近平总书记在浙江考察时指出，用大数据、云计算、区块链、人

[1]《习近平在中共中央政治局第二次集体学习时强调 审时度势精心谋划超前布局力争主动 实施国家大数据战略加快建设数字中国》，《人民日报》2017 年 12 月 10 日。
[2]《习近平在中央政治局第十八次集体学习时强调 把区块链作为核心技术自主创新重要突破口 加快推动区块链技术和产业创新发展》，《人民日报》2019 年 10 月 26 日。

工智能等前沿技术推动城市管理手段、管理模式、管理理念创新，从数字化到智能化再到智慧化，让城市更聪明一些、更智慧一些，是推动城市治理体系和治理能力现代化的必由之路。要抓住产业数字化、数字产业化赋予的机遇，加快 5G、数据中心等新型基础设施建设，抓紧布局数字经济、生命健康、新材料等战略性新兴产业、未来产业，大力推进科技创新，着力壮大新增长点、形成发展新动能。[1]

[1]《习近平在浙江考察时强调 统筹推进疫情防控和经济社会发展工作 奋力实现今年经济社会发展目标任务》，《人民日报》2020 年 4 月 2 日。

## 第五节

# 弘扬新时代的交通精神

新中国走过的辉煌历程表明，我们的国家制度和国家治理体系具有坚持全国一盘棋，调动各方面积极性，集中力量办大事的显著优势。今天的中国交通，“超级工程”比比皆是，“世界冠军”屡见不鲜，实现了从追赶到引领的伟大跨越，秘诀正是因为有中国共产党的坚强领导，使干事创业有了主心骨；正是充分发挥集中力量办大事的制度优势和超大规模的市场优势，才能攻克一道道关隘，完成一座座“世纪工程”。新时代要有新气象，更要有新作为。身处新时代建设交通强国新征程路上，一代又一代交通人筚路蓝缕、不懈奋斗展现出“两路”（川藏、青藏公路）精神，逢山开路、遇水架桥的奋斗精神和非凡英雄精神等新时代交通精神更是我国交通运输事业发展前进的最大动力。

## 一、充分发挥集中力量办大事的社会主义制度优势

习近平总书记指出，我们最大的优势是我国社会主义制度能够集中力量办大事。这是我们成就事业的重要法宝。[1] 2018 年 10 月 23 日，习近平总书记出席港珠澳大桥开通仪式并巡览港珠澳大桥时指出，港珠澳大桥是一座圆梦桥、同心桥、自信桥、复兴桥。大桥建成通车，进一步坚定了我们对中国特色社会主义的道路自信、理论自信、制度自信、文化自信，充分说明社会主义是干出来的，新时代也是干出来的。[2] 习近平总书记在巡览北京大兴国际机场航站楼时指出，大兴国际机场能够在不到 5 年的时间里就完成预定的建设任务，顺利投入运营，充分展现了中国工程建筑的雄厚实力，充分体现了中国精神和中国力量，充分体现了中国共产党领导和我国社会主义制度能够集中力量办大事的政治优势。[3] 2019 年 12 月，习近平总书记对京张高铁开通运营作出重要指示，1909 年，京张铁路建成；2019 年，京张高铁通车。从自主设计修建零的突破到

---

[1]《为建设世界科技强国而奋斗——在全国科技创新大会、两院院士大会、中国科协第九次全国代表大会上的讲话》，《人民日报》2016 年 6 月 1 日。

[2]《习近平出席开通仪式并宣布港珠澳大桥正式开通》，《人民日报》2018 年 10 月 24 日。

[3]《习近平出席投运仪式并宣布北京大兴国际机场正式投入运营》，《人民日报》2019 年 9 月 26 日。

世界最先进水平，从时速35公里到350公里，京张线见证了中国铁路的发展，也见证了中国综合国力的飞跃。回望百年历史，更觉京张高铁意义重大。[1]

## 二、传承弘扬“两路”精神、奋斗精神和英雄精神

奇迹是干出来的，社会主义也是干出来的。在我国社会主义革命、建设、改革的非凡历程中，一代又一代奋斗者顽强拼搏、不懈奋斗，涌现出无数感天动地的英雄模范。他们用智慧和汗水甚至鲜血和生命，为国家富强、民族振兴、人民幸福书写了可歌可泣的壮丽篇章。

2014年8月，习近平总书记就川藏、青藏公路建成通车60周年作出重要批示，川藏、青藏公路的建成通车，是在党的领导下新中国取得的重大成就，对推动西藏实现社会制度历史性跨越、经济社会快速发展，对巩固西南边疆、促进民族团结进步发挥了十分重要的作用。当年，10多万军民在极其艰苦的条件下团结奋斗，创造了世界公路史上的奇迹，结束了西藏没有公路的历史。60年来，在建设和养护公路的过程中，形成和发扬了一不怕苦、二不怕死，顽强拼搏、甘当路石，军民一家、民族团结的“两路”精神。新形

[1]《习近平对京张高铁开通运营作出重要指示强调 京张高铁建成投运意义重大 冬奥会各项筹备工作都要高标准高质量推进》，《人民日报》2019年12月31日。

势下，要继续弘扬“两路”精神，养好两路，保障畅通，使川藏、青藏公路始终成为民族团结之路、西藏文明进步之路、西藏各族同胞共同富裕之路。[1] 2019 年 8 月，习近平总书记在给福建寿宁县下党乡的乡亲们回信时指出，“车岭车上天，九岭爬九年”。当年“三进下党”的场景，我至今还历历在目。经过 30 年的不懈奋斗，下党天堑变通途、旧貌换新颜，乡亲们有了越来越多的幸福感、获得感，这生动印证了弱鸟先飞、滴水穿石的道理。希望乡亲们继续发扬滴水穿石的精神，坚定信心、埋头苦干、久久为功，持续巩固脱贫成果，积极建设美好家园，努力走出一条具有闽东特色的乡村振兴之路。[2] 2020 年 4 月，习近平总书记在打好精准脱贫攻坚战座谈会上谈到，前不久，中铁隧道局集团参加成昆铁路扩能改造工程建设的 20 名青年党员给我来信。信中说，50 多年前，他们很多人的父亲或爷爷参加了成昆铁路难度最大的沙马拉达隧道建设，那一辈铁路建设者不畏艰险、不怕牺牲，以敢叫高山低头、河水让路的豪迈气概，把天堑变成了通途，创造了世界铁路建设史上的奇迹。今天，他们接过先辈的旗帜，承担了新成昆铁路全线最长、难度最高的小相岭隧道建设重任，决心传承好老成昆精神，不忘初心、砥砺

---

[1]《习近平就川藏青藏公路建成通车 60 周年作出重要批示 强调要弘扬“两路”精神 助推西藏发展》，《人民日报》2014 年 8 月 7 日。

[2]《习近平回信勉励福建寿宁县下党乡的乡亲们 继续发扬滴水穿石的精神 努力走出一条具有闽东特色的乡村振兴之路》，《人民日报》2019 年 8 月 7 日。

前行，使铁路早日成为沿线人民脱贫致富的“加速器”。他们的来信，让我感受到了青年一代对祖国和人民的担当和忠诚，读了很是欣慰。[1]

新时代中国特色社会主义伟大事业需要千千万万个英雄群体、英雄人物。2018 年 9 月，习近平总书记专门邀请四川航空“中国民航英雄机组”全体成员参加庆祝中华人民共和国成立 69 周年招待会，并指出，5 月 14 日，你们在执行航班任务时，在万米高空突然发生驾驶舱风挡玻璃爆裂脱落、座舱释压的紧急状况，这是一种极端而罕见的险情。生死关头，你们临危不乱、果断应对、正确处置，确保了机上 119 名旅客生命安全。危难时方显英雄本色。你们化险为夷的英雄壮举感动了无数人。得知你们的英雄事迹，我很感动，为你们感到骄傲。授予你们“英雄机组”“英雄机长”的光荣称号，是当之无愧的。习近平总书记指出，平时多流汗，战时少流血。“5·14”事件成功处置绝非偶然。处置险情时，你们所做的每一个判断、每一个决定、每一个动作都是正确的，都是严格按照程序操作的。危急关头表现出来的沉着冷静和勇敢精神，来自你们平时养成的强烈责任意识、严谨工作作风、精湛专业技能。你们不愧为民航职工队伍的优秀代表。我们要在全社会提倡学习英雄机组的英雄事迹，更要提倡学习英雄机组忠诚担当、忠于职守的政治品

[1]《在打好精准脱贫攻坚战座谈会上的讲话》（2020 年 4 月 30 日），《求是》2020 年第 9 期。

格和职业操守。[1] 学习英雄事迹，弘扬英雄精神，就是要把非凡英雄精神体现在平凡工作岗位上，体现在对人民生命安全高度负责的责任意识上。

[1]《习近平在会见四川航空“中国民航英雄机组”全体成员时强调 学习英雄事迹 弘扬英雄精神 将非凡英雄精神体现在平凡工作岗位上》，《人民日报》2018 年 10 月 1 日。

学习贯彻习近平新时代中国特色社会主义经济思想
做好"十四五"规划编制和发展改革工作
系列丛书

# 第二章

# 理论指南 学习贯彻习近平总书记关于综合交通运输发展重要论述的深刻体会

习近平总书记关于综合交通运输发展的重要论述，运用马克思主义理论方法，深刻揭示了世界交通运输发展规律与趋势，系统总结了我国综合交通运输发展经验和实践成果，准确把握了新时代交通运输发展的主要矛盾和现代化建设的历史机遇，全面审视了交通运输以人为本的内在实质和高质量发展的时代内涵，科学确立了交通运输基础性、先导性、战略性地位，联系历史和现实、洞悉国际和国内、统一理论和实践，站在了中国特色社会主义新时代的历史新方位，揭开了我国现代综合交通运输体系建设的新篇章。

## 第一节

# 切中要害，抓住新时期交通运输发展“大而不强”的主要矛盾

新中国成立 70 多年来，我国交通运输发展取得了显著成绩，交通运输的深刻变化是中国发生巨变的一个缩影。一张史无前例通畅四方的庞大交通运输网，连起城市和乡村，串起沿海和内陆，辐射全球。党的十八大以来，中国路、中国桥、中国港、中国车已经成为靓丽的中国名片，正在托举起中华民族伟大复兴的中国梦。站在世界交通大国的新起点上，习近平总书记深刻揭示了我国交通运输发展“大而不强”的主要矛盾，提出了新时期交通运输发展的时代课题。

## 一、正确认识我国交通运输发展站在交通大国新起点

党的十八大以来，在以习近平同志为核心的党中央坚强领导下，我国交通运输事业发展取得重大成就，已经成为名副其实的交通大国。

### （一）纵观古今，我国交通运输落后面貌根本改观，踏上交通运输现代化发展新起点

中华民族有五千多年的文明历史，创造了灿烂的中华文明，交通运输领域也曾经取得辉煌的成绩。秦朝施行“车同轨”把杂乱的交通路线加以整修形成联结四方的驰道，开辟了沿用千年的驿道。汉朝打通经西域通往中亚南亚的通道，古“丝绸之路”开启成为中西方文明交流的纽带。隋朝修建了世界上开凿最早、规模最大、里程最长的隋唐大运河，并经元朝整修北拓形成京杭大运河，漕运系统联结黄河、淮河、长江三大水系，一直是古代中国的大动脉。宋元至明初时期，海运逐渐强盛，开通了以海运为主的漕运路线。进入工业社会时代，我国错过与当时先进科学技术同步发展的时机，交通运输日趋衰落，不但退出交通先进国家行列，而且与交通先进国家的差距越拉越大。新中国成立之初，交通运输非常落后，铁路总里程仅 2.18 万公里，公路总里程仅 8.08 万公里，民航固定航线仅有 6 条，民用汽车不足 7 万辆，几乎没有自己的民用海上运输能

力和远洋船舶。经过几代交通人不懈努力，特别是改革开放以来快速发展，我国交通运输面貌发生了历史性变化，用几十年走完了西方发达国家几百年走过的发展历程，运输能力从“瓶颈制约”到20世纪末的“初步缓解”，再到“总体适应”的转变，建成了世界最庞大的高速公路和高速铁路网络，“高铁飞驰，巨轮远航，飞机翱翔”成为我国交通发展的新标志，沪昆高铁、港珠澳大桥、北京大兴国际机场等一批交通超级工程震撼世界。

### （二）国际对标，我国交通运输快速发展，步入充分发挥超大规模支撑引领优势的新起点

随着经济社会快速发展，我国交通运输已经具备超大规模优势，成为中国经济大海里的重要成员。一方面，我国基础设施网络规模位居世界前列。[1] 截至2019年底，全国高铁营业总里程3.5万公里，居世界第一，占全球高铁营业总里程比重超过2/3；全国高速公路里程15.0万公里，居世界第一；全国内河航道通航总里程12.7万公里，居世界第一；港口货物吞吐量世界排名前十的港口中，中国占7席。另一方面，我国是世界上客货运输最繁忙的国家之一，2019年全社会客、货运量分别达176亿人次和471亿吨。全国港口完成货物吞吐量和集装箱吞吐量均居世界第一，港口集装箱吞吐量占全世界总量的1/3以上。同时，我国还有多项运输

---

[1] 本文交通运输相关统计数据不含港澳台地区，如有特殊情况另行注明。

服务规模指标位列世界前茅，比如铁路旅客周转量、货运量居世界第一，货物周转量居世界第二；公路货运量及旅客周转量、水路货运量及旅客周转量均居世界第一；民航运输总周转量、旅客周转量、货邮周转量均居世界第二；快递业务量规模继续稳居世界第一。

（三）创新驱动，顺应新一轮科技革命和产业变革，我国交通运输迈入融合催生新技术新业态新动能的新起点

人类发展正处于第四次工业革命的关键阶段，以大数据、云计算、人工智能、量子通信等前沿技术为代表的新一轮产业革命必将为世界经济发展注入前所未有的动力，彻底改变传统的生产生活方式，重塑未来经济格局。党的十八大以来，我国交通运输领域科技创新成果加速涌现，交通科技创新能力步入世界先进行列。高速列车、C919 大型客机等一大批自主研制的交通运输装备成为“中国制造”的新名片，其中“复兴号”动车组关键技术中国标准占 84%，“京张线”成为世界首条智能高速铁路。洋山港、青岛港集装箱自动化码头投入使用，互联网、大数据、云计算、北斗卫星导航系统（以下简称“北斗”）等信息通信技术在交通运输领域广泛应用，自助售取票、站车 Wi-Fi 等一批创新服务产品相继推出，线上线下结合的商业模式蓬勃发展。习近平总书记在庆祝改革开放 40 周年大会上发表讲话指出，我国基础设施建设成就显著，信息畅通，公路成网，铁路密布，高坝矗立，西气东输，南水北调，高

铁飞驰，巨轮远航，飞机翱翔，天堑变通途。[1]

## 二、准确把握我国交通运输由大向强所面临主要矛盾

习近平总书记关于综合交通运输发展的重要论述准确把握新时代交通运输“大而不强”的主要矛盾，为推进现代综合交通运输体系建设提供了理论依据和实践方法。我国交通发展进入新阶段，经济社会发展、人民群众美好生活需要对交通运输的需求从“够不够”转向“好不好”。我国是交通大国，但“大而不强”，不平衡不充分不协调问题依然存在。

### （一）科技创新水平不高，交通运输关键核心技术仍受制于人

2014 年 6 月，习近平总书记指出，16 世纪以来，世界发生了多次科技革命，每一次都深刻影响了世界力量格局。从某种意义上说，科技实力决定着世界政治经济力量对比的变化，也决定着各国各民族的前途命运。[2] 当今世界，科学技术作为第一生产力的作用愈益凸显，工程科技进步和创新对经济社会发展的主导作用更加突出，不仅成为推动社会生产力发展和劳动生产率提升的决定性因

[1]《在庆祝改革开放 40 周年大会上的讲话》，人民出版社 2018 年版，第 11 页。

[2]《习近平：在中国科学院第十七次院士大会、中国工程院第十二次院士大会上的讲话》，《人民日报》2014 年 6 月 10 日。

素，而且成为推动教育、文化、体育、卫生、艺术等事业发展的重要力量。[1]

纵观交通运输业发展史，历次交通运输技术变革都与科技创新的进程密不可分。马克思在《共产党宣言》中描绘到，轮船的行驶，铁路的通行，电报的使用，整个大陆的开垦，河川的通航，仿佛用法术从地下呼唤出来的大量人口——过去哪一个世纪料想到在社会劳动里蕴藏有这样的生产力呢？[2] 在第一次工业革命时期，蒸汽机车广泛运用于交通运输领域，使轮船与火车成为水路和陆路运输的主力。以电力为主导技术的第二次工业革命，交通运输领域出现了内燃机汽车和电气化火车交通工具。以计算机及信息技术为代表的第三次工业革命，大型喷气式飞机、人造卫星、航天飞船和高速铁路等新技术新装备改变了人们的生产生活方式。以物联网、大数据、人工智能等技术为主导的新一轮科技革命和产业变革快速发展，发达国家普遍将交通作为新技术应用的重点场景之一加快布局发展。相比而言，我国已经成为交通先进技术装备大国，与发达国家先进技术水平的差距逐步缩小，但是我国高精尖技术依然受制于人。我国交通运输领域使用的民用飞机、汽车、船舶、轨道车辆等基本上都是世界先进产品，但关键核心技术和产品自主化国产化水平不高，如民用大型客机基本上

[1]《习近平：让工程科技造福人类、创造未来——在 2014 年国际工程科技大会上的主旨演讲》，《人民日报》2014 年 6 月 4 日。
[2] 马克思，恩格斯．共产党宣言 [M]. 北京：人民出版社，2014：38.

采购波音和空客。2017年我国商业大飞机C919实现首飞，但在制造技术领域仍同美国、欧盟、俄罗斯等国家和地区仍存在较大差距，尤其是发动机、航电系统和飞控系统。我国汽车产销量世界第一，但汽车产业没有世界级技术、没有世界级产品、没有世界级企业、没有世界级品牌。在前沿引领技术方面，如超级高铁、智能汽车和新能源汽车等仍然处于跟随状态，原始创新、集成创新能力薄弱。

### （二）交通运输衔接协调发展不足，一体化水平有待提高

交通运输发展是一个系统性工程，强调发挥各种运输方式比较优势，需要将铁路、公路、水运、民航、管道五种运输方式作为一个有机整体进行系统研究、系统规划和系统建设。在交通运输“瓶颈制约”严重时期，各种运输方式相对独立发展，一定程度的竞争有利于调动各方的积极性。但是，在我国交通运输总体适应经济社会发展的新阶段，各种运输方式协调不足是制约我国综合运输效率提高的关键问题，必须着力予以解决。在客运方面，各种运输方式尚未充分实现运力衔接和组织协同，不同方式客运枢纽在规划、建设、运营、管理中统筹不足，一体化衔接程度需要进一步提升。在货运方面，各种交通运输方式衔接协调不畅，彼此结构不平衡不合理，是我国物流费用偏高的重要原因。在信息运用方面，不同运输方式、不同主体之间的信息壁垒仍然较为严重。同时，随着我国区域协调发展进入新阶段，中西部地区交通仍是短板，跨区域交通基

础设施互联互通不畅问题逐渐凸显，城市群和都市圈等重点城镇地区综合交通发展有待加强，亟须破除制约协同发展的行业壁垒和机制体制障碍。

### （三）交通运输国际竞争力不强，与大国经济实力不匹配

在一个日益开放的世界，国际竞争力是综合实力的集中体现。我国已成为全球货物贸易大国，但货运物流服务尚未形成与之相匹配的全球物流和供应链体系，在国际标准、规则制定修订过程中参与深度不足，进出口货物所需的物流服务在很大程度上需要依赖国际跨国物流企业。在现代国际化物流企业方面，我国与发达国家货运企业的国际竞争力差距还很大。以国际航空货运为例，据统计，2018 年，联邦快递（FedEx）、联合包裹（UPS）、敦豪（DHL）的国际业务收入占收入比例分别是 42%、20%、21%，而国内航空快递企业的国际业务收入占比远低于上述发达国家货运企业，我国物流企业的国际业务市场份额也很低。

### （四）交通运输绿色发展水平不高，对资源环境影响仍然较大

2019 年 2 月，习近平总书记在《求是》发表署名文章《推动我国生态文明建设迈上新台阶》，特别强调了交通运输的绿色发展问题，强调运输结构调整的重要性。交通运输领域作为能源和资源消耗大户，必须重视和解决绿色发展问题。从交通运输能源消费结

构来看，我国交通运输可再生能源、清洁能源消耗占比较低，落后于美国、德国等发达国家。我国城市公交出行比例偏低，新加坡和日本东京的公共交通分担率分别为63%、86%，我国香港的公共交通分担率更是高达90%，但北京和上海等特大型城市公共交通分担率仅为50%左右。交通污染已经成为空气污染的重要来源，北京、上海等特大城市和东部人口密集区，移动源对细颗粒物（$PM_{2.5}$）浓度的贡献率达到10%～50%。另外，我国交通运输发展模式仍粗放，资源集约节约利用水平和环境保护能力有待提升，运输结构不合理问题较突出。我国“交通节能”“低碳交通”“绿色交通体系”发展需求迫切。

## （五）交通运输发展仍需不断增强人民获得感

出行需求是人民最为重要的基本需求之一。一方面，我国社会主要矛盾发生变化，人民群众的出行模式和货物流通方式发生深刻变化，多层次、多样化、个性化的出行需求和小批量、高价值、分散性、快速化的货运需求特征更加明显，交通发展需要更好地服务于人民生活。另一方面，农村和城镇化地区传统交通发展矛盾仍然较为突出。在农村地区，特别是“老少边贫”等特定区域，交通仍然是制约发展的重要短板，部分地区仍然存在“有路无车”的现象。在城镇化地区，交通拥堵是“城市病”的典型表现，成为大城市发展中最难以治理的突出问题之一，而且这种“城市病”正在我国中小城市蔓延，严重交通拥堵威胁着城市居民幸福感的提升。同时，交通运输作为做好安全防范工作的重点行业，关乎人民的生命财产安全。与发达国家相比，我国交通安全形势仍不容乐观，2019年，我国道路交通事故万车死亡人数1.8人，高于美国、日本和德国等发达国家。

## 三、以新发展理念引领开启交通强国建设新征程

习近平总书记明确指出，按照新发展理念推动我国经济社会发展，是当前和今后一个时期我国发展的总要求和大趋势[1]。针对我国交通运输“大而不强”的主要矛盾，习近平总书记从新发展理念出发，提出了建设交通强国的方向和路径，以新发展理念引领开启交通强国建设新征程。

### （一）创新发展，培育综合交通运输发展新动力

创新是综合交通运输发展第一动力。进入新时代、面对新矛盾，建设交通强国需要在更大范围、更高层次、更宽领域推进交通运输创新发展，确立以创新为第一动力的交通运输高质量发展框架。从交通运输行业趋势来看，单纯依靠要素投入、投资拉动、规模扩张的发展模式难以为继，需要不断地通过科技、政策、管理等方面的协同创新，提高资源配置利用效率，实现从依靠传统要素驱

[1]《习近平：在网络安全和信息化工作座谈会上的讲话》，《人民日报》2016年4月26日。

动向更加注重创新驱动转变。从第四次工业革命发展趋势看，虚拟经济与实体经济的结合将给人们的生产方式和生活带来革命性变化，交通运输创新发展要牢牢把握新一轮科技革命和产业革命带来的机遇，加强基础性研究，突出前沿引领、现代工程和颠覆性技术等创新，加强数字经济、人工智能、纳米材料技术等前沿领域合作，共同打造新技术、新产业、新业态、新模式。

### （二）协调发展，构建综合交通运输大融合发展新格局

习近平总书记在考察北京大兴国际机场建设时强调，要从培育新的国家发展动力源的高度来统筹布局新机场发展问题。针对严重制约长江航运的三峡船闸“肠梗阻”，习近平总书记明确提出应当从综合交通运输体系全局出发来寻找解决方案，明确了构建综合交通运输协调融合发展新格局的发展方向。交通运输是国民经济中基础性、先导性、战略性产业，是重要的服务性行业，是社会生产、流通和消费得以正常进行的重要环节，与国民经济其他部门普遍联系。在现代信息技术应用、资源利用方式变革和商业模式创新的推动下，我国交通运输与经济社会发展关系正在发生巨大变化，交通运输更加广泛地融入现代经济社会发展之中，基础设施空间布局、装备创新应用、运输服务模式重塑、信息化智能化等多维组合，成为带动引领产业发展、经贸流通、城镇国土开发的战略性行业。单纯满足运输需求不再是运输发展动力机制的全部，交通运输发展将有针对性地提供个性化、多样化、高质量、高效率运输服务，带动

产业发展和产业组织模式创新，成为驱动产业创新和经济高质量发展的重要力量，更加强调运输方式间、不同区域间、客运货运间、设施服务间、平时与急时等统筹协调发展。

### （三）绿色发展，打造资源环境友好型交通

习近平总书记高度重视发展绿色交通运输体系。交通基础设施和运输服务规模快速增长的发展阶段，消耗了大量的土地和能源等资源，也带来较大的环境污染。面对日益严峻的环境和资源约束力，应转变大量投入、大量消耗、大量排放的传统发展模式，深入践行绿色发展理念，构建绿色交通基础设施体系和运输服务体系，使绿色成为交通强国建设的基本底色。其一，要强化绿色交通发展顶层设计，加快建立科学的资源利用管控体系，实现资源节约集约利用，特别是针对资源环境承载能力较弱的城镇化地区，要控制城市开发强度，划定水体保护线、绿地系统线、基础设施控制线、历史文化保护线、永久基本农田和生态保护红线。其二，要构建运输结构合理的综合交通运输体系，大力倡导和发展绿色交通方式，充分发挥铁路、水路运输作用，推动公路运输向铁路和水路运输转移，深入贯彻落实公交优先发展战略，抑制小汽车过度使用。其三，要建设绿色交通基础设施体系，在基础设施建设过程中深入贯彻落实生态优先、绿色发展理念，最大限度保护生态环境，加强交通生态环境保护修复，推动交通基础设施走上绿色、集约发展之路。

## （四）开放发展，拓展交通运输国际合作空间

习近平总书记关于综合交通运输发展的重要论述，提出了拓展交通运输国际合作空间的路径，要求提升我国交通国际竞争力，继续为世界交通发展贡献更多中国智慧、中国方案。一方面，聚焦关键通道、关键城市、关键项目，联结陆上公路、铁路道路网络和海上港口网络，着力推动陆上、海上、天上、网上四位一体的联通，全方位提高我国全球连接能力。交通运输对外开放不但要做好行业自身的事，构建互联互通、面向全球的交通网络，还要加强与其他基础设施领域合作，共同构建多维度多层次的设施联通体系。另一方面，我国交通运输“走出去”需要瞄准软联通方面的短板，不断提高行业的国际制度性话语权，加强培育国际化运输企业。交通基础设施具有很强的经济社会正外部性，是提升我国全球“软实力”的重要抓手。国际互联互通不仅是修路架桥，更应该是基础设施、制度规章、人员交流三位一体，应该与政策沟通、贸易畅通、资金融通、民心相通等领域共同推进，以形成基础设施互联互通、市场合作互利共赢、成果经验互鉴共享的开放新格局为目标。

## （五）共享发展，努力建设人民满意交通

“人民”二字，在习近平总书记心里分量最重、牵挂最多。针对农村基础设施短板，习近平总书记亲自部署，要求重点抓好农村交通运输、农田水利、农村饮水、乡村物流、宽带等基础设施建设

和发展工作。针对农村公路可持续发展难题，习近平总书记更是亲自总结提出了“四好农村路”，这是一项影响农村交通长远发展的重要的民生工程、民心工程。习近平总书记十分关心城市居民的出行问题，明确指出公共交通是现代城市的发展方向，要求用新技术缓解城市交通拥堵，强化城际交通互联互通，加快完善城市物流配送体系。在新冠肺炎疫情时期，交通保障具有特殊使命，习近平总书记坚持生命重于泰山，人民利益高于一切，多次强调做好交通保障工作，切实维护正常交通秩序，优先保障救护车辆、防疫车辆和运送医护人员、药品器械、民生物资等车辆通行。随着国际影响力不断提升，人民满意交通应该具有国际新视野，使新交通线路能够助力实现各国人民的幸福梦想。

## 第二节

# 科学研判，揭示交通运输作为先行领域适度超前的客观规律

习近平总书记多次强调“经济要发展，交通要先行”“‘要想富，先修路’不过时”。2020 年 2 月，习近平总书记主持召开中央政治局会议时指出，复工复产，交通运输是“先行官”。习近平总书记关于综合交通运输发展的重要论述，充分认识和把握了交通运输发展“先行官”的历史新定位，对牢牢把握开拓交通运输发展新空间的重大契机、建设交通强国、实现中华民族伟大复兴的中国梦具有重要的指导意义。

### 一、交通运输是世界各国经济社会发展的先行领域

世界交通发展历史经验规律和我国交通发展历程表明，交通

运输是经济社会发展的重要前提和基础，交通运输对国民经济发展具有基础性、先导性、战略性作用，在服务国家发展战略以及稳增长、促改革、惠民生中先行地位突出，自古以来都是大国崛起的重要支撑，在实现中华民族伟大复兴的中国梦的历史征程中同样承担着重要使命。

### （一）交通运输历来是先进技术应用孵化的先行载体

交通运输发展与科技进步密切相关，科学技术进步催生新型交通方式出现，新一代交通运输发展促进科学技术进步和人类社会发展。人类近代历史上，伴随三次工业革命，世界交通发展经历了水运—铁路—公路—航空更迭主导的演进轨迹。工业革命以来的技术进步集中体现在机械动力上，蒸汽机、内燃机、电气化等新动力逐步应用在交通运输业中，轮船、火车、汽车、飞机、航天飞机等均是产业革命的代表性产物，对人们的出行和物流运输产生了深刻影响。20 世纪最伟大的运输革命是喷气式飞机和集装箱的出现，作为远距离运输中最具意义的革新，喷气式发动机比较安全，易于维护，更适合远距离飞行，而且比螺旋桨更节油；集装箱催生了运输组织体系变革，在该体系下，标准的集装箱被装上集装箱船、卡车和货运火车，从而实现了铁路、公路、运河和海上运输的有效衔接，根本改变并加速、畅通了运输，很大程度上改变了件杂货运输的模式，并对全运输链条的标准化、信息化、自动化产生了革命性影响。

### （二）交通先行是支撑牵引经济社会发展的基本规律

交通运输是国民经济的命脉，是联系工业和农业、城市和乡村、生产和消费的纽带，是生产力合理布局、生产规模扩大再生产的重要前提。交通运输先行发展对一个国家的经济繁荣、社会进步、综合国力提升等具有重要推动作用。在不同历史时期，交通基础设施是城镇规模结构的基本骨架，是推动区域协调发展和城市群崛起的重要支撑。在世界历史上，内河的地位曾经非常突出，中国的京杭大运河、美国的伊利运河极大促进了经济发展；欧、美、日均将海运视为国家战略，欧盟认为其是“经济增长和繁荣的重要基石”，日本将其视为“生命线”；19 世纪，得益于大规模的铁路网络修建，并连接大小城市，内陆的制造中心不断涌现，西方国家一跃建立了领先世界的工业文明；20 世纪 30 年代，德国、美国的高速公路开始快速发展，推动了之前远离铁路地区的开发崛起；20 世纪 60 年代，由于高速铁路的出现和人们对环境问题的重视，铁路在经历了汽车高速公路、飞机航空竞争挤压后重新迎来了复兴；步入新世纪，航空网络与主要机场推动并形成城市和地区经济发展的新动力源。

## 二、准确把握交通运输“先行官”历史新定位的时代内涵

经济发展，交通要先行，交通运输是“先行官”。习近平总书记关于交通运输发展“先行官”的重要论述，阐释了交通运输发展

新的历史定位，揭示了新时代交通运输适度超前的客观规律。

### （一）“先行官”历史新定位的重大理论与实践意义

习近平总书记关于交通运输发展“先行官”的重要论述，从理论层面高度概括总结了交通运输在国民经济和社会发展中的基础性、先导性、战略性地位和作用，揭示了新时代适度超前的交通运输供求关系，“跳出交通看交通”“放眼世界看中国”，体现了国际视野与中国特色相结合的时代特征要求，为科学认识交通运输与国民经济和社会发展的关系提供了新的理论方法指导。

实践层面，坚持把交通运输摆在先行发展的重要位置，对推动经济社会发展、服务和改善民生以及促进生态文明建设具有重要意义。新中国成立70多年来，我国交通运输总体上经历了从“瓶颈制约”到“初步缓解”，再到“总体适应”经济社会发展要求的奋斗历程。改革开放以来，交通运输步入了快速发展阶段，交通运输的发展“先行官”作用不断增强，有力支撑了经济社会持续快速发展，为国家战略实施、经济快速增长、区域城乡协调发展、国土空间开发、生产力布局完善、产业结构优化等提供了有力支撑，加速了我国的工业化、城镇化、市场化、国际化进程。党的十八大以来，党和政府坚持“适度超前”原则处理交通供需关系，不断加大政策扶持力度，放开交通运输市场，探索市场化融资机制，推动交通运输更好更高质量地适应经济社会发展。

## （二）适度超前体现了“先行官”历史新定位的时代内涵

交通运输发展首要解决的是供需关系问题，即协调交通运输和经济社会的关系问题。交通运输体系是运输能力的供应者，其他经济、社会部门是运输能力的需要者，供需双方必须平衡，才能促进经济社会持续发展。交通需求本质上是派生需求，交通需求产生于对最终消费品和服务的需求，以及对原材料和中间产品的需求。运输经济学原理表明，为有效满足派生性的运输需求，可以在供给侧通过扩展交通基础设施网络、加密运输线路和提升运输服务能力等方式来实现。但交通基础设施建设具有一定的时滞性，应在满足当前经济社会发展水平下，充分考虑未来一定时期经济社会发展所产生的运输需求，为未来发展留有余量。换句话说，交通运输发展要“适度超前”。“适度超前”重点要把握交通运输与经济社会发展之间供需平衡的“度”，既要恰到好处地满足经济社会发展对综合交通运输的需求，又不能过度发展，防止造成运输能力虚糜和资源浪费。

在交通运输“瓶颈”时期，交通基础设施建设投资不足导致对经济社会发展的制约，“交通先行”意在打破这种制约，为经济起步腾飞创造基础条件。当经济发展到一定阶段，交通运输处在一个相对更高水平的供需平衡状态时，应充分考虑基础设施建设时滞性，未雨绸缪，保持适当的超前量，留有余地平衡供需、稳定运行、确定标准、预留接口、推进建设，尽最大可能满足未来经济社会发展派生的各类运输需求。当前，我国交通运输已经总体适应经济社会发展需要，交通运输供需矛盾逐渐从长期运量与运能之间“规模不适应”转化为运输需求与交通供给之间“结构不匹配”。在此背景下，应重点围绕供需之间的有效匹配，正确把握好交通运输适度超前先行发展的“度”的问题。“先行发展”与“适度超前”是我国交通运输和经济社会发展供需关系的经验总结，是交通运输科学发展和演进的客观规律，反映了新时期交通运输供求的时代特征，体现了我国交通运输“先行官”历史新定位的时代内涵。

## 三、“先行官”历史新定位为交通运输发展指明了方向

在交通运输如何先行问题上，习近平总书记关于交通运输是“先行官”的重要论述，从理念、方向、路径方面给出了答案，强调推动交通运输与经济社会融合发展、充分发挥交通运输战略性先导作用、提升综合交通运输体系整体效率和效益。

### （一）以理念导向先行，推动交通运输与经济社会深度融合

综合交通运输进入了新的发展阶段，在体制机制上、方式方法上、工作措施上要勇于创新、敢于创新、善于创新。在短期经济或交通“瓶颈”时代，交通运输发展的定位是追赶式满足经济社会需求。但是当经济和交通发展到一定阶段，需要重新审视对交通供需

关系的处理方式。交通运输不再完全被动地满足需求，而应转向主动性地发挥支撑引领作用，与关联产业、新兴技术深度融合，形成新技术、新业态、新模式竞相涌现的新态势。

在“先行发展、适度超前”融合联动理念指导下，近年来我国交通运输与物流、旅游、新能源、产业等领域融合发展进程加快，“互联网 +”交通“互联网 +”物流等平台型服务模式不断颠覆传统运输组织模式，为融合发展提供了全新的实践案例和理论突破关注点。各地依托骨干交通通道、综合枢纽、物流园区等培育形成高铁经济、临空经济、临港经济、口岸经济等多种交通导向型经济，“四好农村路”进一步向资源路、旅游路、产业路拓展，“交通 + 产业”“交通 + 旅游”“交通 + 电商”等模式初具形态。“融合”成为体现交通与经济社会发展关系的新趋势，成为解锁“交通强国”、把握交通运输业发展转型升级的一把金钥匙（见表 2–1）。

表 2–1 交通强国中的“融合”要求

| 章节位置 | 内容表述 | 特征类别 |
| --- | --- | --- |
| 指导思想 | 由各种交通方式相对独立发展向更加注重一体化融合发展转变 | 运输方式间技术融合 |
| 基础设施布局完善、立体互联 | 推进干线铁路、城际铁路、市域（郊）铁路、城市轨道交通融合发展 | 运输方式内功能融合 |
| | 促进交通建设与农村地区资源开发、产业发展有机融合 | 交通与经济社会融合 |
| 运输服务便捷舒适、经济高效 | 深化交通运输与旅游融合发展 | 交通与经济社会融合 |

续表

| 章节位置 | 内容表述 | 特征类别 |
| --- | --- | --- |
| 科技创新富有活力、智慧引领 | 推动大数据、互联网、人工智能、区块链、超级计算等新技术与交通行业深度融合 | 交通与技术融合 |
| | 推进数据资源赋能交通发展，加速交通基础设施网、运输服务网、能源网与信息网络融合发展，构建泛在先进的交通信息基础设施 | 交通与技术融合 |
| | 建立以企业为主体、产学研用深度融合的技术创新机制 | 交通与技术融合 |
| 完善治理体系，提升治理能力 | 强化规划协同，实现“多规合一”“多规融合” | 交通与国土空间融合 |

资料来源：根据《交通强国建设纲要》整理。

## （二）以能力品质先行，提升现代化建设的战略支撑能力

党的十八大以来，以习近平同志为核心的党中央在深刻认识把握交通运输在民族复兴和区域发展中的作用基础上，围绕交通运输服务京津冀协同发展、长江经济带发展、粤港澳大湾区建设、海南全面深化改革开放、长三角一体化发展、黄河流域生态保护和高质量发展等国家重大战略，作出系列重要论述。这些国家战略都以交通互联互通为引领，体现出以习近平同志为核心的党中央对交通运输在民族复兴和区域振兴重要作用的历史规律深刻认识把握。

在交通运输服务国家战略中，除了强调交通基础设施网络布局和结构标准、运输服务总体能力和服务品质等适度超前、留有余量

和拓展接口之外，习近平总书记非常重视超级工程项目、前沿装备等的技术创新引领示范作用和区域经济发展助推价值。习近平总书记对港珠澳大桥“国家工程、国之重器”的定位，集中体现了我国自主创新能力和综合国力的进一步提升；习近平总书记对京张高铁开通运营的批示，进一步把中国铁路的发展历史与中华民族的复兴联系在一起；习近平总书记对北京大兴国际机场“国家发展一个新的动力源”的定位，准确反映了新时期机场作为传统交通门户的角色正在向“新的动力源”转变的历史趋势。北京大兴国际机场、港珠澳大桥、洋山港等国家重大战略性超级工程，已成为京津冀、粤港澳和长三角发展的靓丽名片。

### （三）以组织模式先行，着力强化综合发展的效率和韧性

综合交通运输发展要重点抓住“平衡各种运输方式”和“各种运输方式融合发展”这两个关键环节，在组织方式上、在发展模式上适度超前考虑，充分发挥好各种运输方式的比较优势和组合效率，由各种运输方式相对独立发展向更加注重一体化融合发展转变。

从发展规律来看，综合运输是交通运输发展到高级阶段的表现形态。在发展初期，各种运输方式都有独立发展的巨大空间，之后从独立、竞争发展走向融合、协同发展。由单一运输方式各自发展逐步走向综合发展是一条普遍规律。从我国现实来看，改革开放以来，各种运输方式经过 40 多年独立快速发展，基本适应了经济社

会发展需要。随着我国工业化、城市化水平不断提升，对交通运输的质量、效率、成本等方面要求越来越高，迫切需要发展综合交通运输来提升体系的整体效能，充分发挥各种运输方式比较优势，以最小的经济成本和时间成本最大限度地满足运输需求，以综合运输竞争力的提升打造我国经济竞争新优势。

平衡各种运输方式是构建综合交通运输体系的关键所在，体现了习近平总书记治国理政的系统思维。每种运输方式各有技术经济优势、各成一套独立系统，综合交通运输不是各种运输方式的简单叠加，而是不同运输方式的深度融合和系统集成，必须以系统思维推进综合交通运输体系建设。关键是要平衡好各种运输方式，根据各地资源禀赋条件和地理空间特征，构建宜水则水、宜陆则陆、宜空则空的综合交通运输体系，使各种运输方式各展其长，发挥整体最大优势。

综合交通运输不仅是一个发展问题，也是一个制度建设的治理问题。综合交通运输体系的建设需要进一步优化交通运输体制机制，推进以法律法规、政策、战略、规划、标准为支撑的交通运输治理体系和治理能力现代化，为统筹各种运输方式发展优化顶层设计，强化规范引导。

## 第三节

# 与时俱进，明确交通运输发展向高质量转型的基本要求

中国特色社会主义发展进入新时代，新时代真正实现经济从高速增长向高质量发展转型，必须根据新时代经济发展的新特点、新要求、新趋势，制定符合经济社会发展规律的路线图，支撑中国经济跨越新关口、迈向新台阶。习近平总书记关于综合交通运输发展的重要论述，为交通运输高质量发展指明了方向。

### 一、新时代赋予了交通运输新的发展内涵

推动高质量发展是当前和今后一个时期交通运输发展的根本要求。习近平总书记关于综合交通运输发展的重要论述，赋予交通运

输高质量发展丰富内涵。

### （一）交通运输已由高速增长阶段转向高质量发展阶段

当前，我国经济已由高速增长阶段转向高质量发展阶段，正处在转变发展方式、优化经济结构、转换增长动力的攻关期。交通运输是现代化经济体系的重要组成部分，现阶段也已由高速增长阶段转向高质量发展阶段。从发展基础来看，我国交通基础设施规模世界领先，运输服务保障能力大幅提升，科技创新水平持续提升，我国已经成为名副其实的交通大国，具备了由量的积累转向质的提升的物质基础。从主要矛盾变化来看，人们不仅仅满足于通路通车、通航通邮等硬需求，更加重视获得感、幸福感、安全感等软需求。发展主要矛盾的变化要求交通运输由规模速度型转向质量效率型，优化存量资源配置，扩大优质增量供给，实现供需动态平衡。从发展条件来看，交通运输发展面临的土地、资源、环境等刚性约束进一步增大，劳动力成本明显上升，融资难问题日益凸显。同时，全球科技和产业进步方兴未艾，新技术、新产业、新模式层出不穷，改革创新的动力正在释放，开放型经济活力不断迸发，为交通运输提档升级提供了有利条件。

### （二）交通运输高质量发展是全方位、全过程的高质量发展

从需求侧来看，交通运输高质量发展是以人民为中心的发展，其根本出发点和落脚点是能够很好地满足区域经济增长、社会公平

建设和人民日益增长的美好生活需要。从供给侧来看，高质量发展是以供给侧结构性改革为主线，体现新发展理念和实现生产要素投入少、资源配置效率高、资源环境成本低、经济社会效益好的发展。

从系统构成来看，交通运输高质量发展，不仅仅是铁路、公路、水运、民航、管道、邮政等子系统高品质、高效率和高效益的发展，还是各种运输方式之间有机衔接、综合协调和融合创新的发展；不仅仅是交通基础设施网络配套衔接、产品安全耐久、通行能力不断增强的发展，还是交通技术装备更加智能清洁、标准可靠、先进适用的发展，是运输服务更加安全便捷、优质高效、绿色智能、一体畅联的发展。

从内涵层次来看，微观层面上，交通运输高质量发展指的是能够提供安全可靠、品质卓越、经济适用、智能绿色的基础设施产品和个性化、多样化、品质化、均等化的交通运输服务；宏观层面上，交通运输高质量发展意味着能够充分发挥“先行官”作用，能够有力支撑引领经济社会发展，能够平衡好资源占用和价值创造的关系实现交通运输与资源环境的和谐发展，能够保障经济社会秩序正常运行、保障代际公平和持续发展的需要。

从实现过程来看，交通运输高质量发展要求最终实现交通基础设施和交通运输装备全生命周期、客货运输服务全过程高质量发展。交通基础设施全生命周期高质量发展是指交通基础设施项目规划设计、施工建设、运营维护、管理更新等各环节的高品质、高效率和高效益；交通运输装备全生命周期高质量发展是指交通技术设备、运输载运工具等配套产品在设计、制造、采购、使用、回收等各阶段的高品质、高效率和高效益；客货运输服务全过程高质量发展是指为旅客或货主从起始点到目的地提供完整运输产品过程的高品质、高效率和高效益。

从投入产出来看，交通运输高质量发展，不仅仅是最终产品产出层面的高质量，还要求要素投入、中间品投入的高质量，要求实现交通基础设施、交通技术装备和运输服务产业全要素、全链条、全时空领域高质量运行和高效益产出，能够以最小的资源要素投入产生最大规模和范围的经济、技术溢出效应和社会价值贡献，以最小的资源环境代价实现基础设施和经济社会健康持续发展。

### （三）交通运输高质量发展的核心是质量第一和效益优先

交通运输高质量发展的核心要义是保持有质量、有效益的适度增长。改革开放以来，在交通运输供需矛盾相对紧张的背景下，我国交通运输尤其是交通基础设施网络在大规模投资拉动下得到了快速发展。新时代，在社会主要矛盾也已发生转化和交通运输供需结构逐渐均衡的情况下，交通运输发展将更加注重交通基础设施网络和运输服务系统的质量效益，强调系统优化和发展方式、运行模式、制度安排、交通技术等方面的变革创新，着力提升交通运输系统效率效益和治理水平，促使经济大循环更顺畅，从而提高国民经济整个供给体系质量和效益。

## 二、改革创新推动交通运输高质量发展

深入学习习近平总书记关于综合交通运输发展的重要论述，通过改革创新，推动交通运输高质量转型发展，真正实现“投入有产出、发展有效益、企业有利润、人民要满意、环境要改善”，需要审时度势，科学设计，以辩证思维来处理推动高质量发展中遇到的各种矛盾关系。

### （一）正确把握综合交通运输体系整体推进和重点突破的关系

推动交通运输高质量发展是一项系统工程，必须运用系统论的方法，把握好设施、装备、组织、服务、管理以及国际、区域、城际、城市、城乡等各个维度要素板块内在关系，依据新发展理念的整体性和协同性，以提高综合效率和组合效率为核心，增强推动高质量发展举措的关联性和耦合性，做到相互促进、协同发力。要结合区域、方式发展差异和供需区别，厘清主要矛盾和次要矛盾、矛盾的主要方面和次要方面。牢牢把握交通运输高质量发展的根本要求、工作主线、基本路径、制度保障和具体着力点，做到全局和局部相配套、治本和治标相结合、渐进和突破相衔接，实现整体推进和重点突破相统一，切实增强创新力、循环性和核心竞争力。

### （二）正确把握综合交通运输体系顶层设计、战略谋划和持续推进的关系

我国作为一个经济和人口规模巨大的国家，交通运输发展供需差异、布局差异、方式差异、结构差异巨大，推动交通运输高质量发展任重道远。既要以供给侧结构性改革为根本，加快完善综合交通运输体系布局功能结构，更要切实转变交通运输发展方式，实现长周期全链条可持续发展。为此，必须保持战略定力，坚持久久为功，统筹做好跨越关口、推动高质量发展的顶层设计和战略谋划，正确把握实现长远目标和做好当前和短期工作的关系。

### （三）正确把握突破传统发展模式旧动能和培育新型发展方式新动能的关系

发展动力决定发展速度、效能、可持续性。推动交通运输高质量发展必须坚定不移推进供给侧结构性改革，大力破除无效供给和低效供给，强化供需有效匹配，以此为发展基点着力培育形成并壮大新动能，促进新旧动能加快接续转换，加快推动交通运输现代化发展，更好支撑现代化经济体系建设。需要注意的是，当前交通运输领域存在的诸多结构性、功能性失衡矛盾，其根源除了历史发展原因以及理念认识不到位之外，更重要的是资源要素配置方式的失衡甚至扭曲，特别是交通运输的垄断性领域、公益性领域以及可竞争领域等缺乏针对性的有效资源要素配置方式，必须结合发展实际

正确处理和调整政府与市场的关系，更加充分更加广泛地深化交通运输要素资源市场化改革，推动形成市场决定要素配置的运行机制和循环机制，推动质量变革、效率变革、动力变革，加快建设与现代化经济体系、现代化城镇体系、全面开发体系以及实体经济、科技创新、现代金融、人力资源协同发展的产业体系相适应的综合交通运输发展机制。

### （四）正确把握交通运输公平与效率、规模扩张与绿色发展的关系

我国是一个发展中大国，城乡区域发展不均衡，交通运输发展失衡、效率不高等矛盾仍比较突出，如何既做大做优交通运输网络体系和供给系统，又能让发展成果真正惠及全体人民，无论是城市还是农村、无论老人还是儿童都能享受到平等有效的交通运输服务供给，是我们必须解决好的关键问题。与此同时，交通运输发展对生态环境具有一定影响。绿色发展是现代化经济体系建设的必然要求，也是交通运输发展成果真正惠及广大人民群众的必然要求。决不能把生态环境保护和交通运输规模扩张割裂开来，更不能对立起来，要坚持在发展中保护、在保护中发展。要加大力度推进生态文明建设，正确处理好绿水青山和金山银山的关系，构建绿色交通体系和发展格局，引导形成绿色出行和绿色交通方式。这不仅是推动交通运输高质量发展的内在要求，更是关系中华民族永续发展的根本大计。

## （五）正确把握交通运输改革、开放、创新与高质量发展的关系

交通运输高质量发展，应坚持改革开放道路，以推进交通运输供给侧结构性改革为主线，全面深化交通运输领域改革，加快推进国家治理体系和治理能力现代化；坚持开放发展理念，统筹国内国际两个大局，利用好国内国际两个市场、两种资源，实施更大范围、更宽领域、更深层次的全面开放，以扩大开放推进改革发展；坚持创新发展理念，把创新摆在国家发展全局和交通强国建设的核心位置，坚持技术创新和制度创新"双轮"驱动，加速从"要素驱动"转向"创新驱动"，以创新驱动高质量发展。

## 第四节

# 根植人民，提出交通运输以人为本的内在实质

人民是历史的创造者，一切发展为了人民、一切发展依靠人民、发展成果由人民共享。交通运输是直接关系到人民群众衣食住行的重要领域和民生工程，交通运输发展应坚持以人民为中心的发展思想，为广大人民群众提供安全、便捷、高效、绿色、经济的交通产品和运输服务，不断增强人民群众的获得感、幸福感、安全感。

### 一、交通运输的本质属性是满足人的基本生产生活需要

交通运输是人类社会生活的基本活动之一，是经济发展和社会生产的基本需要和先决条件，是人类文明的生命线和现代社会运行

的重要基础之一。

## （一）交通运输活动为人的生产生活创造了基本条件

### 1. 交通运输是实现人或货物空间位移的过程

马克思指出，运输业所出售的东西就是场所变动，不论运的是客还是货，结果都是所在地的变更，人与商品是和运输手段一同移动；这种移动，这种场所变动，就是用运输手段实现的生产过程。[1] 从历史长河来看，人类始终在不遗余力地扩大、提高和完善在空间位移方面的本领，实现人与货物空间位移的水平在很大程度上反映了人类克服自然阻力的能力。人类早期活动主要是依靠人的步行、头顶、肩扛和背驼等方式实现人与交换物品的位移，后来伴随人类文明和科学技术不断进步，开始利用天然河道、畜力、风力、运河、火车、轮船、汽车、飞机等新兴技术或工具不断拓展人或货物的位移空间。

### 2. 交通运输是经济发展和社会生产的先决条件

经济与社会的发展离不开人和物的空间位移，交通运输是社会经济最重要的纽带和基础结构之一。马克思指出，在商品生产中“社会劳动的物质交换，是在资本循环和构成这个循环的一个阶段的商品形态变化中完成的。这种物质变换要求产品发生场所的变

[1] 马克思. 资本论第 2 卷 [M]. 北京：人民出版社，1954：40-41.

换，即产品由一个地方到另一个地方的实际运动”。[1] 而且即便“在印加国，虽然社会产品不作为商品流通，也不通过物物交换来进行分配，但是运输业还是起着重要的作用”。[2] 显然，若没有交通运输业的相应发展，经济与社会的各种联系就难以正常实现，发展就会遇到困难。

交通运输是社会生产过程的一般条件。社会生产过程是生产过程和流通过程的统一，交通运输是社会生产过程的中间环节。如果没有交通运输，流通过程就会阻塞，生产过程和消费过程就会中断，社会再生产将无法进行下去。交通运输还是社会进步的一般条件。交通运输业建立的是物质在时空上的联系，这种联系越广泛、越紧密，新制度的扩散、新文明的传播就越迅速，社会也就进步得越快。而且在世界范围内，这种效果只是在更大的规模上表现为同一效果。[3]

## （二）交通运输业是特殊的服务产业和公共事业部门

### 1. 交通运输业是特殊的生产和流通部门

从交通运输业性质来看，交通运输与纯粹的流通性商业活动不同，属于物质生产性活动，表现为生产过程在流通过程内的继续，并且为了流通过程而继续。正如马克思所说，交通运输是除了开采

[1] 马克思. 资本论第 2 卷 [M]. 北京：人民出版社，1954：167–168.
[2] 马克思. 资本论第 2 卷 [M]. 北京：人民出版社，1954：168.
[3] 马克思，恩格斯. 马克思恩格斯全集第 34 卷 [M]. 北京：人民出版社，1972：347.

业、农业和加工制造业以外的第四个物质生产部门，[1] 是特殊的生产和流通部门。在哲学范畴内，空间位置的变化是物质运动的基本形式，同物理的、化学的、生物的运动一样，都是物质变化的具体内容。由于运输劳动能使运输对象发生一种空间位置的变化，因而属于物质生产的范畴。如果说开采业、农业和加工制造业等创造的是社会生存所必需的物质资料，那么交通运输业促成了社会生存所必需的物和人类自身在时空中存在形式的变化，它们都是哲学范畴内的物质变化，都是人类征服自然、改造自然的重要内容。前者以物质使用价值的创造，支持着社会的生存和发展；后者以物质使用价值在时空中的形成和实现，支持着社会的生存和发展，两者缺一不可。

### 2. 交通运输是关系国计民生的公共事业

交通运输能够为广大人民群众提供基本出行服务、生产资料和生活物资配送服务，与居民日常生活息息相关，又与国家经济发展命脉密切相连，是关系国计民生的公共事业。从内涵上看，交通运输是以满足不同区域、不同群体的人们基本出行和客货运输需要为目标，从维护广大人民群众切身利益和保障社会公平稳定和国家安全出发，直接或间接为国民经济和社会发展提供服务或创造条件。从属性上看，服务是交通运输业的本质属性，坚持以人为本，为人

---

[1] 马克思. 剩余价值学说史——资本论第四卷：第 1 册 [M]. 北京：生活 · 读书 · 新知三联书店，1957：466.

民服务、为国家服务、为社会生产服务。

## 二、交通运输发展的根本目的是满足人民群众对美好生活的需要

习近平总书记指出，推动经济社会发展，归根到底是为了不断满足人民群众对美好生活的需要。[1] 交通运输是国民经济和社会发展的重要组成部分，其发展的根本目的是不断满足人民群众对美好生活的需要。

### （一）美好出行是人民群众对美好生活向往的题中之义

党的十九大报告提出，我国社会主要矛盾已经转化为人民日益增长的美好生活需要和不平衡不充分的发展之间的矛盾。牢牢把握人民群众对美好生活的向往，是习近平总书记坚持以人民为中心发展思想的丰富内涵。交通运输是人们生产生活的基本条件，“美好出行”是“美好生活”的基础支撑和重要体现。人民群众对交通出行和运输服务的需要，不仅仅只满足于通路、通车、通航、通邮等实现人和物位移的“基本需求”，还需要更加重视运输活动过程中的获得感、幸福感、安全感等“美感需求”；不仅仅要“走得

[1]《习近平在参加内蒙古代表团审议时强调 坚持人民至上 不断造福人民 把以人民为中心的发展思想落实到各项决策部署和实际工作之中》，《人民日报》2020 年 5 月 23 日。

了”“走得好”，还要“走得精致”“走得美妙”“走得时尚”；不仅仅需要安全可靠、经济高效地服务于经济生产和流通消费活动，还需要人文博爱、普惠包容地满足均等化、个性化、多元化的“社会化需求”。交通运输需求的人文、精致等特征，是消费者对安全出行活动升级的内在要求，是马斯洛高层次需求在交通运输领域的集中体现。步入新时代，我们有理由相信，随着我国综合实力与日俱增，不仅有意愿更有能力满足人民群众对“美好出行”的需求，让出行体验更方便、快捷、舒适、温暖，让越来越多的中国人不仅“说走就走”，而且“走得舒适优雅惬意”。

### （二）解决好人民群众最关心最直接最现实的利益问题

农村地区尤其是贫困地区“出行难、运输难”，城市“打车难”、交通拥堵等问题是当前人民群众最关心最直接最现实的利益问题，也是最困难最忧虑最急迫的实际问题。习近平总书记十分牵挂人民群众出行问题，多次就农村公路发展作出批示指示，多次强调要解决好入村入户等“最后一公里”问题，多次深入贫困山区、走进田间地头，走到农民中间，强调要把解决交通拥堵问题放在城市发展的重要位置，加快形成安全、便捷、高效、绿色、经济的综合交通体系。

### （三）人民满意是检验交通运输发展成果的最高标准

习近平总书记多次强调，要把人民高兴不高兴、满意不满意、答应不答应作为评价和检验一切工作的最高标准；让老百姓过上好日子是我们一切工作的出发点和落脚点。

### 1．人民交通为人民，人民交通要让人民满意

习近平总书记关于不断满足人民群众对美好生活需要的重要论述，体现了浓郁的为民情怀和民生情结。对交通运输发展而言，其核心要义是要求人民交通为人民，建设人民满意交通。建设人民满意交通，就是要坚持以人民为中心的发展理念，把为民、利民、惠民作为一切工作的出发点和落脚点，真正做到人民交通为人民、人民交通靠人民、人民交通由人民共享、人民交通让人民满意。要坚持目标导向和问题导向，着力提高交通运输基本公共服务供给效率和质量水平，着力解决交通运输领域发展不平衡、不充分问题，不断增强人民群众的获得感、幸福感、安全感。

### 2．永远把人民对美好生活的向往作为奋斗目标

不忘初心，方得始终。为人民谋幸福，是中国共产党人的初心。人民对美好生活的向往，就是我们的奋斗目标。习近平总书记始终把人民放在心中最高位置，风雨兼程、访贫问苦，从黄土高坡到青藏高原，从太行山区到乌蒙山区，从零下几十度到海拔数千米，从“贫瘠甲天下”的甘肃定西到“隔山走一天”的四川大凉山，足迹遍布大江南北、遍布全国14个集中连片特困地区，听民声、察民情、思对策，身体力行、率先垂范，模范践行了人民至上的价值理念，其中人民群众的交通出行问题是习近平总书记的重点关切之一。交通运输行业广大党员干部要以习近平总书记为榜样，

把党的初心、党的使命铭刻于心，把人民放在心中最高位置，始终坚持人民交通为人民，全心全意为人民服务，把人民群众对“出行即出游”“出行即服务”的美好出行和享受到安全、便捷、高效、绿色、经济的运输服务等美好生活的向往作为奋斗目标。

## 三、交通运输发展必须践行以人民为中心的发展思想

坚持以人民为中心，是新时代坚持和发展中国特色社会主义的根本立场。交通运输发展必须坚持以人民为中心的发展思想，强化交通运输公益属性，全心全意建设人民满意交通，在发展中保障和改善民生。

### （一）安全第一，守住交通运输安全红线和生命线

习近平总书记非常重视交通运输等重点领域安全生产工作，作出了一系列重要指示，系统回答了如何认识安全生产工作、如何做好安全生产工作等重大理论和现实问题。保障生命安全是交通运输发展的基本前提，是人民群众对交通运输系统的最基本要求。交通运输发展，应坚持人民利益至上，生命安全至上的原则，始终把安全放在首要位置。长期以来，安全问题是困扰我国交通运输发展的重大隐患，道路运输“两客一危”、水运交通、城市交通、轨道交通、民航生产运行和交通工程建设等领域安全事故时有发生，交通安全生产形势依然十分严峻。交通运输从业人

员要时刻牢记安全生产是红线、是底线、是交通运输的生命线，任何时候任何环节都不能麻痹大意，始终把安全作为头等大事来抓。

### （二）普惠共享，兜住交通运输基本公共服务底线

习近平总书记高度重视民生兜底保障和推进基本公共服务均等化工作，非常关心“老幼病残孕”等特殊群体，要求坚持以人为本，兜住底线，覆盖全民，均等享有，不断提高交通运输基本公共服务均等化水平，增强人民群众的获得感和满意度。交通运输是关系到人民群众生存权利和发展基本需求的民生领域，城市公共交通、城乡交通、特殊群体无障碍交通等是基本公共服务的重要内容。一是加快城市轨道交通、快速公交、静态交通等建设，加快构建便捷高效、人性智慧的公共交通服务体系，有效解决城市“打车难”、交通拥堵等问题；二是优化城乡道路交通体系和公共交通网络，推动城乡公交一体化；三是重视特殊群体交通出行，加强无障碍出行服务体系建设。“老幼病残孕”等特殊群体是交通出行主体的重要组成部分，截至 2019 年底，我国 60 周岁及以上老年人已达到 2.5 亿人，残疾人数量超过 8 500 万人。未来我国交通运输发展应始终坚持以人民为中心的发展思想，保障人民群众特别是特殊人群的基本出行权和高品质运输服务享有权，不断提升不同区域、不同群体之间交通运输均等化水平，保证全体人民在共建共享发展中有更多获得感。

## （三）共同富裕，坚决打赢交通扶贫脱贫攻坚战

习近平总书记高度重视交通扶贫工作，多次就农村公路等农村基础设施发展作出重要指示批示，始终牵挂着老乡家门口的路好不好走，强调要逐步消除制约农村发展的交通“瓶颈”，以交通先行助力脱贫致富。

### 1.“要想富，先修路”不过时

习近平总书记在指导交通运输工作时强调“要想富，先修路”不过时，充分体现了亲民爱民为民的真挚情怀，也蕴含着深刻的哲理。这里的路，不仅是农村公路，也包括贫困地区的高速公路、国省干线公路，还包括铁路、水路、航路、邮路等。党的十八大以来，我国以14个集中连片特困地区为主战场，以普通铁路、国家高速公路、普通国道、农村公路等建设为重点，实施了“百万公里农村公路建设工程”和“百项交通扶贫骨干通道工程”，为广大农民脱贫致富奔小康提供更好的保障。

### 2．改一条溜索、修一段公路就能给群众打开一扇脱贫致富的大门

习近平总书记多次强调，贫困地区要脱贫致富，改善交通等基础设施条件很重要；交通基础设施建设具有很强的先导作用，特别是在一些贫困地区，改一条溜索、修一段公路就能给群众打开一扇脱贫致富的大门。全面奔小康，关键在农村；农村奔小康，基础在交通。交通条件落后是贫困地区致贫的重要原因之一，加快农村

交通发展对增加农民群众收入、改善贫困人口生产生活、支撑引领贫困地区发展具有重要作用。习近平总书记的重要论述充分展现了习近平总书记心中有民、以民为本的情怀和以人民为中心的根本立场，同时也揭示了交通基础设施对贫困地区脱贫致富的重要性和先导性。

### 3．建好、管好、护好、运营好农村公路

习近平总书记高度重视农村公路发展，要求建好、管好、护好、运营好农村公路。习近平总书记关于“四好农村路”的重要指示，深刻阐述了农村公路发展为了谁、干什么、怎么干等重大问题，为农村公路发展提供了根本遵循和行动指南，具有深刻理论内涵和重大指导意义。其一，“四好农村路”重要指示彰显了以习近平同志为核心的党中央执政为民的宗旨和情怀，是以人民为中心的发展思想在交通运输领域的具体体现。“四好农村路”寄托了习近平总书记对解决“三农”问题的殷切期望，饱含着对贫困群众的牵心挂念，体现了亲民、爱民、忧民、为民的真挚情怀，也体现了中国共产党全心全意为人民服务的宗旨。其二，“四好农村路”重要指示凸显了加快农村交通发展的重大战略意义。从惠民生来看，“四好农村路”改变的是农村面貌，联系的是党心民心，巩固的是党在农村的执政基础；从打好脱贫攻坚战来看，“四好农村路”是实现精准扶贫脱贫的“先手棋”，是破解贫困地区经济社会发展“瓶颈”的关键；从实施乡村振兴战略来看，农业强不强、农村美不美、农民富不富，“四好农村路”是基础和关键。其三，“四好农

村路”重要指示深刻阐释了对农村公路发展的规律性认识，具有重要的方法论意义，为农村交通发展指明了前进方向。“四好农村路”建设是一个系统工程，“建好”是基础、“管好”是手段、“护好”是保障、“运营好”是目的，只有建管养运协调发展，才能实现系统最优，才能推动农村交通高质量发展。

### （四）人文包容，满足多样化多层次更高水平需求

牢牢把握人民群众对美好生活的向往，要准确把握人民群众的需要呈现多样化多层次多方面的特点。人民群众的多样化多层次多方面需要，在交通运输领域主要体现在三个方面：一是多样化、多层次、多方式的交通出行需求和物流配送需求；二是响应式、精细化、强韧性的交通基础设施供给需求；三是个性化、人性化、高品质的运输服务需求。交通运输发展应始终贯穿以人民为中心的发展思想，满足人民群众多样化多层次多方面的需要。要坚持以人为本，注重人文关怀，扩大交通运输多样化、多层次有效供给，提高人性化、精细化服务水平，增强交通运输供给对人们出行需求变化的适应性和灵活性，打造人文精致、开放包容的综合交通运输体系。

# 第三章

# 累累硕果　习近平总书记关于综合交通运输发展的重要论述指导交通运输迈上新台阶

党的十八大以来，以习近平总书记关于综合交通运输发展的重要论述为指导，我国综合交通运输体系发展成就举世瞩目，一批批超级工程彰显大国工匠精神和“中国速度”，一项项重大研发攻关和技术突破体现勇创世界一流的民族志气和“中国精神”，交通基础设施日新月异，运输服务能力品质效率大幅提升，为我国从交通运输大国向交通运输强国迈进奠定了坚实基础，为实现“两个一百年”奋斗目标和中华民族伟大复兴的中国梦提供了强大支撑。

## 第一节

# 基础设施网络不断完善，大国重器亮点纷呈

党的十八大以来，我国牢牢把握交通基础设施优化布局、加速成网的关键机遇期，乘势而上，综合交通网络规模和质量实现跃升，覆盖广度和通达深度不断提升，运输方式合理分工和一体衔接水平持续提高，重大工程建设取得显著成绩，充分发挥了经济社会发展“先行官”作用，书写了新时代中国特色交通发展新篇章。

### 一、网络规模和覆盖广度不断扩大

综合交通网络规模和覆盖程度持续提升，网络密度和能级水平已位居世界前列，高速铁路营业里程、高速公路通车里程、城市轨

道交通运营里程均位居世界第一。全国综合交通网[1]总里程从2012年的455.2万公里增长到2019年的540.6万公里，增长了18.8%（见图3-1）。“五纵五横”综合运输大通道基本贯通，“十纵十横”综合运输大通道加快建设，横贯东西、纵贯南北、内畅外通的综合交通主骨架逐步形成。高速铁路、高速公路网覆盖范围进一步扩大，内河高等级航道加快建设，长江干线航运能力不断增强，普通铁路有序建设，沿边、沿海、重点战略地区、城市群拥堵地区等普通国道改造升级成效明显，“四好农村路”建设大力推进，农村公路实现通村畅乡。

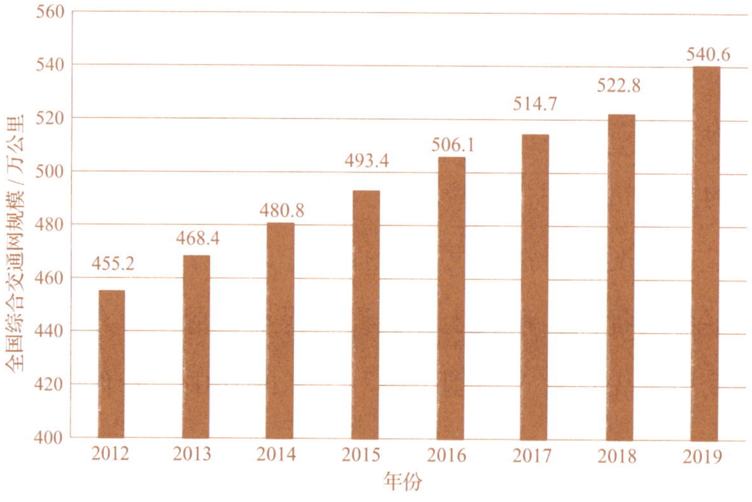


图3-1　2012—2019年我国综合交通网规模

资料来源：图表有关数据来源于国家统计局、中国统计年鉴、行业统计公报，下同。

[1] 综合交通网包括铁路、公路、内河航道、输油气管道等里程，不包括远洋航线、航空航线等里程。

## （一）铁路里程大幅跃升，城市轨道交通加快成网

铁路以前所未有的“加速度”迎来了高铁时代。“四纵四横”高速铁路主通道提前贯通，主骨架网基本形成。城际铁路建设加快推进，有力支撑和引领了新型城镇化发展，有效连接了大中城市与中心城镇，更好服务城市群通勤。干线铁路建设和扩能改造加快推进，区际铁路运输能力有效提升，路网覆盖度不断扩大。

截至2019年底，我国铁路营业里程达到13.9万公里，较2012年增长42.4%[1]，年均投产5 914公里（见图3-2）。全国铁路路网密度145.5公里/万平方公里，高速铁路路网密度36.6公里/万平方公里。全国铁路复线里程、电气化里程分别为8.3万公里、

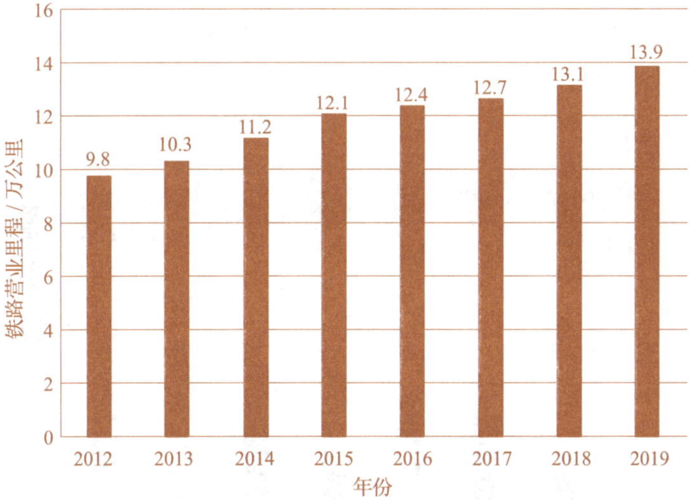


图3-2 2012—2019年我国铁路营业里程

[1] 此数据为实际值。文中对源数据只保留了小数点后一位数字，若按此数值进行相关计算，会导致增长率的计算值与实际值有所不同，全书下同。

10.0 万公里，复线率和电化率分别为 59.0%、71.9%。铁路覆盖城区常住人口 20 万以上的绝大部分城市，高速铁路覆盖大多数城区常住人口 100 万以上的城市。

城市轨道交通加快建设，超大、特大城市轨道交通加速成网，发展城市公共轨道交通逐渐成为治理城市交通拥堵、缓解“大城市病”问题的重要手段。截至 2019 年底，共有 40 个城市（不包括港澳台地区）开通城市轨道交通运营线路 208 条，运营线路总长度 6 736.2 公里，是 2012 年水平的 3.8 倍（见图 3–3），其中地铁运营线路 5 180.6 公里，占比 76.9%；其他制式城市轨道交通运营线路 1 555.6 公里，占比 23.1%。网络化运营城市轨道交通的城市不断增加，拥有 4 条及以上运营线路，且换乘站 3 座及以上的城市 19 个，占已开通城市轨道交通运营城市总数的 47.5%。

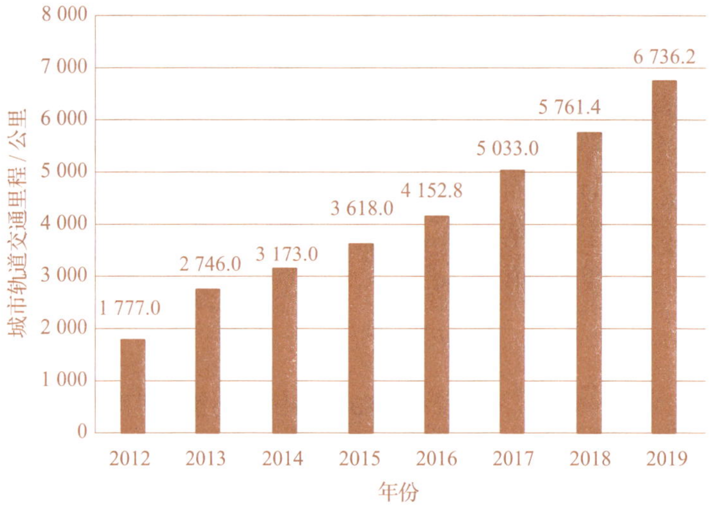


图 3–3　2012—2019 年我国城市轨道交通里程

### （二）公路网络规模持续扩大，高速公路里程世界第一

国家公路网络规模、技术等级、通达深度不断提升，中央和地方，政府与企业形成发展合力，积极推进高速公路和普通公路建设。截至2019年底，全国公路通车里程501.3万公里，比2012年增长18.3%，公路密度达到52.2公里/百平方公里（见图3–4）。分行政等级来看，国道里程36.6万公里，省道里程37.5万公里。农村公路里程420.1万公里，其中县道里程58.1万公里，乡道里程119.8万公里，村道里程242.2万公里。分技术等级来看，全国四级及以上等级公路里程469.9万公里，占公路总里程的93.7%；二级及以上高等级公路里程67.2万公里，占公路总里程的13.4%。

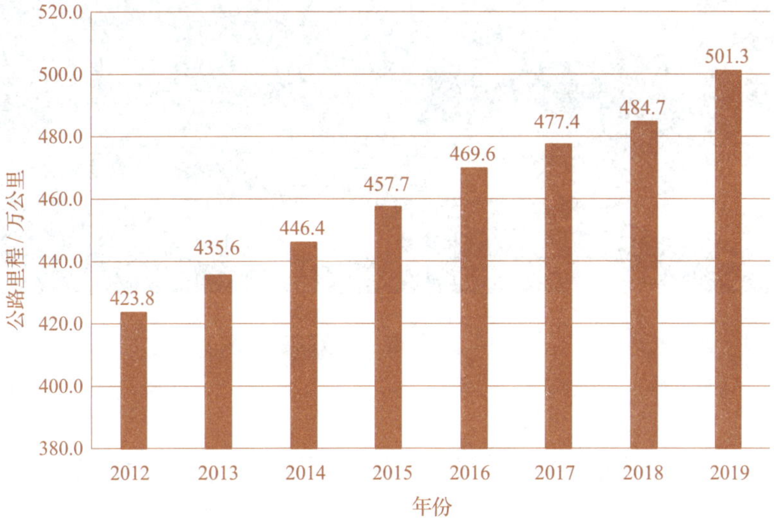


图3–4 2012—2019年我国公路里程

二级及以上公路通达 96.7% 的县，“四好农村路”建设进一步向基层延伸（见图 3–5），“溜索改桥”“百项交通扶贫骨干通道工程”“百万公里农村公路建设工程”等有序实施，连接了全国县级及以上行政区，具备条件的建制村通硬化公路率实现 100%，以县城为中心、乡镇为节点、建制村为网点的农村公路交通网络初步形成，全国乡镇和建制村通客车率分别达到 99.1% 和 99.0%，不仅方便了人民出行，还推动了区域经济发展，农村居民特别是贫困地区群众“出行难”问题明显改善。

图 3–5　重庆市“四好农村路”

## （三）航道网络持续优化，港口呈现专业化大型化深水化

内河航道条件持续改善，通江达海、干支衔接的航道网络进

一步完善。长江、西江、京杭运河等航道通航条件不断改善，初步建成了以“两横一纵两网十八线”为主体的内河航道体系。截至2019年底，内河航道通航里程达12.7万公里，比2012年增长1.6%，内河航道网中，等级航道6.7万公里，占总里程52.4%，三级及以上高等级航道里程1.4万公里，占总里程10.8%（见图3-6）。按水系分布，长江水系64 825公里，珠江水系16 495公里，黄河水系3 533公里，黑龙江水系8 211公里，京杭运河1 438公里，闽江水系1 973公里，淮河水系17 472公里。

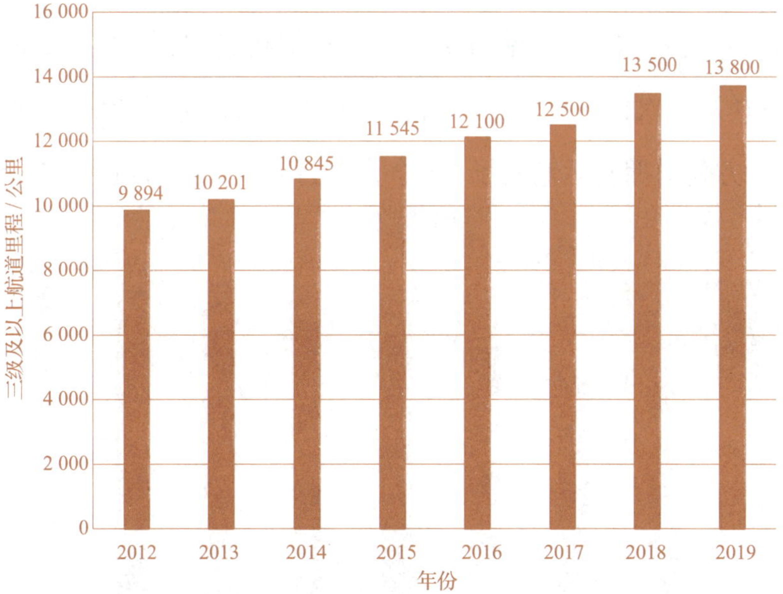


图3-6 2012—2019年我国三级及以上航道里程

沿海港口呈现专业化、大型化、深水化趋势，形成环渤海、长江三角洲、东南沿海、珠江三角洲和西南沿海五大港口群，主要港口正在向世界一流港口迈进，全球货物吞吐量前十位的港口我国占据 7 席。截至 2019 年底，全国港口拥有生产用码头泊位 22 893 个，其中沿海港口生产用码头泊位 5 562 个，内河港口生产用码头泊位 17 331 个。

### （四）民航机场建设有序推进，航空保障能力大幅提升

机场建设步伐不断加快，机场布局进一步优化，功能逐步完善，我国机场总量持续扩大、覆盖密度逐渐加大、服务能力显著提高、现代化程度不断增强。截至 2019 年底，民用运输机场达到 238 个，比 2012 年增长 30.1%（见图 3–7）。在运输机场中，年旅客吞吐量达到 1 000 万人次的 39 个，年货邮吞吐量达到万吨的 59 个，平均每 10 万平方公里拥有运输机场 2.5 个，每百万人口拥有机场 0.2 个。

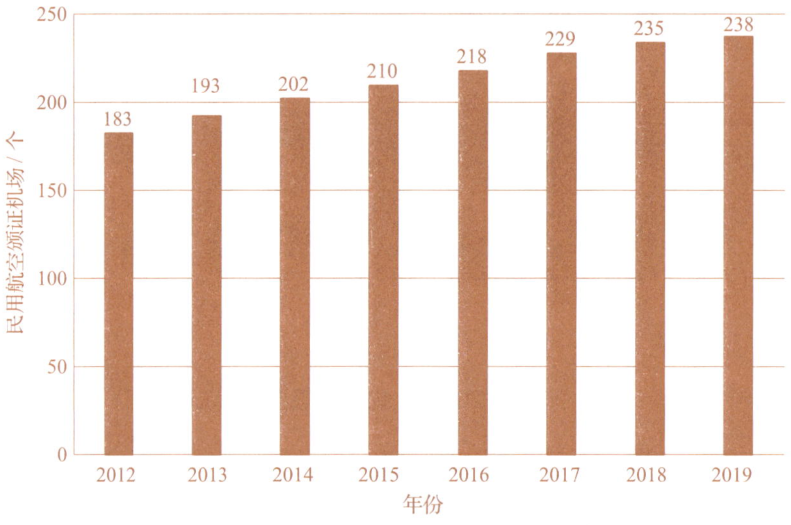


图 3–7　2012—2019 年我国机场数量

北京、上海、广州机场的国际枢纽地位明显提升，北京首都机场年旅客吞吐量位居全球第二，上海浦东机场年货邮吞吐量位居全球第三。成都、深圳、昆明、西安、重庆、杭州、厦门、长沙、武汉、乌鲁木齐等机场的区域枢纽功能显著增强。初步形成以国际枢纽机场为中心，省会城市和重点区域枢纽机场为骨干，其他干支机场相互配合的机场格局。

边远、贫困地区的通勤航空、基本航空服务试点工作稳步实施，全行业颁证通用机场数量达到246座，陕西等有条件地区启动无人机物流配送工作试点。

### （五）油气管网建设快速推进，骨干网布局基本形成

截至2019年底，我国输油（气）管道里程12.7万公里，比2012年增长38.2%（见图3–8）。基本形成了“西油东送、北油南运、西气东输、北气南下、缅气北上、海气登陆”的多元供应管网格局。在天然气输送方面，国内已经形成由西气东输、陕京线系统、川气东送等骨干管道，以及相关联络线共同组成的全国性天然气管网，初步实现与环渤海、长三角、东南沿海三大主力市场的衔接。在油品输送方面，国内原油可通过西部管道、东北管道等输送，进口原油可利用西北、西南、东北、海上原油战略管道输送。

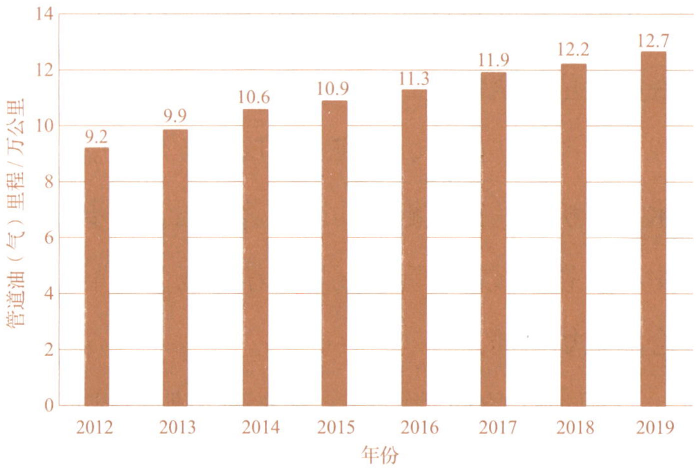


图 3–8　2012—2019 年我国管道油（气）里程

## （六）邮政网络全域覆盖，快递网点数量全球第一

初步形成了沟通城乡、贯通全国、联通世界的现代邮政网络。截至 2019 年底，全国邮路总条数达 3.6 万条，邮路总长度（单程）达 1 222.7 万公里，邮政农村投递路线 10.2 万条，分别比 2012 年增长 50.0%、108.8%、12.1%。邮政城市投递路线 10.3 万条，城市投递路线长度（单程）221 万公里。邮政行业拥有营业网点数量达到 31.9 万处，其中农村网点 10.5 万处；快递服务营业网点 21 万处，其中农村网点 6.5 万处，平均每一营业网点服务面积为 30.1 平方公里，平均每一营业网点服务人口 0.4 万人。邮政快递业有力支撑乡村振兴战略，实现了 55.6 万个建制村直接通邮，农村地区快递网点超过 3 万个，公共取送点 6.3 万个，乡镇快递网点覆盖率达到 96.6%，邮政乡乡设所、村村通邮总体实现。

### （七）国际交通网络不断完善，互联互通水平大幅提升

国际交通基础设施互联互通关键性项目建设取得重大进展，铁路、高速公路、城市轨道交通及港口建设走向世界，高速铁路成为“走出去”的新亮点。肯尼亚蒙内铁路建成通车，中老铁路（中国昆明—老挝万象）、印尼雅万高速铁路、中泰铁路（中国昆明—泰国曼谷）、匈塞铁路（匈牙利布达佩斯—塞尔维亚贝尔格莱德）、巴基斯坦瓜达尔港、斯里兰卡科伦坡港口城等项目有序推进，中远海运集团比雷埃夫斯港“总体规划”获得希腊当局批准，吉布提多哈雷新港建成运营，巴基斯坦拉合尔轨道交通橙线项目建成试车。同江铁路大桥主体工程完工，中俄黑河公路大桥交工。10 个陆路边境口岸实现高速公路连接，43 个口岸通二级公路。

## 二、交通网络质量不断提高

我国交通基础设施网络结构质量不断提升，区域互联水平和一体衔接水平不断增强，网络综合效益效率大幅提高。

### （一）快速优质交通网络比重增大

高速铁路实现跨越式发展。截至 2019 年底，全国高速铁路营业里程 3.5 万公里，是 2012 年的 3.7 倍（见图 3–9）。高速铁路主骨架京沪、陆桥、沪昆等“四纵四横”通道建成，京津冀、长三

角、珠三洲等地区城际铁路加快建设，市域（郊）铁路有序推进，以高速铁路为骨架、城际铁路为补充的快速客运网络初步建成。

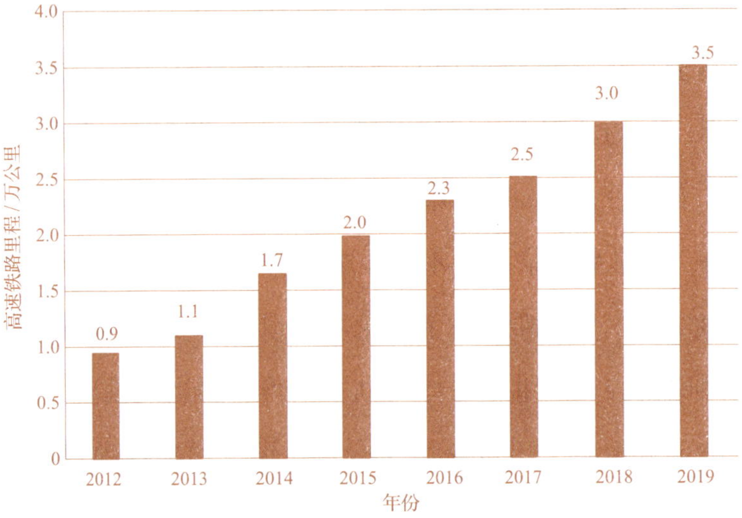


图 3–9　2012—2019 年我国高速铁路里程

高速公路建设迈上新台阶。截至 2019 年底，我国高速公路里程 15.0 万公里，比 2012 年增长 55.5%（见图 3–10）。高速公路车

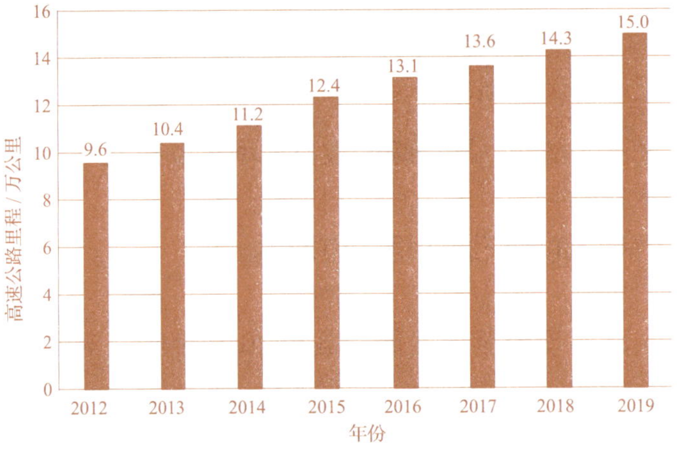


图 3–10　2012—2019 年我国高速公路里程

道里程 66.9 万公里，其中国家高速公路里程 10.9 万公里。“首都连接省会、省会彼此相通，连接主要地市、覆盖重要县市”的国家高速公路网络已经建成。

建成公路桥梁 87.8 万座、6 063.5 万米，成为世界第一桥梁大国。公路隧道达到 19 067 处、1 896.7 万米，隧道数量位居世界第一。

截至 2019 年底，全国港口拥有万吨级及以上泊位达到 2 520 个，位居世界第一位，10 万吨级及以上泊位达到 418 个，较 2012 年分别增加 634 个和 180 个。其中，沿海港口万吨级及以上泊位 2 076 个；在万吨级及以上泊位中，专业化泊位 1 332 个，通用散货泊位 559 个，通用件杂货泊位 403 个。

### （二）区域交通网络一体化加速推进

综合交通网络覆盖广度和深度不断提升，有力促进了区域协调发展。东部地区综合交通网骨架已经形成，中部地区干线网络基本建成，西部地区综合交通运输网覆盖面不断扩大，联通东中部的运输通道基本形成，东北地区综合交通运输网络主骨架初步形成。在继续完善国家主通道的基础上，加快西部地区区域路网改造、农村公路“通达工程”和“通畅工程”建设，西部地区交通面貌发生根本性变化，与东中部地区的差距明显缩小。

京津冀交通一体化格局基本成型。京张高速铁路、延崇高速公路等重点项目基本建成，京唐城际铁路、京秦高速公路等一批重大项目实施。京津冀区域道路客运联网售票系统基本建成，

150 个左右客运站完成联网。交通“一卡通”实现互联互通，津冀港口协同发展加快推进，京津冀民航协同发展迈出坚实步伐。雄安新区综合交通运输体系建设有序推进。

长江经济带综合立体交通走廊加快形成。沪昆高速铁路全线通车，2019 年，区域铁路营业里程近 4.3 万公里。沪蓉、沪渝、沪昆 3 条主骨架高速公路全线贯通。长江南京以下 12.5 米深水航道完工，区域高等级航道里程达 8 812 公里。武汉天河机场三期投入使用，成都新机场等项目顺利实施，区域民用机场数已达 83 座，机场布局进一步完善。

长三角地区综合交通运输体系初步建成，交通一体化发展取得明显成效，总体适应区域经济社会发展需要。一体联通的综合交通网络初步成型，形成了以高速铁路、高速公路和长江黄金水道为主的多向联通对外运输大通道和城际综合交通网络，高速铁路、高速公路发展水平和民用机场覆盖率处于全国领先水平。

### （三）综合客运枢纽发展水平明显提升

不同运输方式在枢纽的有机衔接水平不断提升，通过实施立体化换乘、同站场布置，联通性不断提高，枢纽服务品质明显改善，对周边区域辐射带动作用显著增强。北京大兴国际机场、上海虹桥综合交通枢纽实现航空、高速铁路、地铁、客运班线、私家车等多种交通方式立体换乘（见图 3-11）。北京南站、南京南站、广州南站等 18 个铁路客运站提供“高速铁路 + 共享汽车”服务。郑州东站集高速铁路、城际铁路、地铁、快速公交、城市公交、出租车于一体，是京广、徐兰两条高速铁路的“十字”交会枢纽站，发挥着承东启西、贯通南北的重要作用，具有强大集疏功能和重要战略地位。客运枢纽建设综合开发理念不断提升。围绕客运枢纽的城市综合商业开发日益得到重视，不断推进以公交优先发展导向的轨道交通枢纽综合开发（TOD），加强用地立体综合开发，引导城市紧凑型发展，逐步走出了具有中国特色枢纽——城市联动建设开发模式。

图 3–11　上海虹桥综合交通枢纽

枢纽机场联通轨道交通在实践中不断探索融合，逐步从以城市轨道交通为主的单一模式向多层次轨道交通系统转变，部分枢纽机场已经建设或规划联通了干线铁路、城际铁路、市域（郊）铁路、城市轨道交通等集疏运系统，通达性进一步提高。

### （四）货运“最后一公里”衔接成效显著

运输结构调整成为国家重点任务，港口集疏运系统建设取得长足进步，港口、物流园区、大型企业铁路专用线建设明显加快，港口大宗货物“公转铁”工程、工矿企业大宗货物“公转铁”工程、集装箱铁水联运拓展工程等“九大工程”成为货运枢纽建设的重点，打通了铁路运输“最后一公里”，实现铁路干线运输与重要港口、大型工矿企业、物流园区等的高效联通和无缝衔接，铁路“微循环”系统日益畅通。

## 三、基础设施重大工程建设成果举世瞩目

我国高原冻土、膨胀土、沙漠等特殊地质的铁路、公路建设技术不断克服世界级难题，高速铁路、高寒铁路，高原铁路、重载铁路技术等迈入世界先进行列，特大桥隧建造技术达到世界先进水平，离岸深水港建设关键技术、长河段航道系统治理技术以及大型机场工程建设技术世界领先，涌现了一大批国家级重大工程。

### （一）铁路工程技术跨越发展

拥有完全自主知识产权的高速铁路系统成为中国名片。世界上运输量最大、效率最高的重载铁路——大秦铁路，屡破运

力极限（见图 3–12）。我国东西向线路里程最长、速度等级最高、经过省份最多的高速铁路——沪昆高速铁路全线通车。作为国家“八纵八横”京兰通道的重要组成部分、北京冬奥会重要的配套基础设施工程、世界上最先进的时速 350 公里的智能高速铁路的京张高速铁路开通运营。

图 3–12 大秦铁路

## （二）桥隧技术不断突破纪录

我国公路、铁路桥梁建设屡创世界奇迹，一大批具有世界先进水平、举世瞩目的大型、特大型公路、铁路特大桥隧工程和建造技术，在世界公路铁路桥梁隧道建设史上留下了光辉足迹。2018 年通车的港珠澳大桥作为世界级跨海大桥，是公路建设史上技术最复杂、施工难度最大、工程规模最大的桥梁工程，其最长的海底沉管隧道和深埋沉管隧道工程为世界海底隧道工程技术提供了独特样本和宝贵经验，被誉为“世界桥梁建筑史上的巅峰之作”，标志着我国走向跨海桥梁强国（见图 3-13）。G7 京新高速公路是世界穿越沙漠最长的高速公路。垂直高度 565 米的北盘江特大桥是世界第一高桥梁，矮寨特大悬索桥创造了四项世界第一，大胜关长江大桥是世界首座六线铁路桥，沪通长江大桥是世界上首座跨度超过千米的公铁两用斜拉桥。

图 3-13　港珠澳大桥

## （三）港口航道工程领先全球

沿海港口具备靠泊世界最大的 2 万标准箱级集装箱船、40 万吨级矿石船、40 万吨级油轮等的能力。集装箱等主要港口大型装卸设备产销量和技术水准稳居世界第一。厦门港、青岛港等相继建成全自动化集装箱码头，上海与浙江共同推进小洋山北侧江海联运码头建设，宁波——舟山港鼠浪湖中转码头等一批大型现代化码头投入使用。2017 年 12 月 10 日，全球最大单体自动化智能码头和全球综合自动化程度最高的码头——上海洋山港四期码头正式开港（见图 3–14），标志着我国港口在运营模式和技术应用上实现了里程碑式跨越升级。内河航道工程取得了一系列成绩，长江南京以下 12.5 米深水航道主体工程完工，中游荆江河段航道整治工程竣工验收。

图 3–14　洋山港四期全自动集装箱码头

## （四）大型机场建设成就世界瞩目

大型机场建设技术不断进步。2019 年北京大兴国际机场正式通航，被英国《卫报》评选为“新世界七大奇迹”之首（见图 3–15）。这座世界上规模最大、技术难度最高的单体机场航站楼不仅代表了北京未来发展方向，更是艺术设计、科学技术、勤劳智慧的结晶，完美诠释中国基建实力的新高度，是中国面向世界的新国门。机场航站楼兼具功能性和艺术性，而且是世界上唯一一座“双进双出”航站楼，通过划分空间层次实现航站楼不同服务功能。

图 3–15 北京大兴国际机场

## （五）城市轨道工程技术走向成熟

城市轨道交通工程技术装备谱系不断丰富，智能化水平显著提升，适应各种类型城市、各种出行特征和施工条件的轨道交通投入运营。全自动无人驾驶——北京地铁燕房线投入使用，全自动运行系统的稳定性、安全性、舒适性要比目前的技术提高一个层级。长沙磁浮快线是中国国内第一条自主设计、自主制造、自主施工、自主管理的中低速磁悬浮系统，采用中低速磁浮列车，常导电磁铁悬浮、直线感应电机牵引，设计最高速度为 100 公里 / 小时（见图 3–16）。中低速磁浮列车在各种环境下的电磁辐射均低于国际标准规定的安全限制，而噪声值在近距离处仅相当于正常对话的音量。

图 3–16 长沙磁浮快线

## 第二节

# 运输服务品质大幅提升，人民获得感显著增强

按照习近平总书记关于建成人民满意交通的重要指示，坚持人便于行、货畅其流理念，我国客货运输能力持续增强，全国铁路、公路旅客周转量，公路、水路货物周转量，铁路货运量，港口货物吞吐量和集装箱吞吐量，快递业务量均居世界第一，运输服务品质化、专业化、普惠化、安全性大幅提升，运输成本大幅降低，人民获得感、幸福感、安全感明显提高。

### 一、运输能力和规模显著提升

旅客运输规模平稳增长，快速客运比重不断增加，居民出行保

障能力显著增强。货物运输大幅增加，运输结构不断优化，部分运输指标全球领先。

## （一）运输规模较快增长，运输结构不断优化

2019 年，全社会完成营业性客运量、旅客周转量分别为 176.0 亿人次、35 349.2 亿人公里（见图 3–17）；客运结构更加合理。铁路旅客周转量比重从 2012 年的 29.4% 上升至 41.6%，公路旅客周转量比重从 55.3% 下降至 25.1%，水路旅客周转量比重保持 0.2%，民航旅客周转量比重从 15.1% 提高到 33.1%。

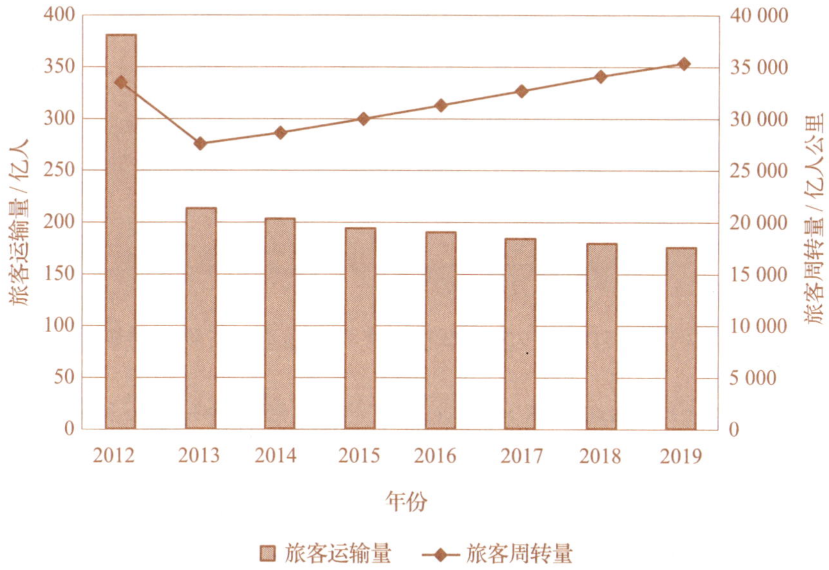


图 3–17 2012—2019 年我国旅客运输量和旅客周转量

注：根据2013年开展的交通运输业经济统计专项调查，对公路水路运输量统计口径进行了调整。

2019年，全社会营业性货运量、货物周转量分别为470.7亿吨、19.9万亿吨公里（见图3–18）。货运结构优化取得成效，公路货运比重下降。扣除远洋货运，公路货物周转量比重从49.5%下降至41.1%，水路货物周转量比重从23.5%上升至34.4%，民航货物周转量比重从0.14%上升至0.18%，管道货物周转量比重从1.54%上升至1.97%。

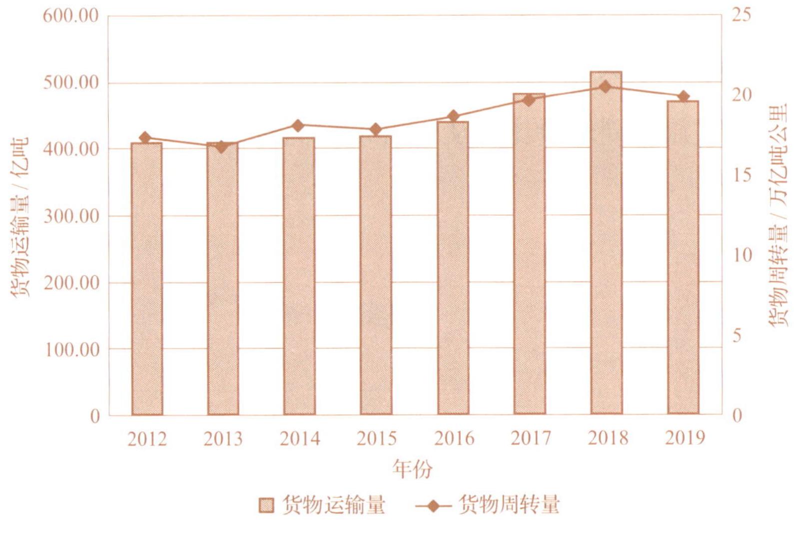


图3–18　2012—2019年我国货物运输量和货物周转量

注：2013年公路营运载货汽车包括货车、牵引车和挂车；2019年交通运输管理部门不再为总质量4.5吨及以下普通货运车辆配发道路运输证。

## （二）快速客运比重不断增加，服务能力持续提高

私人小汽车、高速铁路、民航等快速客运出行增长较快，客运及出行服务能力不断提高。2019年，我国铁路客运量、旅客周

转量分别达到 36.6 亿人、14 706.6 亿人公里，比 2012 年分别增长 93.3%、49.9%（见图 3–19）；铁路动车组发送旅客 22.9 亿人次，占比 62.6%。

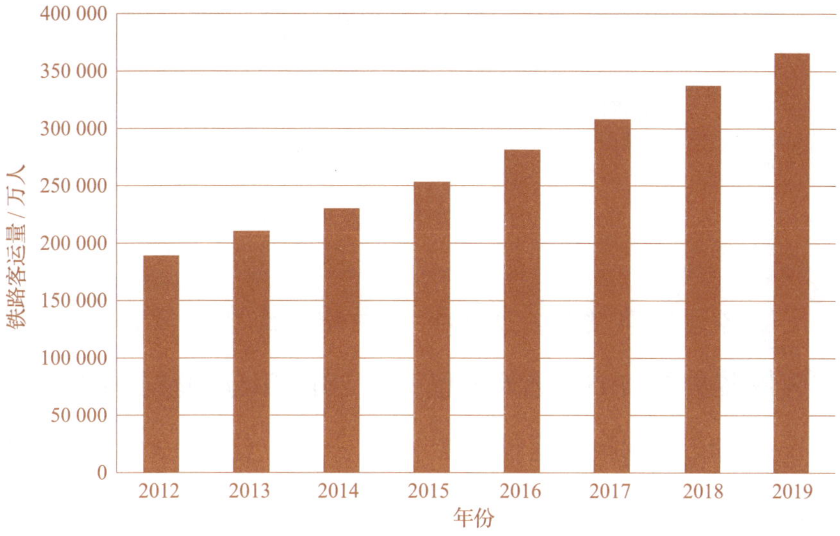


图 3–19　2012—2019 年我国铁路客运量

公路客运服务能力和均等化水平不断提升。2019 年，公路完成营业性客运量、旅客周转量分别为 130.1 亿人、8 857.1 亿人公里，全国国道机动车年平均日交通量 14 852 辆。“公交优先”战略扎实推进，定制公交、夜间公交等特色公共交通服务产品新模式不断丰富。

水路客运量逐年趋稳。2019 年，水路客运量为 2.7 亿人，旅客周转量 80.2 亿人公里，分别比 2012 年增长 6.0%、3.5%（见图 3–20）。全国港口完成旅客吞吐量 8 713 万人；接待邮轮旅客 221.4 万人。

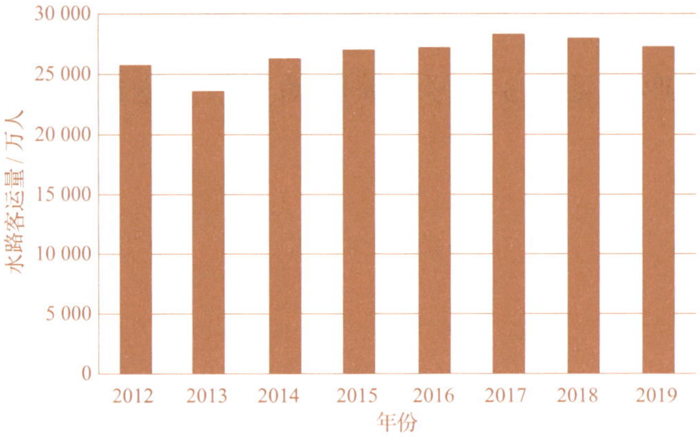


图 3-20　2012—2019 年我国水路客运量

民航客运快速增长。2019 年，民航完成客运量 6.6 亿人、完成旅客周转量 11 705.3 亿人公里，比 2012 年分别增长 1.1 倍、1.3 倍，其中完成国际旅客运输量 7 425.1 万人，比 2012 年增长 2.2 倍（见图 3-21）。2018 年和 2019 年，北京首都国际机场年旅客吞吐量连续两年突破 1 亿人次。

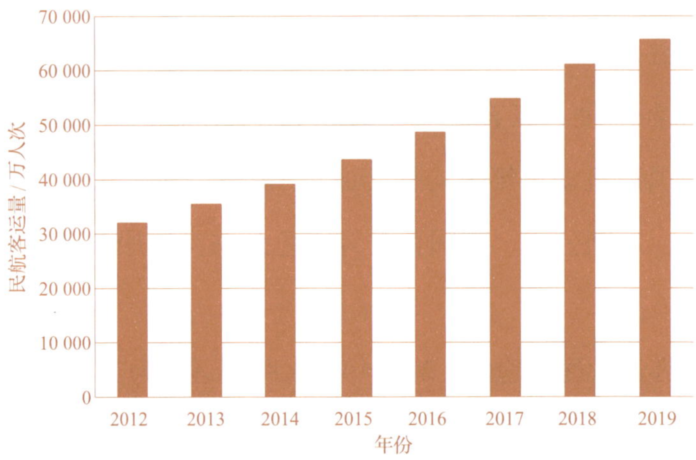


图 3-21　2012—2019 年我国民航客运量

## （三）货物运输大幅增长，铁路港口货物运输量全球第一

铁路货运量、港口吞吐量全球第一。2019 年，我国铁路完成货运量、货物周转量分别达到 43.2 亿吨、30 074.7 亿吨公里，比 2012 年增长 10.6%、3.0%（见图 3–22）。2017 年，中国、美国、俄罗斯铁路货运量、货物周转量位居世界前三，分别为 36.9 亿吨、14.1 亿吨、13.8 亿吨，26 962.2 亿吨公里、23 146.9 亿吨公里、24 918.8 亿吨公里。

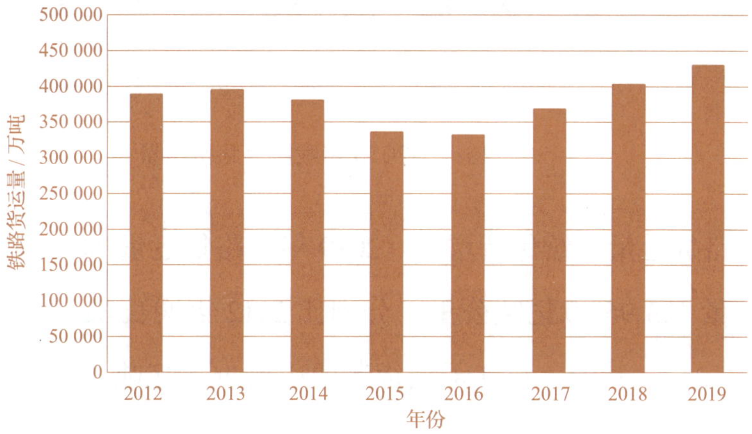


图 3–22　2012—2019 年我国铁路货运量

2019 年，公路完成营业性货运量 343.6 亿吨，完成货物周转量 59 636.4 亿吨公里，分别比 2012 年增长 7.8%、0.2%（见图 3–23）。公路在货物运输体系中仍然发挥主体作用，但占比有所下降。2019 年全社会公路完成货运量在综合运输总量中所占比例为 74.3%，比 2012 年下降 4.7 个百分点；全社会公路完成货物周转

量在综合运输总量中所占比例为41.1%，比2012年下降8.4个百分点。

图 3–23　2012—2019 年我国公路货运量

水路货运量继续保持增长。2019年水路货运量74.7亿吨，货物周转量103 963.0亿吨公里，分别比2012年增长62.9%、27.2%（见图3–24）。其中，长江干线货运量达到26.5亿吨，年均增速超过30%。

港口货物、集装箱吞吐总量均列世界第一。2019年，港口完成货物吞吐量139.5亿吨，完成集装箱吞吐量2.6亿标准箱（TEU）。全国拥有39个亿吨大港，其中6个港口超过5亿吨。宁波舟山港成为全球首个年货物吞吐量超11亿吨的港口，连续11年位居世界第一。上海港成为全球首个年集装箱吞吐量突破4 000万TEU的港口，连续10年位居全球第一。

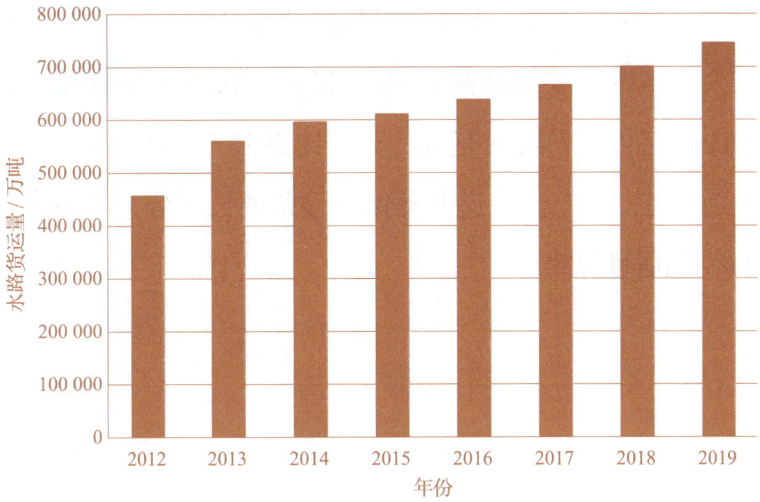


图 3-24 2012—2019 年我国水路货运量

民航货邮运输量持续增长。2019 年，民航完成货邮运输量 753.2 万吨，比 2012 年增长 38.2%（见图 3-25）。其中，民航完成国际货邮运输量 242.0 万吨，比 2012 年增长 54.4%。

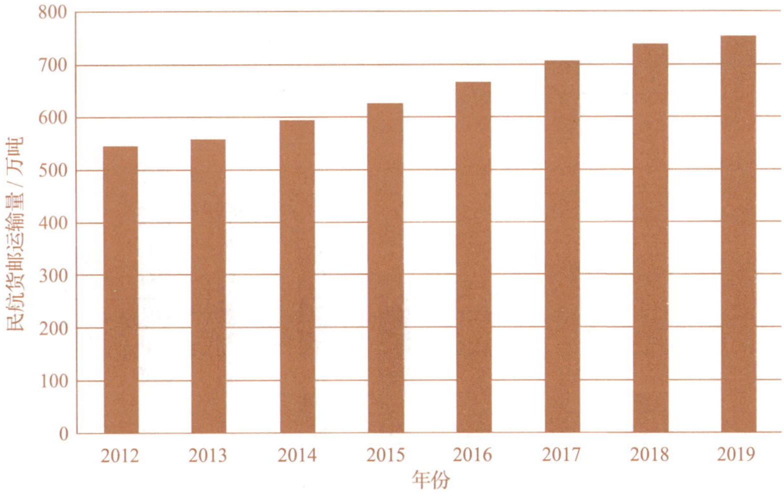


图 3-25 2012—2019 年我国民航货邮运输量

2019 年，我国邮政业市场规模超过全球份额 1/5，服务用户超过 1 000 亿人次，网上零售额突破 10 万亿元。快递业务量和业务收入分别为 635.2 亿件、7 497.8 亿元，分别比 2012 年增长 10.2 倍、6.1 倍（见图 3–26、图 3–27）。快递业务保持强劲增长态势，业务量年均增长 41.2%，稳居世界第一。

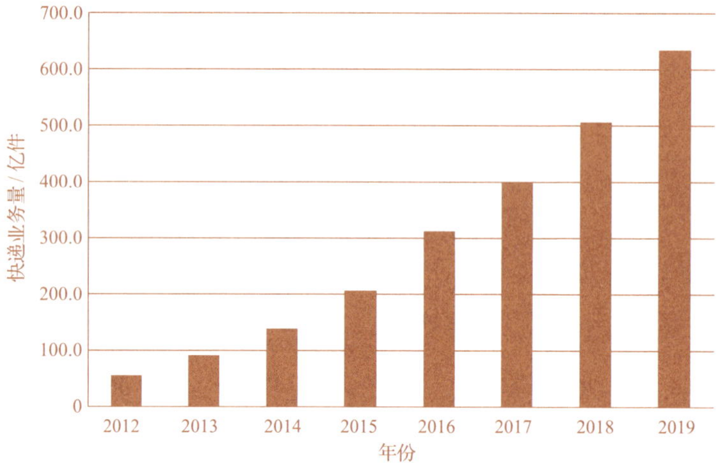


图 3–26　2012—2019 年我国快递业务量

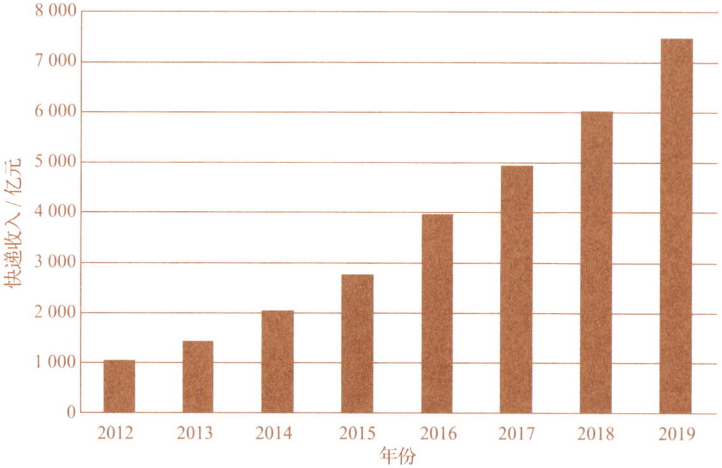


图 3–27　2012—2019 年我国快递收入

## 二、运输服务质量效率明显提升

我国客运专业化、个性化、普惠化服务水平大幅提升，物流降本增效成效显著，运输效率明显提升，运输安全和应急保障水平不断改善，回应了人民出行“走得好”的新期待。

### （一）客运服务品质化普惠化水平大幅提升

#### 1. 客运及出行服务品质持续提升

旅客运输专业化服务品质不断提升。高速铁路成为优势领域，旅游列车、高铁动卧等服务品质大幅提高。随着客运班线布局和发班组织优化，公路跨省运输、跨地市运输、跨县运输、城际客运班车公交化等服务品质不断提升。国际邮轮等专业服务水平大幅提升。2019 年，全国民航航班正常率达到 81.7%，连续两年超过 80%。

旅客运输个性化服务品质不断提升。铁路客运提质明显，售票服务升级，推广网上订餐、移动支付、刷脸核验等便民服务，铁路电子客票全面推行（见图 3–28）。特色公共交通服务新模式不断创新，定制公交、夜间公交、商务快巴、旅游专线、社区巴士等客运服务水平提升，涌现城际专线、城际拼车等服务新模式，较好满足了出行“点到点”“门到门”等需求。机场和主要航空公司“无纸化”出行有序推进，网上办理“民航临时乘机证明”，跨航司行李直挂试点实施，极大方便了乘客的出行。“互联网 +”城市公共交通深度融合发展，全国100多个城市步入公交移动支付时代，交通一卡通互联互通范围已覆盖275个地级以上城市市区公交线路，以及30个地级以上城市轨道交通线路。“交通+刷脸支付”首创推广，长三角轨道交通扫码互通，率先实现区域城轨扫码畅行全覆盖。

图3–28 综合交通枢纽客运服务

## 2. 公平兜底服务供给不断扩大

旅客运输及出行服务不断加大普惠力度。2019年铁路开行81对公益性“慢火车”，覆盖全国21个省（区、市），经停530个车站，途经35个少数民族地区。实施普速站车达标提质专项行动，为革命老区、贫困地区、边远山区人民群众出行提供便利。全国29个省(区、市)的90%以上二级道路客运站初步实现省域联网售票，旅客联程运输加快发展，春运、黄金周等时段旅客集中出行组织有序。公共交通年客运量超过900亿人次，客运基本公共服务均等化水平不断提高。

## （二）货运物流降本增效不断深入

铁路、公路、水路、航空等运输物流体系日益完善，多式联运、甩挂运输等先进运输组织模式以及冷链等专业物流快速发展，城乡物流配送信息化、集约化程度明显提升。2019 年，全社会物流总费用与国内生产总值（GDP）比率由 2012 年的 18.0% 下降至 14.7%；世界银行发布的物流绩效指数排名中，我国从 2014 年的 28 位上升到 2018 年的 26 位，社会物流运行效率明显提升。

### 1．货运物流组织模式不断创新

国家物流枢纽网络化建设有序推进，推动形成“枢纽 + 通道 + 网络”现代物流体系。智慧港口加快建设，天津港自动化集装箱码头堆场利用率提高至 11.6%。铁路优化货运组织，2019 年与 2012 年相比，货车周转时间由 4.68 天压缩到 4.48 天；货车旅行速度由 33.8 公里 / 小时提高到 42.1 公里 / 小时。“高铁极速达”“当日达”“次晨达”“当日达即送”等产品不断丰富，运输时效性明显提升。铁路集装箱下水周转，唐山港等推行 20 英尺[1] 35 吨敞顶集装箱的公铁水联运模式，煤炭、粮食等货物“散改集”运输和江海联运深入推进。公路绿色货运配送加快推进，城市物流统仓统配、共同配送、集中配送等模式不断推广，273 个城市出台了规范快递

[1] 1 英尺 =0.304 8 米。

车辆通行政策，辽宁等12个省份实现全覆盖。农村物流初步形成“公司+互联网+农户”产供销一体化的服务模式，物流服务质量有效提升。

### 2. 专业化货运物流服务快速发展

多式联运、甩挂运输等先进运输组织模式及大宗货类、集装箱、商用车、冷链等专业服务快速发展，货运物流服务品质再上新台阶。多式联运物流园区以及港站枢纽集疏运体系建设加快推进，2016—2018年先后开展三批试点70个多式联运示范工程，开通线路394条，完成集装箱多式联运量超过480万TEU，实现两位数增长。2019年，我国港口完成煤炭及制品吞吐量26.3亿吨，石油、天然气及制品吞吐量12.1亿吨，金属矿石吞吐量22.2亿吨，有力保障了重点物资运输。海上运输承担了90%以上的外贸货物运输量以及98%的进口铁矿石、91%的进口原油、92%的进口煤炭和99%的进口粮食运输量，支撑起我国对外贸易发展和重要能源资源外贸进口，有效保障产业链供应链稳定。2019年，铁路集装箱、商品汽车、冷链完成运输分别为3.3亿吨、657万台和218万吨，分别比2012年增长2.7倍、5.4倍和2.8倍。95条重点铁路专用线建成投用。

国际运输服务能力水平大幅提升。中欧班列依托东、中、西三个主要通道，联通亚欧大陆110多个城市；“一带一路”沿线国家开通409条国际航线，签署并实施中国—沙特海运协定以及中老等5个国际道路运输协定，物流配送网络覆盖欧洲全境。2019年，中欧班列开行 8 225 列，发送 72.5 万标准箱，综合重箱率达到 94%。海运服务覆盖沿线所有国家。国际道路客货运输线路达到 356 条。

### 3．物流降本效果明显

多措并举降低物流行业运输成本，结构性降本、制度性降本、技术性降本、管理性降本落实到各个领域。2019 年，公路水路领域可量化措施降低物流成本约 800 亿元，民航减税降费 90 亿元，直接减轻企业负担。高速公路的差异化收费全面推广，鲜活农产品运输绿色通道和电子不停车收费系统（ETC）非现金支付等优惠政策进一步落实，通行费增值税发票开具不断优化，减免货车通行费约 564 亿元。制定实施港口降费政策，对货物港务费、引航（移泊）费等政府定价收费标准进一步下调，最高降费幅度达到 20%，规范港口、班轮企业等收费行为，减少相关收费约 34 亿元。深化“放管服”改革，降低制度性成本，推进落实普通货车的“三检合一”，加快推进无车承运人发展，减轻企业负担约 23 亿元。2020 年，按照中央关于统筹推进新冠肺炎疫情防控和经济社会发展的总体部署，阶段性降低港口、铁路、航空运输收费，减负 1 000 多亿元，包括：降低货物港务费、港口设施保安费收费标准 20%；取消非油轮货船强制应急服务及收费；减半核收保价费、集装箱延期使用费、货车滞留费等部分铁路货运杂费；降低一类、二类机场起降费收费标准基准价 10%，免收停场费；降低航路费（飞越飞行除外）收费标准 10%；降低境内航空公司境内航班航空煤油进销差价基准价 8%；对依法通行收费公路的所有车辆免收通行费；免收港口建设费和船舶油污损害赔偿基金。

## 三、运输安全和应急保障水平稳步增强

我国交通运输始终坚持以人民生命安全为首位，强化红线意识，防范重特大交通事故发生，压减交通事故死亡率并重，安全生产责任制进一步落实，安全运营水平有效提升，应急保障能力稳步增强，为经济社会发展和人民群众出行提供了安全运输保障。

### （一）安全生产维持良好态势

交通运输行业始终坚持安全第一、预防为主、综合治理的方针，围绕保安全、保畅通、防事故，道路交通人员死亡（失踪）的事故总量和较大以上事故总量明显下降，实现了交通运输事故起数和死亡失踪人数双下降，安全形势稳中向好。行业组织制定相关安全规划设计规范，全面消除源头安全隐患。开展“平安交通”，实现对 72 万辆“两客一危”重点车辆全方位动态监管，加强执法管控力度。抓好重特大事故整改工作，实施分类分级管控。我国铁路安全水平远高于英国、德国、日本等发达国家，被国际铁路联盟认为是铁路最安全的国家。轨道交通建立安全防范化解机制，从源头遏制事故发生。运输船舶百万吨港口吞吐量等级以上事故件数平均每年下降 5% 左右。2019 年，航空实现连续安全飞行 112 个月、8 068 万小时，连续 17 年 7 个月实现空防安全零责任事故。

### （二）安全保障能力显著增强

交通运输行业安全保障能力明显提升。2018 年 5 月 14 日，四川航空在万米高空执行航班任务面对突发紧急状况果敢处置，机组人员确保 119 名旅客生命安全，展现“中国民航英雄机组”精神。交通运输安全防护工程建设加快推进。铁路人防、物防、技防“三位一体”安全保障体系基本形成；充分利用互联网、大数据等现代信息技术，建立了高铁安全防护工程数据库，及时掌握高铁运行安全质量状态和发展趋势；道口平交改立交建设有序推进。公路生命安全防护、隐患治理、危桥改造等重点建设顺利推进；实施乡道及以上公路生命安全防护工程 24 万公里，改造危桥 4 700 座，路网运行监测和应急处理体系基本建立。航空安全能力和系统建设顺利开展；建成统一运行的监控和流量管理平台，推进协同决策系统（CDM）与机场协同决策系统（A-CDM）建设对接，实现民航客机全球追踪监控系统全覆盖；50 家航空公司建成运行风险管控系统；完成适航审定中心筹建，实现了适航审定中心垂直管理。邮政寄递渠道安全监管“绿盾”进入实施阶段。

### （三）应急保障能力有效提升

交通运输应急救援体系进一步完善，应急保障水平显著增强。制定信息安全应急预案或应急协调预案，对信息系统进行安全测评；开展公路等交通气象预报预警，提高减灾水平和应急处置能力，公路基础设施安全保障能力有效提升。成功组织了中国—东盟国家海上联合搜救实船演习等应急演练，国家海上搜救应急预案不断完善。深海远海监管搜救工程稳步推进，14 000 千瓦大型巡航救助船、4 000 千瓦海洋救助船陆续开工建造，12 000 千瓦大型巡航救助船、6 000 米级深海打捞设备和深海扫测设备已投入使用。长江干线船舶交通管理系统、自动识别系统、视频监控系统等完善工程加快推进；长江海事巡航救助一体化船舶、公安巡逻船和消防船舶配置基本到位，长江干线船舶溢油应急设备库建设基本完成。

在应对新冠肺炎疫情中，交通运输经历了一场既要保障防控应急人员物资运输，又要保障人民群众生活必需品、基本出行需求的应急运输处理能力和保障水平大考。交通行业坚持人民至上，迎难而上，克服疫情带来的冲击，应用大数据平台等现代化信息化手段，发挥综合运输通道和枢纽优势，有力保证了国际国内供应链稳定，圆满完成了国家应急运输任务，向世界贡献了交通运输治理体系现代化的中国方案。

## 第三节

# 技术装备水平明显提高，<br>部分领域发展水平位居世界前列

贯彻落实习近平总书记关于加快创新驱动等指示要求，我国交通装备技术水平不断提升，科技创新能力明显增强，远洋船舶、高速动车组、铁路大功率机车、海工机械等领跑全球，大型飞机、新一代智能汽车等装备技术方兴未艾，成为中国制造业走向世界的“金名片”。

### 一、载运工具装备水平不断提高

铁路车辆加速升级换代，民用汽车突破2亿辆，船舶大型化专业化标准化加快推进，运输飞机装备水平不断提升，科技成果频繁

涌现，装备水平日益提高。

## （一）铁路车辆升级换代

客货运输车辆品种和结构均实现升级换代。2019 年，全国铁路机车拥有量 2.2 万台，比 2012 年增加 5.8%（见图 3–29）。其中，内燃机车 0.8 万台，占 36.4%，电力机车 1.4 万台，占 62.3%，电力机车比重超过内燃机车比重。全国铁路客车 7.6 万辆，铁路货车 87.8 万辆，分别比 2012 年增长 36.2%、24.7%。动车组 3 665 标准组、29 319 辆，分别比 2012 年增长 3.4 倍、2.4 倍。

城市轨道交通装备设备国产化率进一步提升，总体接近 80%。全国城市轨道交通配属车辆达 6 966 列、40 998 辆，车辆数比 2012 年增长 2.25 倍。

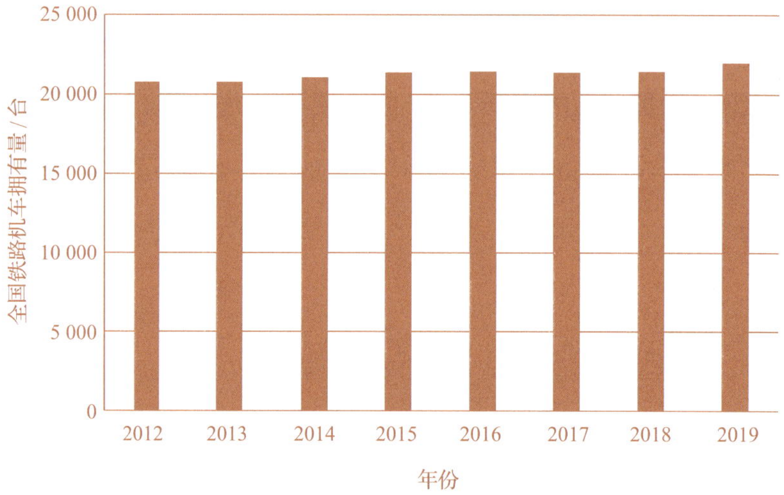


图 3–29　2012—2019 年我国铁路机车拥有量变化情况

## （二）公路车辆趋于清洁化和专业化

随着公路网络不断完善，我国汽车产销量自 2009 年起连续 11 年稳居全球首位。民用汽车数量从 2012 年的 10 933 万辆增长到 2019 年的 25 387 万辆，年均增速 12.8%。围绕电动化、网联化、智能化、共享化，新能源汽车发展与国际先进水平基本保持同步。2018 年我国新能源汽车产销量首次突破 100 万辆，2019 年新能源汽车产量、销量分别为 124.2 万辆和 120.6 万辆，其中新能源公交车突破 20 万辆，市场份额显著提升。全国公共汽电车按车辆燃料类型分，柴油车占 17.4%，天然气车占 21.5%，纯电动车占 46.8%，混合动力车占 12.3%。新能源出租汽车超过 1.8 万辆，新能源城市物流配送车辆超过 9.4 万辆。

随着人们收入水平不断提高和消费不断升级，私人小汽车拥有量快速增长。截至 2019 年底，民用轿车保有量 14 644 万辆，其中，私人轿车 13 701 万辆。

公路营运客车高档化、舒适化不断提高。2019 年，全国共有营运载客汽车 77.7 万辆，共计 2 002.5 万客位，分别比 2012 年下降 10.4%、7.6%（见图 3–30）。公共汽电车 69.3 万辆，比 2012 年增长 46.0%，其中快速公交（BRT）9 502 辆；巡游出租汽车 139.2 万辆，比 2012 年增长 7.1%。

货运车辆大型化、专业化程度不断提高。2019 年拥有营运载货汽车 1 087.8 万辆，比 2012 年下降 13.2%（见图 3–31），共计

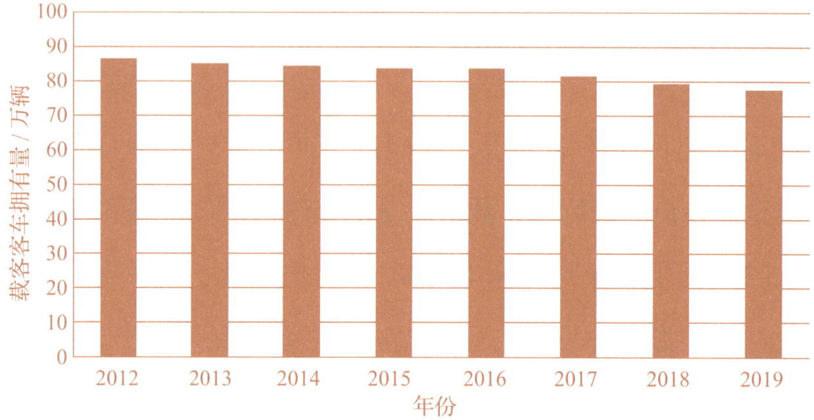


图 3-30　2012—2019 年我国载客汽车情况

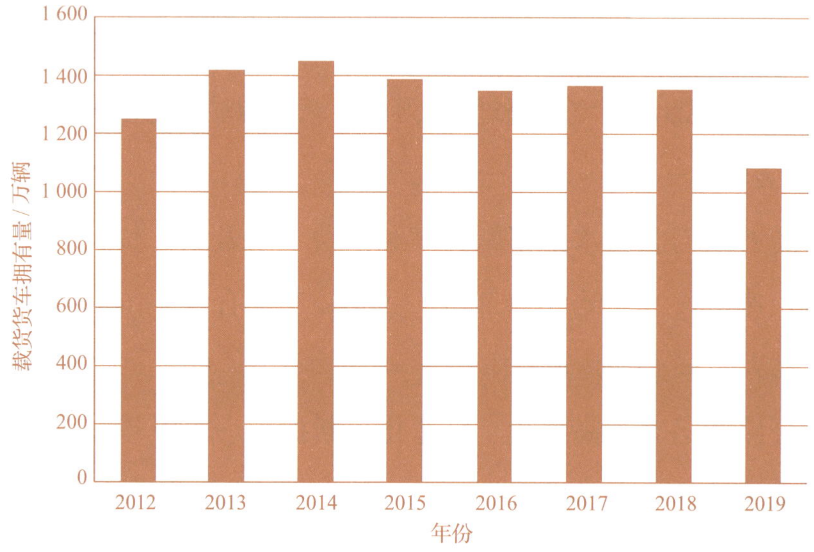


图 3-31　2012—2019 年我国载货汽车情况

13 587.0 万吨位。按车体结构分类，一体化货车和甩挂运输货车分别占 49.7% 和 50.3%。按车辆用途分类，普通货车 489.8 万辆，共计 4 479.3 万吨位，分别比 2012 年下降 58.7%、35.7%；专用货车 50.5 万辆，共计 592.8 万吨位，分别比 2012 年下降 26.3%、46.1%；牵引车 267.9 万辆，挂车 279.6 万辆。邮政业拥有各类汽车 32.8 万辆，比 2012 年的 16.9 万辆增长 94.1%。

## （三）船舶运力结构不断优化

我国船队大中型船舶数量大幅增加，船舶运力结构发生根本性变化。到 2019 年底，全国拥有水上运输船舶 13.2 万艘，比 2012 年下降 26.3%（见图 3–32）；净载重量 25 685.0 万吨，比 2012 年增长 12.4%（见图 3–33）。中国远洋海运集团有限公司经营船队综合运力 10 710 万载重吨 /1 330 艘，排名世界第一。其中，集装箱船队规模 299 万 TEU/495 艘，居世界第三；干散货船队运力 4 278 万载重吨 /446 艘，油轮船队运力 2 630 万载重吨 /206 艘，杂货特种船队 425 万载重吨 /148 艘，均居世界第一。海运船队已逐步

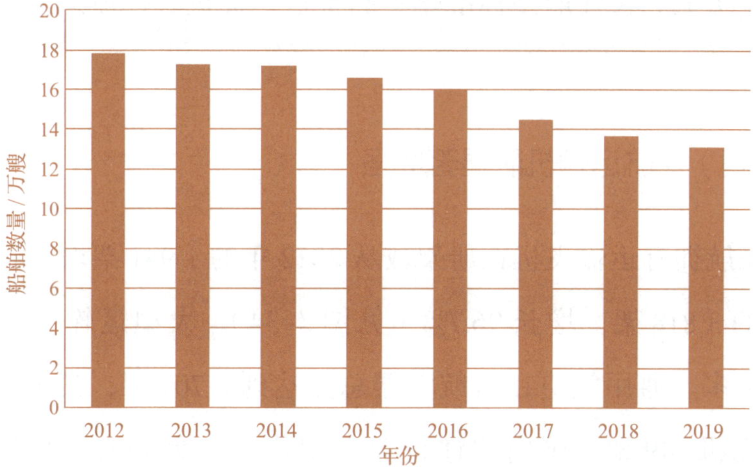


图 3–32 2012—2019 年我国船舶数量情况

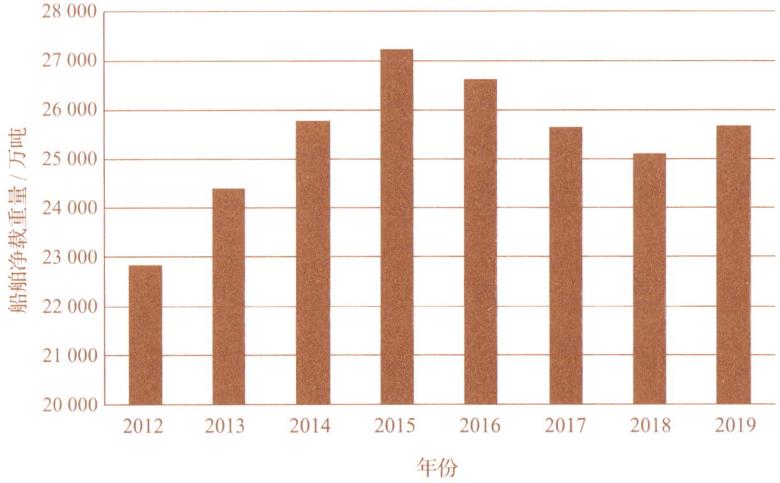


图 3-33　2012—2019 年我国船舶净载重量情况

发展到包括集装箱船、滚装船、油轮、冷藏船、载驳船、液化天然气（LNG）船、液化石油气（LPG）船在内的类型齐全的船队。随着船舶净载重量的不断增大和动力结构不断优化，船舶运输单位能耗明显降低。长江船型标准化不断推进，促进长江航运安全绿色发展。

### （四）民航运输机队显著增强

民航拥有运输飞机在册架数从 2012 年的 1 941 架增长到 2019 年底的 3 818 架，增长 96.7%（见图 3-34）。大型运输飞机数量显著增多。通用航空在册航空器总数达到 2 707 架，其中教学训练用飞机 849 架。国内快递行业专用货机从无到有，总量达到 116 架。

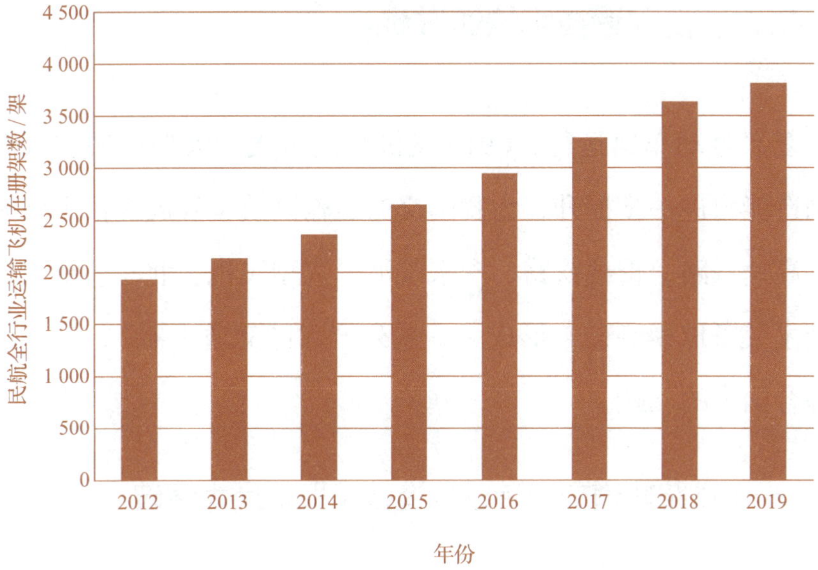


图 3–34　2012—2019 年我国运输飞机情况

## （五）管道装备技术支撑有力

西气东输全线建成，其中二线工程是我国路径最长、管壁最厚、压力等级最高、技术难度最大的管道工程，创造了世界管道建设史上的高速度。建设中应用了卫星遥感、航测、三维设计等先进技术，为工程建设提供了强有力的技术支撑。管道的建成和运营，开通了横贯东西的能源大动脉，标志着我国天然气管道建设整体水平上了一个新台阶，对于推进西部大开发、加快中西部地区发展具有重要作用。

## 二、设备制造技术快速进步

复兴号动车组运行，C919 飞机全面试飞，大型船舶和汽车装备制造能力进一步提升，为我国交通运输高质量发展提供了坚实支撑。高速铁路、重载铁路、深水筑港、大型飞机、北斗、海工设备等技术装备取得突破，形成了一系列“大国交通重器”，见证了中国综合国力的飞跃。

### （一）铁路轨道交通装备制造技术取得重大突破

以高速动车组、大功率机车、重载铁路货车、城市轨道车辆为代表的轨道交通装备系列产品，整体技术达到国际先进水平，部分指标国际领先，已形成全系列、谱系化产品设计制造能力。铁路重载运输技术达到世界先进水平，大秦铁路成功试验 3 万吨组合列车，创造了世界铁路重载运输的奇迹。铁路信息化水平不断提高，建成了传输网、交换网和数据通信网三大基础网络，以现代数字通信取代了模拟通信，大幅提高了运营效率和安全性。轨道交通运输装备智能化成果凸显，在高速磁浮技术领域实现重大突破，时速 600 公里高速磁浮试验样车在青岛下线，世界首条智能高铁“京张线”开通运行，复兴号智能动车组可实现 350 公里时速下自动驾驶、自动发车、区间自动运行等智能功能。神朔铁路开行我国首列智能重载列车，实现万吨列车自动驾驶等功能。深圳地铁 11 号线成功试行全球首创5G车地通信技术，可将车载数据向车站、车辆段、停车场等属地进行及时传输。

### （二）新一代智能汽车技术取得新进展

汽车企业与电子、通信、互联网等企业开展跨界融合合作，智能汽车应用场景和技术发展不断突破。以自动驾驶、智能网联为代表的新一代信息技术加速发展，全球首张自动驾驶商用牌照在国家智能汽车（武汉）测试示范区发放，华为、阿里巴巴、腾讯、百度等企业发布车联网解决方案，通过网联与智能结合，智能车与智慧路结合，构建立体智能交通体系；上海临港、江苏泰兴和湖北襄阳被认定为智能汽车自动驾驶封闭场地测试基地。智能汽车作为解决交通安全、道路拥堵、能源消耗、环境污染等问题的重要手段，带动了汽车产业技术变革和加速升级。

### （三）船舶港机技术国际领先

我国已成为全球最大的港口机械制造国、使用国和出口国，连续20年稳居世界首位。大型专业化码头装卸设备制造、海工机械特种船舶、集装箱成套设备制造技术领先世界，300米饱和潜水取得创新性突破。成功开发出世界首创的双40英尺集装箱起重机、采用全球卫星导航系统技术的集装箱起重机等。集装箱等主要港口大型装卸设备产销量和技术水准稳居世界第一，并支撑起外向经济发展和世界第一制造大国的发展。造船完工量、新接订单量、手持订单量三大指标稳居世界前列，其中 90% 左右的船舶产品出口国际市场。开发了一批标准化、系列化品牌船型，主流船型实现全系列研发制造，特别是大型 LNG 船、超大型汽车运输船、“雪龙二号”破冰科考船等实现国内建造“零”的突破。长江流域船型标准化加快推进，建造三峡库区大长宽比示范船和 LNG 动力船 65 艘。自主研制的首艘自主航行货船“筋斗云 0 号”在珠海东澳岛首航，该货船采用电力推进系统及数字化控制，具备自主航行、远程监控和报警功能，成为我国智能船舶技术进步和产业发展的重要平台。

### （四）飞机制造自主化水平大幅提升

以 CR929 远程宽体客机、C919 大型客机、ARJ21-700 涡扇支线飞机和新舟系列涡桨支线飞机为代表的“两干两支”民用飞机产品格局正在形成。我国首架拥有自主知识产权的涡扇支线喷气客机 ARJ21-700 飞机适航取证试飞成功，国产大飞机 C919 已完成初步设计方案并多次试飞，中国成为世界上为数不多的能够自主研制大飞机的国家。AG600 水陆两栖飞机实现陆上和水上首飞。

### （五）管道及特种设备制造技术日趋成熟

随着多条长输油气管道的兴建，我国在大流量输气管道设计、油气输送管道运行、管道工程建设施工等方面取得重大技术进步，长输油气管道建设已达到或接近国际先进水平。大口径、高压力管道设计施工和装备制造技术日趋成熟，高钢级管材、自动焊装备、大型压缩机组等主要材料、关键设备自主化水平不断提高。

## 三、装备研发水平大幅提升

真正的大国重器，一定要掌握在自己手里。瞄准世界科技前沿发展“国之重器”，交通运输关键装备技术自主研发水平大幅提升，中国高铁、中国船舶、中国港机等已成为靓丽的“国家名片”，交通运输装备技术体系逐步完善。

### （一）载运工具研发水平不断提高

持续开展新一代轨道交通装备、新能源汽车与智能汽车、高技术船舶、航空装备等领域，重视关键核心技术、基础技术和共性技术研究。近年来，我国持续推进智能汽车、自动驾驶、车路协同等研发，加大智能船舶、大型液化天然气船、新能源船舶等自主设计研发力度。国产飞机和发动机技术研发水平不断提高，航空发动机及燃气轮机自主研发项目正在启动；长江发动机 CJ-1000A、1 000千瓦级民用涡轴发动机等重点型号研制不断加快；民用航空器、发动机研发制造不断推进。

### （二）设备制造研发水平不断提升

交通制造装备智能检测监测和运维研发技术不断推广。川藏铁路沿线地质数字模型构建与风险研判技术，为工程实施提供了有力技术支撑。成功研制出时速350公里京张铁路智能动车组、时速250公里复兴号动车组，自主化C3列控系统和自动驾驶系统试用考核顺利推进，时速350公里复兴号自动驾驶功能进一步优化。研发铁路智能综合调度系统，开展浩吉铁路智能关键技术试验验证。建造技术中盾构机等特种工程机械研发实现巨大突破，最大直径土压平衡盾构机、最大直径硬岩盾构机、最大直径泥水平衡盾构机等相继研制成功。不断推进隧道工程、整跨吊运安装设备等装备研发，研发水下机器人、深潜水装备、大型深远海多功能救助船等新型装备。

### （三）装备研发智能化水平不断提升

利用5G、大数据、人工智能等新兴技术，交通运输装备领域研发智能化不断取得突破。无线射频识别技术（RFID）、全球导航卫星系统（GNSS）等现代导航信息技术应用于物流配送、自动化分拣等，港口电子数据交换系统（EDI）、船舶交通管理系统（VTS）、船舶自动识别系统（AIS）、船舶远程识别和跟踪系统（LRIT）、电子海图、全球海洋数字情报系统应用于航运管理，开发了长江干线电子航道图技术。加快突破船舶航行态势智能感知、自动靠泊等核心技术，实现远程遥控、自主航行等典型场景试点示范。北斗成为第三个面向国际航海应用的全球卫星导航系统。民航建立了专用卫星通信网、数据通信网、气象数据库、信息服务网络、航空情报自动化处理系统等，建成投产北京、上海、广州智能汽车三大民航区域控制中心，民航商务信息系统处于世界先进水平。邮政建立国家省市三级联动视频监控体系，光学字符识别（OCR）、视频补码、码址校验等分拣技术处于世界领先水平。广泛应用智能高铁、智能道路、智能航运、自动化码头、数字管网、智能仓储和分拣系统等新型装备设施，开发新一代智能交通管理系统。加强国家创新中心、国家先进轨道交通装备创新中心等建设，推动关键核心技术和产品的研发及产业化。依托智能京张、智能京雄等重大工程，构建了覆盖智能建造、智能装备、智能运营领域的智能铁路技术体系、数据体系和标准体系。充分利用传感、网络传输、人工智能等技术，全面提升轨道交通装备的智能化水平。

### （四）绿色节能装备研发不断突破

坚持绿色为本，加快发展新能源、节能环保交通装备。轨道交通装备新型车体材料、节能牵引传动等绿色研发技术不断发展。绿色船舶、船舶岸电等成果应用产业化。加强推广新能源、清洁能源、智能化、数字化、轻量化、环保型交通装备及成套技术装备。新能源车辆投入、黄标车治理、老旧船舶拆解等工作不断推进。

## 第四节

# 新领域新业态加快涌现，行业融合深度广度延伸拓展

党的十八大以来，以习近平总书记关于“互联网 +”、数字经济、共享经济等重要指示为指引，交通运输新领域新业态加快涌现，信息化智能化水平不断提升，交通运输与旅游、制造业等领域深度融合加速推进。

### 一、交通线上线下融合新模式蓬勃发展

随着移动互联网的快速发展，交通运输成为共享经济发展的热土，交通运输新兴客货服务产品层出不穷。依托互联网的共享出行和共享货运蓬勃发展，滴滴出行等网约车平台为旅客提供了

全新的出行体验，传化、满帮等综合物流信息平台为货物提供便捷服务。

## （一）客运共享出行探索精细化运营

网约车、共享单车、共享汽车等客运线上线下新消费快速发展。2019 年，共享单车市场规模达到 236.8 亿元，用户规模达到 3.8 亿人。经过几年的发展，共享出行行业转向精细化运营，提高自身造血能力，不断尝试新的盈利方式和必要的策略调整，企业业务保持可持续发展。滴滴顺风车和快车拼车分享座位超过 10 亿人次，滴滴升级共享汽车业务并将开展共享汽车开放平台的小桔车服作为主要发展方向。滴滴、高德、美团积极探索聚合模式，高德打车、美团打车接入了曹操出行、神州专车、首汽约车等主流出行服务商，滴滴新增“第三方”入口，用户可选择秒走打车、如祺出行等。国铁集团、民航公司的网站、App、公众号售票系统通过迭代优化，更好满足了旅客订票、选座、出行需求。铁路互联网售票办理比例达到 70%。同时，不断规范交通新业态发展，超过 200 个城市发布网约车实施细则，政府监管、行业引导推动共享经济更好发展。

## 》专栏 3-1

### 共享出行 服务百姓 让人民生活更美好

滴滴出行科技有限公司是党的十八大以来诞生和发展起来的民营企业典型代表。得益于国家全面深化改革，为共享经济提供宽松发展环境，滴滴在创新能力、订单规模、服务质量等方面都走在世界前列。

滴滴出行是卓越的一站式移动出行和生活平台，为全球超过5.5亿用户提供出租车、快车、专车、豪华车、公交、代驾、共享单车、共享电单车、汽车服务、外卖、支付等多元化的服务，覆盖了中国400多个城市。

滴滴积极参与“一带一路”建设，自2015年8月陆续投资北美的Lyft、印度Ola、东南亚Grab和欧洲Bolt（Taxify）等公司。在中东北非地区，滴滴投资了当地的网约车企业Careem。2018年，滴滴在巴西全资收购当地最大的移动出行公司99Taxi。这次投资是巴西有史以来最大的科创投资，也创造了拉美地区第一个科技独角兽。

除了投资收购，滴滴出行还以自有品牌进入智利、哥斯达黎加、巴拿马等“一带一路”沿线国家。在拉美地区，滴滴提供出租车、网约车、智慧交通等服务，创造上百万个工作机会，服务2 000多万用户。

网约车行业有很大的经济社会价值。共享经济高度契合中国人口多、资源少的国情，中国发展共享经济有巨大机会。以共享出行为例，网约车是经济增长中的新亮点。滴滴服务了5.5亿人，日订单峰值突破3 000万单，年运乘客超过100亿人次。网约车具有就业和社会稳定器的作用。滴滴平台上，有千万车主及司机获得灵活的工作机会，仅2018年，就有1 165.6万名网约车司机在滴滴平台获得收入。网约车已具有很大的扶贫价值，滴滴平台数据显示，2019年全国565个贫困县的70.32万人在网约车平台获得收入。

### （二）货运物流新模式快速涌现

以互联网、5G、人工智能等为代表的先进信息技术应用为货运物流注入了发展新动能。货运物流积极融入“互联网+”进程，形成了各种新技术、新业态和新模式，创新了货运物流组织方式。铁路互联网网上货运业务办理比例达到70%；以满帮、易货嘀、路歌、G7等为代表的车货匹配、车辆管理平台的建设，有力促进了货运资源整合；以菜鸟网络、顺丰、京东物流等为代表的平台实现了电商物流、快递信息的跟踪与查询，提升了客户体验；以达达、闪送等为代表的城市快送和外卖配送平台通过App下单，实现上门取货和送达，成为城市即时配送的新亮点。2019年1—11月，229家无车承运人试点企业整合货运车辆211万辆，占全国营运货车总数的15.5%；试点企业车辆利用率提高约50%，较传统货运交易成本降低6% ~ 8%。传化智联、满帮等公路智能物流平台和一达通、舱位宝等航运订舱平台快速发展，网络货运新业态新模式不断涌现。

» 专栏 3-2

## 智能物流服务平台创新模式

传化智联股份有限公司以发展服务产业端的智能物流平台为首要目标，全国开展业务的公路港65个，覆盖27个省、自治区、直辖市。已形成了线上与线下结合、自有资源与社会资源结合的智能物流服务网络，通过智能信息服务贯穿全业务流程，以物流服务、智能公路港服务、支付与供应链金融服务为核心，以平台模式深入解决中国制造企业与物流企业的需求和痛点，助力生产生活物资的高效流转。

传化智能物流模式的创新性，主要聚焦智能物流服务网络的“集、分、储、运、配”各环节，以技术研发应用、绿色发展为基础，以运营模式创新为核心，以深入融合信息技术、创新发展低碳模式为抓手，从而实现“端到端”，一单到底的创新物流服务。

运营模式方面，加快推动网络货运、多式联运、统仓共配、应急物流等服务模式，实现运营模式创新；技术研发应用方面，推动仓储决策智能化、运输协同智慧化、公路港服务精准化建设，贯通物流信息，打造一站式智慧物流供应链服务能力；绿色物流方面，通过建立智慧低碳园区、高效服务、低碳运营等，推动物流行业绿色、健康发展；实现物流服务设施升级、业务智能、绿色发展，有力推动制造业物流服务模式创新、服务能力提高、成本集约。

平台创新模式的亮点：平台提供系统化、智能化的平台型物流全链条服务，推进各类服务软件、能力、资源的在线调用和共享，实现制造业物流服务的能力开放、协同与共享。加强对新兴技术的融合应用，实现物流的自动化、可视化、可控化、智能化、网络化。围绕低碳园区、高效服务、低碳运营，实现城市物流配送车辆的电动化、新能源化和清洁化。

平台通过集约物流组织模式、加强技术研发应用、发展城市绿色运力，为货主企业与物流企业提供系统化、智能化的物流全链条服务，有效降低人力资源工时消耗、缩短运力调配时间等企业综合物流成本 30% ~ 40%，提升分拨效率、仓库库容利用率等供应链效率 30%，为快消、钢铁、家电、化工、能源等 40 多个行业的上百万家企业提供物流服务，实现降本增效。

## 二、交通基础设施信息化智能化水平全面提升

交通运输是先进技术试验应用载体和新兴产业孵化成长平台，在现代信息技术应用和商业模式创新的推动下，交通运输新型基础设施蓬勃发展，传统基础设施加快改造升级。

### （一）交通运输新型基础设施蓬勃发展

新一代国家交通控制网、智慧公路试点、智慧港口示范工程、E 航海示范工程、交通旅游服务大数据试点工作有序实施。基础设施数字化、路运一体化车路协同、北斗高精度定位综合应用成效显著。北京、福建、广东、河北等 9 个省（市）作为第一批试点取得初步成效。北斗在通用航空、海上应急救援等领域的应用不断完善，已建成

北斗基准站 314 个，国产民机搭载北斗试飞成功，长江干线北斗地基增强系统完成前期工作；全国共有 533 万辆道路营运车辆、363 艘海事救助公务船舶、2 960 个助导航设施、20.5 万辆邮政运输和快递车辆、65 架通用飞行器应用北斗终端。沿海建成 74 座北斗增强基准站，港口建成 11 座北斗基准站，229 个运输机场架设移动北斗基准站。围绕形成"数字化 + 供应链"全链路物流服务，物联网、人工智能、云计算、大数据、区块链等技术，无人仓、无人机、无人车、无人港、无人驾驶、物流机器人等装备，智能客服、智能仓等迅速普及，网络货运、共享经济等平台模式，持续深化在物流和供应链领域应用，加快推动我国物流供应链形成数字化、智能化、网络化发展新动能。

### （二）传统交通基础设施智能化升级加快

"互联网 +"交通技术应用业务领域不断深化扩展，主要集中在行政执法、出行服务、行业监管、安全应急以及基础设施管理等。互联网在公路、铁路、民用航空上得到逐步应用。高速公路电子不停车收费系统（ETC）基本实现了全国联网，截至 2019 年底，ETC 客户累计将近 2 亿，高速公路 ETC 共建设专用车道 17 644 条，主线收费站 ETC 覆盖率 99.1%、匝道收费站 ETC 覆盖率 95.6%，客车 ETC 使用率 39.59%。铁路实现了网上售票、刷脸进站、高铁 Wi-Fi 等服务环节的智能化，"复兴号"高速铁路列车实现 Wi-Fi 全程覆盖；民航实现"万米高空通 Wi-Fi"，东方航空在 75 架宽体机上提供空中接入互联网服务。云计算、大数据技术以及人工智能技术在行业监管、安全应急、行政审批等应用较广，人工智能与基础设施建设、运输装备研发应用、运输服务以及行业治理等深度融合。北京、深圳、杭州、南京等城市交通运行协调指挥中心加快建设，搭建信息共享与服务平台，动态运行监测和协同服务水平不断提高。

## 三、交通与经济社会融合发展不断涌现亮点

交通运输与经济社会融合互动、互促共进，深刻改变着传统生产生活方式，成为驱动经济社会发展新旧动能转换的重要力量。

### （一）交通与旅游形成深度互动新格局

汽车营地、邮轮游艇、通用航空、公共自行车、观光小火车等发展提速，助推了新消费，增强了交通运输服务经济、服务民生的能力。伴随着旅游业的发展，自驾车旅游、专列旅游、低空飞行、邮轮旅游、慢行交通等旅游交通获得了长足发展，交通与旅游融合大势已成，成效显著。

积极创新“交通＋旅游”融合发展新模式。公路、铁路、民航等与旅游业联动发展，打造了旅游公路、风景道、休闲步道、旅游专列等。各地政府将旅游交通发展作为经济增长新动能。海南省大力建设多样化特色旅游交通体系，延伸滨海火车旅游专列，推动

邮轮游艇旅游发展；新疆发挥地区交通路网与旅游资源优势，规划和建设进出疆通道、南北疆经济走廊带、交通枢纽、旅游景区等的特色主题综合服务区，推出环北疆旅游专列、相约敦煌旅游列车等产品，着力提升“坐着火车游新疆”的品牌影响力；北京铁路局陆续新开或增开由京津冀始发，开往江西井冈山、重庆、贵州遵义、新疆和田、内蒙古乌兰察布、湖南韶山、黑龙江哈尔滨等地的 100 余列旅游专列，促进休闲游或深度游发展；河北省高品质建设了国家 1 号风景大道，贯穿围场满族蒙古族自治县、丰宁满族自治县两个国家深度贫困县，助推 6.2 万贫困人口脱贫致富。

### （二）枢纽经济不断培育壮大

枢纽经济是交通、物流、信息与经济社会深度融合下新经济、新业态的典型代表，是深化供给侧结构性改革、培育经济发展新动能的重要载体。我国交通运输与枢纽经济融合发展势头迅猛，高铁经济和临空、临港等枢纽经济蓬勃发展，形成了交通运输驱动经济增长新动能。以郑州国际航空港为例，郑州航空枢纽迅速构建全球航线网络，在 34 条全货机航线中，国际航线有 29 条，覆盖全球主要经济体，每周约 100 架全货机在郑州机场起降，通过营造航空货运便利性和价格优势环境，临空产业加快发展。其中智能终端产业园集聚了 159 家智能终端全产业链企业，2019 年郑州移动通信手机产量 2.1 亿部，全球每 8 部新手机就有 1 部“郑州造”，精密机械、生物医药、商贸会展等产业也加快集聚。

## （三）交通与制造业融合发展水平不断提升

随着个性化、定制化等服务要求提高，依托协同创新，交通运输与制造业融合领域不断拓展，交通物流与汽车、消费品、电子信息、生物医药等制造业深度融合，为制造业采购、生产、销售和售后等提供全程供应链服务。制造企业和货运物流企业进行合作，仓配一体化、入厂物流、国际供应链、海外协同等融合发展逐渐成熟，引导供应链流程优化，提供综合解决方案。多式联运装备、智能物流仓储系统等装备不断向高端化、智能化、绿色化方向发展，创新能力不断向集生产、研发、推广于一体的更高产品形态延伸发展，交通与制造业深度融合发展水平持续提升。

## 第五节

# 体制机制改革迈出新步伐，一体化建设运营管理环境进一步优化

党的十八大以来，以深化供给侧结构性改革为主线，以提升行业治理能力为重点，交通运输体制机制改革取得重大进展，竞争有序的运输市场正在形成，国有企业改革不断深化，为一体化建设运营管理环境营造打下了坚实基础。

### 一、交通治理能力显著提升

交通运输行业全面推进治理体系和治理能力现代化建设，深化体制机制改革，优化宏观调控方式，推动“放管服”改革和重点领域改革，很大程度上为企业“松了绑”，为市场“腾了位”。

## （一）体制机制改革持续深化

各部门按照职能分工，协同推进综合交通运输发展的管理体制、协调机制不断完善。国务院机构改革和职能转变方案实施，实行铁路政企分开，撤销原铁道部，组建国家铁路局和原中国铁路总公司。国家铁路局承担原铁道部行政职责，负责拟订铁路技术标准，监督管理铁路安全生产、运输服务质量和铁路工程质量等，原中国铁路总公司承担铁道部的企业职责，负责铁路运输统一调度指挥，经营铁路客货运输业务，承担专运、特运任务，负责铁路建设，承担铁路安全生产主体责任等。国家层面“一部三局”架构基本建立，由交通运输部管理国家铁路局、中国民用航空局、国家邮政局。进一步推进交通运输综合执法、收费管理体制、长江航运行政管理体制和事业单位分类改革。港航公安体制、民航局属国企改革和机场公安体制、空管系统体制机制等改革加快推进，邮政体制改革有序开展。

## （二）宏观调控方式不断优化

进一步建立健全以国家发展战略和规划为导向的交通运输宏观调控机制，推进交通运输宏观调控目标制定和政策手段运用机制化，增强宏观调控前瞻性、针对性、协同性。陆续批准了公路、铁路、民用机场、油气管网等一批中长期规划，推动基础设施领域重大项目实施，调控引导基础设施发展方向和进程。发挥国土空间规划的指导约束作用，推进“多规合一”“多规融合”。稳步推进中央与地方财政事权和支出责任划分改革，逐步理顺中央和地方政府在交通运输投资、运输管理、交通安全管理等方面责权关系，既确保中央政府在交通发展上的宏观调控职能，又充分调动地方政府在交通建设和管理上的积极性。深入推进重点领域改革，取消二级收费公路，不断推进区域港口一体化整合，进一步深化出租汽车行业改革，认可网约车合法性。

### （三）“放管服”改革成果丰硕

按照全面正确履行政府职能总体要求，进一步简政放权，深化交通运输行政审批制度改革，最大限度减少中央政府对交通运输领域微观事务的管理，对能用规划实行有效管理的项目最大程度下放审批。逐步放宽市场准入门槛，持续清理交通运输领域各类不合理和非必要罚款及检查，建立涉企收费目录清单制度。强化事中、事后监管，取消中介服务等行政审批事项，推进商事制度改革；推行“双随机、一公开”监管工作，运用大数据、云计算、物联网等信息技术，推动跨省大件运输等并联许可系统全国联网。推进新业态协同监管，进一步创新线上线下一体化监管模式，使市场环境更加公平有序。优化行政审批服务方式，推广“最多跑一次”服务，办事效率极大提升。

### （四）法律法规体系逐步完善

坚持法治引领，综合交通运输法律体系初步形成，制定出台《中华人民共和国航道法》《国内水路运输管理条例》《铁路安全管理条例》《快递暂行条例》。适应新业态发展要求，出台网约车经营服务管理部门规章。复制推广自贸试验区航运政策，不断完善标准和规则。实施《货物多式联运术语》JT/T 1092-2016、《多式联运运载单元标识》JT/T 1093-2016 等标准规范，推进运营车型、综合服务、多式联运等标准规范制定修订。充分发挥交通运输行业协会作用，鼓励引导人民群众参与交通运输领域管理，政府、市场、行业协会、社会大众等共治格局初步形成。

## 二、竞争有序的大市场正在构建

### （一）加快推动交通运输市场化改革

党的十八大以来，交通运输市场化改革深入推进，统一开放、竞争有序、充满活力的交通运输市场加快建设。推进交通运输价格市场化改革，有序放开竞争性领域价格，完善价格机制与收费规则。建立完善铁路货运与公路挂钩的价格动态调整机制，探索货运分方向、分季节、分品类、分运能等灵活价格调整策略，初步构建了以列车运行速度和等级为基础、体现服务质量差异的旅客运输票价体系，扩大民航国内客运航线、港口经营等领域经营者自主定价范围，理顺了邮政非竞争性业务资费结构。实施有利于缓解城市交通拥堵、有效促进公共交通优先发展与公共道路资源利用的城市停车收费政策。建立健全出租汽车运价动态调整以及运价与燃料价格联动机制。营造良好营商环境，有效激发市场活力，培育形成了以中国远洋海运集团有限公司（以下简称“中远海运”）、招商局集团有限公司、中国国际航空有限公司、顺丰速运有限公司（以下简称“顺丰”）、德邦物流股份有限公司等为代表的一批具有一定综合服务能力和市场竞争力的网络型骨干运输企业。

### （二）创新交通运输投融资机制模式

交通运输投融资机制模式不断创新，基本形成了“国家投资，地方筹资，社会融资，引进外资”的多元化融资格局。国务院连续修订《政府核准的投资项目目录（2013年本）》《政府核准的投资项目目录（2014年本）》《政府核准的投资项目目录（2016年本）》，进一步精简政府投资项目，广泛吸引社会资本、民间资本参与交通运输设施建设运营。加快推动政府和社会资本合作（PPP）模式在交通运输领域的推广应用，积极开展基础设施领域不动产投资信托基金（REITs）试点工作，以杭绍台、杭（义）温等城际铁路为代表开展PPP、TOD模式试点。多次修订《鼓励外商投资产业目录》，支持外资参与交通建设运营。

### （三）交通运输国际合作机制更加畅通

围绕“一带一路”基础设施互联互通，进一步完善双多边运输国际合作机制，积极参与国际和区域运输规则制修订，国际运输便利化水平不断提高。多次修订外商投资准入负面清单，取消或放宽交通运输、商贸物流等领域外资准入限制。国际海运率先实现全面对外开放，全面取消国际海运及辅助业外商投资股比限制，将国际集装箱船运输、普通货船运输业务以及无船承运业务等由审批改为备案，充分释放了国际海运服务市场活力。《海南自由贸易港试点开放第七航权实施方案》发布，我国民航首次同时试点开放客运和货运第七航权，是世界航权开放的最高水平。与“一带一路”沿线国家交通运输投资合作不断加强，为企业走出去提供优质服务。

## 三、交通国有企业改革不断深化

### （一）现代企业制度有序建立

我国交通运输、交通工程、装备制造等企业公司制、股份制改革不断深化，基本建立“产权清晰，权责明确，政企分开，管理科学”的现代企业制度，交通运输领域涌现一批世界500强和中国500强企业。2019年6月中国国家铁路集团有限公司正式挂牌成立，铁路所属企业公司制改革基本完成。中国外运长航集团有限公司和招商局集团有限公司实施战略重组，成为中国唯一能实现远洋、沿海、长江、运河全程物流服务的企业。中国交通建设股份有限公司推动公司结构调整，建立现代企业制度，成为全球领先的特大型基础设施综合服务商。中国中车股份有限公司加快完善内部治理结构，推进“转型升级、跨国经营”全球化战略，国际影响力和竞争力不断提升。

### （二）混合所有制改革加快推进

交通运输领域国有企业混合所有制改革稳步推进，鼓励外资参与国有企业混合所有制改革。顺丰、菜鸟网络科技有限公司等积极参与原中国铁路总公司混合所有制，普洛斯完成对中远海运集团所属宁波中远海运物流有限公司的股权战略投资，东航集团与联想控股股份有限公司、普洛斯投资（上海）有限公司、德邦物流股份有限公司、绿地金融投资控股集团有限公司等投资者进行混改试点，公司治理结构逐步健全，国有企业竞争力不断增强。一批具有较强国际竞争力的交通运输企业已成为我国交通运输业快速发展、参与国际竞争的生力军。

### （三）人才队伍改革扎实推进

以各类交通运输企业为主要平台，培养造就出一批素质较高、结构较为合理的人才队伍。坚持弘扬企业家精神，不断加强高层次人才、高素质管理人才培养，一批国家级拔尖人才、创新领军人才、青年科技人才集中涌现。坚持弘扬工匠精神，随着高速铁路、高速公路、智能交通等领域的迅猛发展，交通运输专业型人才不断涌现，隧道桥梁等设计、制造、运营等高技术工匠人才队伍规模不断扩大。随着“一带一路”建设推进，一批具有国际视野的战略管理人才、科技领军人才和高水平创新团队正在形成，一批新型企业家和职业经理人不断涌现，行业自主创新等“软实力”不断提高。

学习贯彻习近平新时代中国特色社会主义经济思想

做好“十四五”规划编制和发展改革工作

系列丛书

# 第四章

# 时代呼唤 积极应对综合交通运输体系建设面临的新机遇和新挑战

经过长期发展，我国综合交通运输发展取得巨大成就，总体适应经济社会发展要求。面对世界百年未有之大变局，特别是新冠肺炎疫情冲击下国际国内发展格局环境深度调整，面对新一轮科技革命和产业变革深刻影响，面对社会主义现代化国家建设历史使命，面对人民日益增长的美好生活需要，必须深刻学习领会习近平总书记关于综合交通运输发展的重要论述精神，准确把握并积极应对我国综合交通运输发展面临的新的战略机遇和风险挑战。

## 第一节

# 建设现代化经济体系要求提升综合交通服务保障能力

我国经济已由高速增长阶段转向高质量发展阶段，正处在转变发展方式、优化经济结构、转换增长动力的攻关期，必须坚持质量第一、效益优先，以供给侧结构性改革为主线，推动经济发展质量变革、效率变革、动力变革。现代化经济体系建设要求加快推进交通供给侧结构性改革，进一步发挥交通的支撑引领作用。

## 一、质量变革要求加快交通供给侧结构性改革

增强我国经济质量优势、调整优化经济结构，要求加快推进交通供给侧结构性改革，进一步发挥交通服务支撑作用、完善交通设

施布局、提升物流服务水平。

### （一）质量变革内在要求

党的十九大报告提出，建设现代化经济体系，要把提高供给体系质量作为主攻方向，显著增强我国经济质量优势。我国经济发展不平衡不充分的问题，主要表现为实体经济结构性供需失衡、金融和实体经济失衡、房地产和实体经济失衡这“三大失衡”问题。面对这些问题，必须在供给侧上下功夫，向结构优化找出路，用改革的办法，着力加快建设实体经济、科技创新、现代金融、人力资源协同发展的产业体系，促进我国产业迈向全球价值链中高端，扩大优质增量供给，提高供给体系质量效率。

### （二）经济质量稳步提升

经济发展呈现稳步增长态势。2012—2019 年，我国年均经济增速达到 7.0%，在世界主要经济体中保持领先，持续成为拉动世界经济增长的主要动力源。产业结构持续优化，第一产业增加值占比为 7.1%，较 2012 年降低了 2.3 个百分点，第三产业增加值占比为 53.9%，较 2012 年增加了 8.6 个百分点（见图 4–1）。

最终消费支出、资本形成总额、货物和服务净出口三者关系持续改善。2019 年，最终消费支出对经济增长带动作用突出，对国内生产总值增长的贡献率为 57.8%；资本形成总额对经济增长带动作用小幅下降，贡献率为 31.2%；货物和服务净出口的贡献率较上年扩大，贡献率为 11.0%（见图 4–2）。

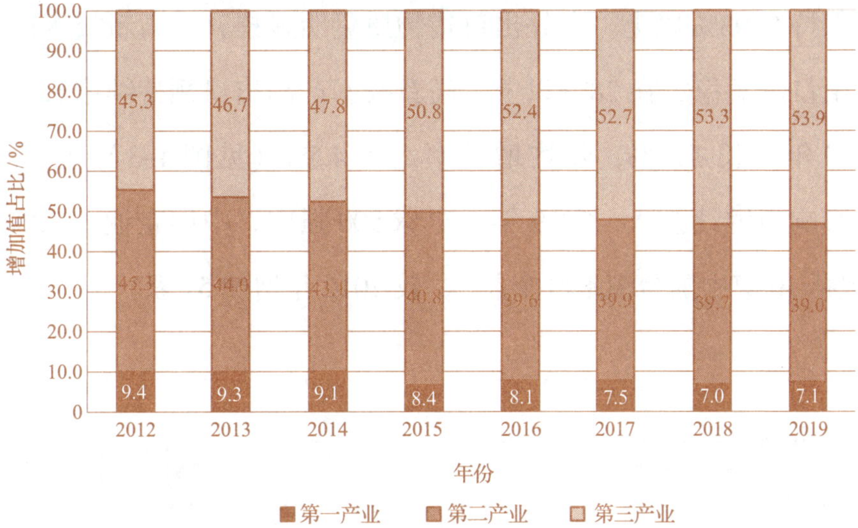


图 4-1　2012—2019 年我国三次产业增加值占国内生产总值比重

资料来源：国家统计局，《中华人民共和国国民经济和社会发展统计公报》（2012—2019）。

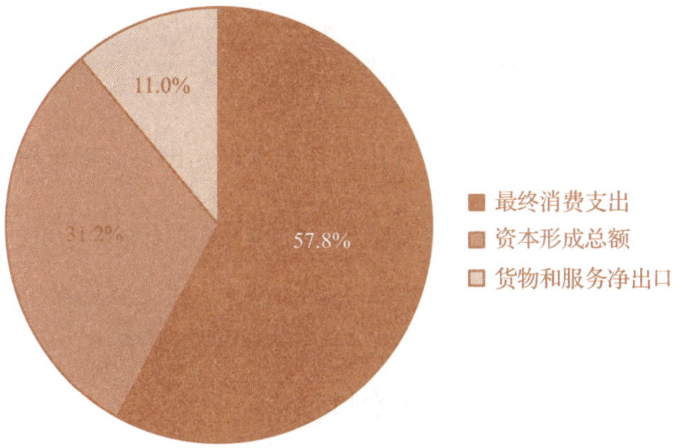


图 4-2　2019 年我国消费、资本、净出口对经济贡献率

资料来源：国家统计局，《中华人民共和国2019年国民经济和社会发展统计公报》。

近年来，工业产品合格率稳步提高，制造业产品质量合格率一直保持在 93% 以上。对外出口货物质量明显提升，高新技术产品占出口总额稳定在 28% 以上。高新技术产品出口额持续增长，较 2012 年增长 36.4%，年均增长率约为 4.5%（见图 4–3）。中国品牌影响力继续扩大，2019 年在全球 500 强中，中国企业占 129 家（包括 10 家中国台湾地区企业），较 2012 年增加 51 家。

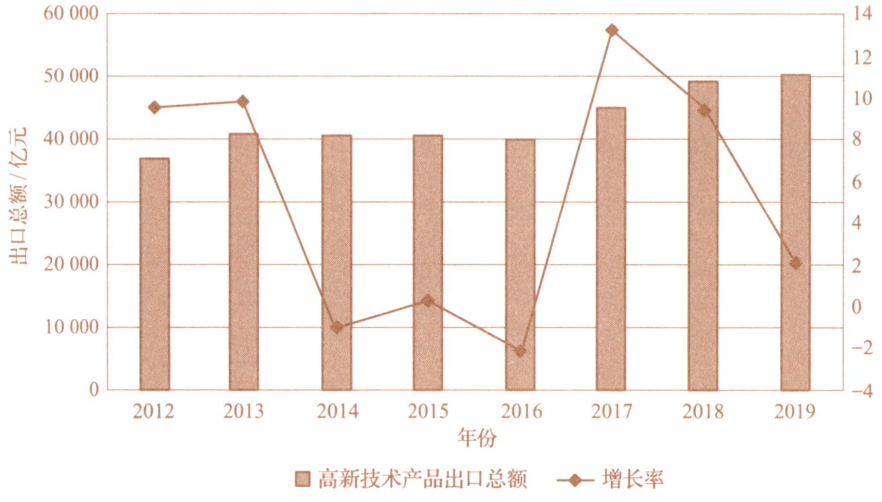


图 4–3　2012—2019 年我国高新技术产品出口金额及增长率

资料来源：国家统计局，《中华人民共和国国民经济和社会发展统计公报》（2012—2019）。

## （三）加快交通供给侧结构性改革

党的十九大报告提出，深化供给侧结构性改革，建设现代化经济体系，必须把发展经济的着力点放在实体经济上，加快建设制造强国，支持传统产业优化升级，加快发展现代服务业。加强水利、铁路、公路、水运、航空、管道、电网、信息、物流等基础设施网络建设。

经济结构调整要求进一步完善交通设施布局。结合过去的经济结构变化情况，预计未来5年我国经济结构仍将会以第三产业和第二产业为主，其占比将持续扩大，第一产业占比将小幅缩小，但仍将维持一定规模。交通设施布局除集中在城市和县城地区外，还要关注农村地区，补齐农村地区交通基础设施短板。同时，第二产业、第三产业的稳定发展也会对快速交通提出更高要求，人民群众对航空、高速铁路及高速公路等交通设施需求也将更加旺盛，城际公交化、航空运输大众化将成为交通发展趋势，要求合理有序推进城市群城际铁路、都市圈市域（郊）铁路建设，鼓励部分机场加大对航空公司的引入力度，合理优化通用机场布局。

以国内大循环为主体、国内国际双循环相互促进的新发展格局加速形成，要求进一步发挥交通服务支撑作用。新冠肺炎疫情的全球蔓延短期内将会影响进出口贸易，降低出口对经济的拉动作用，这可能会造成近期国际贸易萎缩、海运市场低迷、港口吞吐量下降等一系列问题，也将加快港口资源整合速度。同时也要看到，当前经济形势仍然复杂严峻，建立疫情防控和经济社会发展工作中长期协调机制，通过发挥内需潜力，使国内市场和国际市场更好联通，海运仍将是我国对外运输的主要方式之一。近几年，我国与“一带一路”沿线国家货物贸易进出口总额年均增长率4%左右，高于同期外贸的整体增速，要求继续扩大对外开放，合理布局铁路班列运输节点，建立协作共赢、区域联动的运输合作机制。此外，更要积极培养消费市场，持续扩大消费支出对国内生产总值增长的贡献率，扩大内需、消费升级将促使国内城市间、城市内部出行更加频繁，对交通便捷化、人性化和智能化提出更高要求。

工业提质增效要求提升物流服务水平。我国工业产品质量不断提升，对产品的全链条运输服务提出更高要求。应加快完善联运转运衔接设施短板，加大对公铁、铁水、空陆等不同运输方式转运场站的投入力度，研究制定铁路专用线进港口设计规范，促进铁路专用线进港口、进大型工矿企业、进物流枢纽，提高一体化转运和多式联运效率。完善城乡消费货运物流体系，加强公用型城市配送节点和社区配送设施建设，加快农村物流快递取送点建设，构建城乡双向畅通的货运物流配送网络，提升物流服务质量和效率。

## 二、效率变革要求完善交通体制机制

效率变革要求充分发挥市场在交通资源配置中的决定性作用和更好发挥政府作用，创新交通资源配置方式，继续深化交通领域投融资体制改革，进一步优化交通运输发展环境，提升交通资源配置的效率和效益。

### （一）效率变革内在要求

党的十九大报告提出，要着力构建市场机制有效、微观主体有活力、宏观调控有度的经济体制。我国社会主义市场经济体制不断优化，但还存在市场激励不足、要素流动不畅、资源配置效率不高、微观经济活力不强等问题。这要求一方面，以完善产权制度和要素市场化配置为重点，使市场在资源配置中起决定性作用，加快形成统一开放、竞争有序的市场体系，使高效要素替代低效要素，为高质量发展打下稳固基础；另一方面，更好发挥政府作用，切实转变政府职能，创新监管方式，不断创新和完善宏观调控。

### （二）经济效率显著提高

劳动生产率逐年增长。2019 年我国全员劳动生产率为 11.5 万元，较 2012 年提高 57.5%，近年来增长幅度一直保持在 6% 以上（见图 4–4）。我国全要素生产率的提升还有巨大潜力，当前全要素生产率对经济增长贡献率约 30%，仅为发达国家的一半。

全国万元国内生产总值能耗逐年降低。2019 年全国万元国内生产总值能耗较 2012 年下降 29.1%。工业产能利用率稳步增长，一直保持在 76% 以上。其中，煤炭开采和洗选业产能利用率为 70.6%，黑色金属冶炼和压延加工业产能利用率为 80.0%。

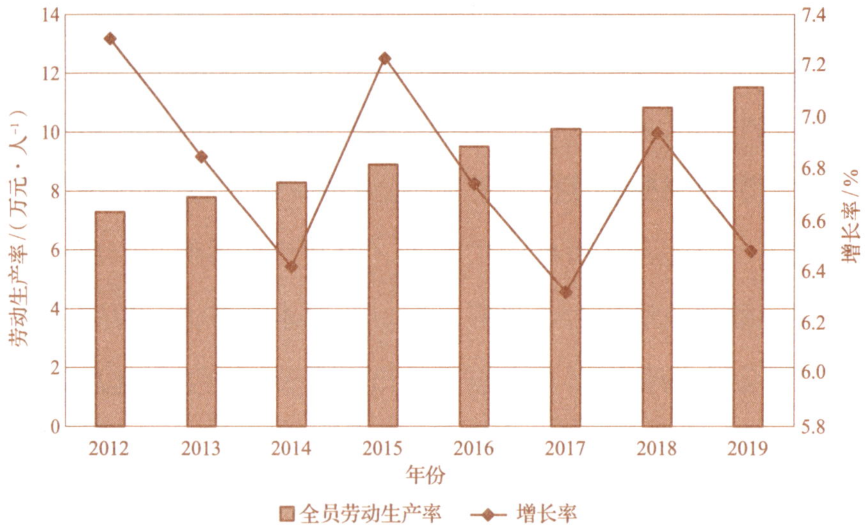


图 4-4　2012—2019 年我国全员劳动生产率及增长率

资料来源：国家统计局，《中华人民共和国国民经济和社会发展统计公报》（2012—2019）。

微观主体活力持续增强。2019 年新登记市场主体 2 377 万户，日均新登记企业 2 万户，年末市场主体总数达 1.2 亿户。实体融资成本进一步降低，2019 年底一般贷款利率 5.74%。同时，营商环境大幅改善，根据世界银行发布的《2020 年营商环境报告》，我国排名为第 31 位，较 2012 年提升 60 位，位列东亚太平洋地区第 7 位，仅次于日本，已经连续两年入列全球营商环境改善幅度最大的十大经济体。

## （三）持续完善交通体制机制

要充分发挥市场在交通资源配置中的决定性作用和更好发挥

政府作用。交通可持续发展的根本是在资源与环境承载力允许条件下，以公平合理的资源配置方式实现供需平衡，其实质就是资源优化配置。党的十八届三中全会明确指出要处理好政府和市场的关系，使市场在资源配置中起决定性作用和更好发挥政府作用。2016年12月，中共中央办公厅、国务院办公厅《关于创新政府配置资源方式的指导意见》（中办发〔2016〕75号）再次指出，为解决当前政府配置资源中存在的市场价格扭曲、配置效率较低、公共服务供给不足等突出问题，需要从广度和深度上推进市场化改革，大幅度减少政府对资源的直接配置，更多引入市场机制和市场化手段，提高资源配置的效率和效益。交通发展模式的转变要求政府营造公平公正公开的营商环境，充分发挥市场作用，创新交通资源配置方式，提升交通资源配置的效率和效益。

继续深化交通领域投融资体制改革。随着“放管服”改革力度加大，微观主体活力将持续增强，企业融资成本的降低效果将更加明显，要求深化交通领域投融资体制改革，进一步完善投融资体制，引导和鼓励社会资本参与交通运输基础设施建设、运营、管理和维护。在风险可控的前提下，加大政策性、开发性等金融机构信贷资金支持力度，扩大直接融资规模，支持保险资金通过债权、股权等多种方式参与重大交通基础设施建设。同时，还应积极探索应用价格、税收等优惠机制引导智能交通、绿色交通可持续发展，引导和鼓励社会资本进入智能、绿色等交通领域，拓宽交通融资渠道。

进一步优化交通运输发展环境。2020 年 1 月 1 日施行的《优化营商环境条例》，对标国际营商环境评价标准，制定了针对性条款，将会极大改善当前的营商环境。要求进一步加快交通领域的减税降费、市场准入、信用建设等方面改革，提升政府服务水平，实施降本增效。在交通运输价格形成机制上，注重发挥市场作用，探索实行依据服务质量动态调节交通运输价格机制。在行政执法改革上，要着力治理交通领域乱收费、乱罚款等现象。在市场准入上，进一步放宽准入条件，建立交通运输市场平等准入规则，形成统一开放、竞争有序的交通运输市场。在交通运输行业信用体系建设上，要健全市场主体信用记录，完善交通运输市场主体守信激励和失信惩戒制度，实施动态监管，并建立市场退出机制。在政府服务上，进一步推动交通物流领域简政放权，提升行业治理体系和治理能力现代化水平。

## 三、动力变革要求强化交通协同融合功能

加快建设创新型国家，要求发挥交通协同融合功能，持续推进交通运输领域创新发展，加大交通智能化研究和应用，更好发挥交通对经济社会的引导和支撑作用。

### （一）动力变革内在要求

党的十九大报告提出，创新是引领发展的第一动力，是建设现

代化经济体系的战略支撑。近年来，我国低成本资源和要素投入形成的驱动力明显减弱，传统比较优势日益削减，经济发展面临动力转换节点，需要改变依靠增加要素投入的粗放型发展模式，发展动力必须转向创新驱动，形成先发新优势，实现创新引领发展，为经济持续健康发展打造新引擎、构建新支撑。为此，必须在推动发展的内生动力和活力上进行根本性转变，加快建设创新型国家，强化国家创新体系建设，加快形成以创新为主要引领和支撑的经济体系和发展模式。

### （二）经济动力持续壮大

新动力加快成长。2019 年，高技术制造业、战略性新兴产业和装备制造业增加值分别比上年增长 8.8%、8.4% 和 6.7%，增速分别较规模以上工业快 2.9 个、0.5 个和 1.4 个百分点。全年高技术产业、工业技术改造投资分别比上年增长 17.3% 和 9.8%。新兴工业产品产量快速增长，服务机器人、太阳能电池和移动通信基站设备分别比上年增长 38.9%、26.8% 和 14%。

新产业投资不断扩大。2019 年，高技术产业投资快速增长，全年高技术产业投资比上年增长 17.3%，比上年加快 2.4 个百分点。高技术制造业投资比上年增长 17.7%，比上年加快 1.6 个百分点，占全部制造业投资的比重超过 20%。高技术服务业投资比上年增长 16.5%，比上年加快 3.6 个百分点。

科技研发投入不断加大。2019 年，我国全社会研发支出达 2.2

万亿元，较 2012 年翻了一番，占 GDP 的比重为 2.2%，科技进步贡献率达到 59.5%。世界知识产权组织（WIPO）评估显示，我国创新指数位居世界第 14 位，整体创新能力大幅提升。科技创新为经济高质量发展增添新动能，全国 169 个高新区生产总值达 12 万亿元，经济总量占全国的 1/10 以上。

### （三）发挥交通协同融合功能

持续推进交通运输领域创新发展。随着新动能持续扩大，未来我国经济将更多从要素驱动转变为创新驱动，要求交通运输持续创新，推动交通与新产业融合发展。结合新一代信息技术，推进货、车（船、飞机）、场等要素数字化，拓展北斗在道路收费、自动驾驶等领域的应用。加强云计算、人工智能等信息技术应用，提高交通服务智能化水平，形成智慧出行、预约出行新模式。推动物流园区和大型仓储设施等应用物联网技术，鼓励货运车辆加装智能设备，实现物流信息采集标准化、处理电子化、交互自动化。

积极发挥交通对经济社会的引导和支撑作用。交通在经济新动能中除了发挥基础支撑作用外，还应充分发挥其对经济的引导带动作用。结合枢纽分类，充分发挥枢纽辐射广、成本低、效率高的交通优势，带动区域农业、制造、商贸等产业集聚发展，打造特色鲜明的枢纽经济。科学规划客运枢纽布局功能，合理确定客运枢纽周边地区的开发业态和开发强度，制定多方协同合作、利益共享、权责清晰、衔接顺畅的合作机制，充分发挥轨道站点、高铁车站和机场等对城市发展的引导带动作用，形成站城融合、港城一体的经济发展新模式，打造新的增长极。

新型基础设施是未来交通运输发展的重点领域之一，要求加大智能化交通基础设施前期研究储备和投资等政策支持力度。继续加大基础性、战略性、前沿性技术攻关力度。进一步发挥企业在新型基础设施建设中的主体作用，鼓励企业开展技术、服务、组织和模式创新。加大对新型交通基础设施的投资，深化公共信息平台建设，加强多部门客货运信息交换共享，推动交通运输信息化发展，推动智慧港口、智慧物流园区、智慧客运枢纽等建设。

第二节

# 人民生活水平提高要求交通运输服务全面适应

改革开放以来，人民生活水平不断提高，2020 年将全面建成小康社会，实现第一个百年奋斗目标。居民收入水平提高、生活日益富足促使消费质量和结构不断升级，要求建设与之适应、更加注重出行服务品质和体验的交通运输服务系统。

## 一、消费升级要求运输服务更加便利化多样化

经济发展水平提高和居民消费水平升级要求交通运输行业进一步扩展服务、提质增效、快速响应，提供更加便利、舒适、多元的全链条、一体化运输服务。

## （一）居民消费水平日益接近高收入国家

2019 年，我国国内生产总值达到 99.1 万亿元，人均 GDP 首次超过 1 万美元，实现了历史性的新跨越。全国人均收入持续增长、城乡收入差距进一步缩小。2019 年全国居民人均可支配收入达到 30 733 元，是 2012 年的 1.9 倍（见图 4–5）。城乡居民人均可支配收入比由 2012 年的 2.9 下降至 2019 年的 2.6。

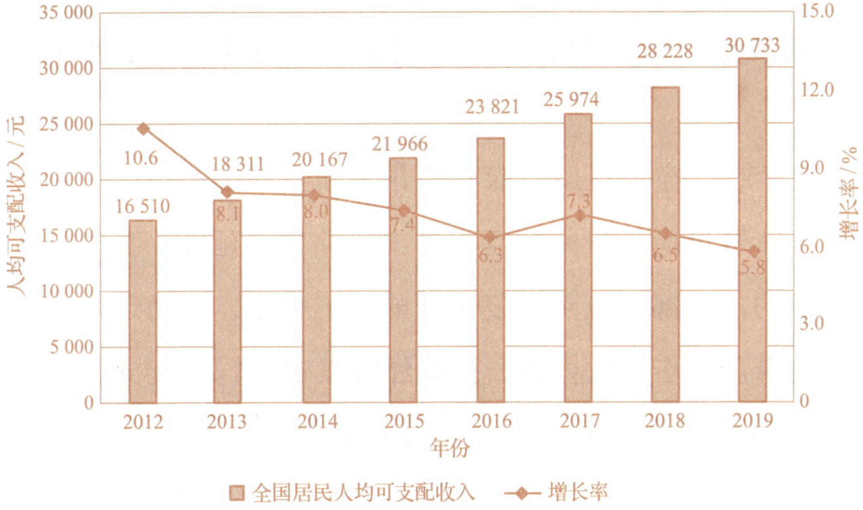


图 4–5 2012—2019 年全国居民人均可支配收入

资料来源：国家统计局，《中华人民共和国国民经济和社会发展统计公报》（2012—2019）。

伴随收入水平提高，居民消费日益多元化。随着全国居民收入水平的提高，中等收入群体规模不断扩大，全国中等收入群体已达 4 亿人左右。反映家庭富裕程度的恩格尔系数也不断下降，2019 年全国居民恩格尔系数为28.2%，居民在教育、文化、健康、旅行、体育、娱乐等方面的消费支出比重逐年提高。

## （二）经济发展水平助推消费升级

伴随工业化和新型城镇化进程的深入推进，我国生产性和生活性服务业持续较快发展。2013年实现经济结构的历史性变革，第三产业增加值比重首次超过第二产业提高到46.7%，标志着我国经济发展进入新阶段。2019年，第三产业对经济增长的贡献率为53.9%，经济社会发展从生产主导型向消费主导型转变。

世界政治经济格局的深刻变化及新冠肺炎疫情的影响，给全球产业链供应链带来的巨大冲击，并仍将延续。我国经济社会发展的内外部环境更趋复杂严峻，不稳定、不确定性大幅增加，使得进一步扩大内需、拓展经济发展纵深，充分释放经济发展的内生动力，对于我国经济社会保持平稳增长态势更加重要。

消费质量和结构不断升级。消费升级体现为质量更高的新型消费加快壮大，以及服务消费持续扩容，如教育、医疗、娱乐等服务业快速发展。消费升级更体现在商品的使用价值之外，人们对服务价值、体验价值等更加青睐。正如我国近年来迅速增长的旅游市场，2019年国内旅游达到60.1亿人次，出境旅游达到1.5亿人次，分别约是2012年的2.0倍、1.8倍（见图4–6）。

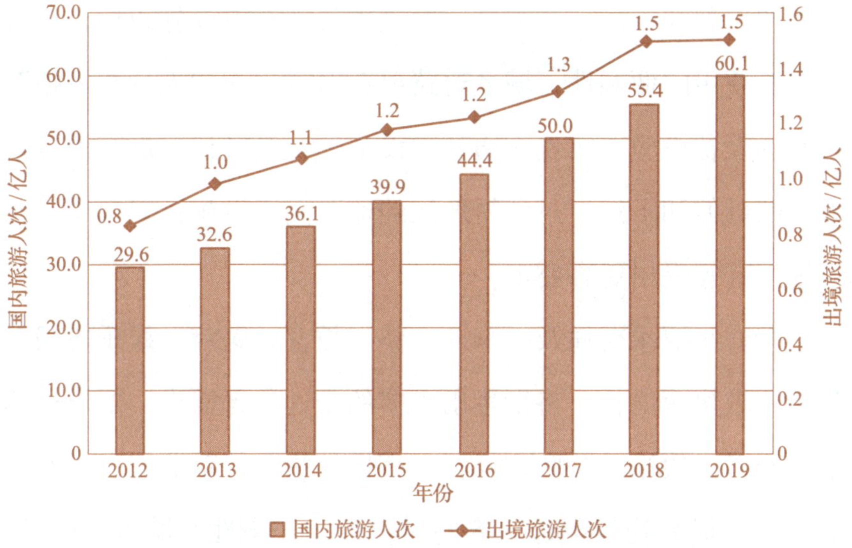


图 4-6 2012—2019 年我国旅游人次发展变化

资料来源：中华人民共和国文化和旅游部，《文化和旅游发展统计公报》（2012—2019）。

## （三）消费升级要求提升交通运输服务品质

交通运输是服务性产业，消费升级首先要求运输行业提质增效。随着人民群众收入水平的提高，时间观念普遍提升，对出行服务的速度、时效提出了更高的要求，更加注重出行服务品质和过程体验，要求更高的舒适性和便利性。不仅要解决“有没有”的问题，更要解决服务质量“好不好”的问题，要求能够提供“快速、舒适、安全、便利”的全链条、一体化运输服务。

新型交通市场进一步扩大。新能源汽车、无人驾驶汽车等新型消费品的出现和推广，要求进一步完善公共充电设施布局，提升新能源汽车使用的便利性，城乡道路要新增或预留“人—车—路”协同配套的设备设施，实现交通基础设施的升级换代。汽车消费市场向农村的延伸和下沉，对农村地区的道路交通设施扩容提质以及停车设施配套等提出更高要求。

消费升级要求交通及时响应调整。教育、医疗、娱乐等服务领域消费需求快速增长，将衍生出更多的交通出行需求，要求运输服务响应及时、快捷。“网络购物”“直播带货”等新业态、新经济的发展，要求提高物流配送服务的时效性、安全性。城市“夜经济”的发展，要求城市公共交通系统在服务时间、线路设置等方面与之密切衔接和配合。

## 二、需求多样化要求交通运输服务更加个性化

随着产业结构的调整，城镇空间布局的变迁，以及互联网对经济社会影响的逐步加深，人们生产、生活方式发生了巨大的变化。客货运输需求的分散化、多样化特征日益显现，要求交通运输服务更加个性化、差异化。

### （一）人民群众出行需求日益多样化

随着我国经济社会进步、城镇人口增长，劳动分工更加细化、收入水平日益提高，就业形式更加弹性多样，城市内部交通出行目

的也趋于多样化。上下班、上下学等刚性出行比例不断下降，休闲娱乐、教育培训、健身美容、短途出游等弹性出行不断增多。北京市 2018 年居民出行入户调查结果显示，上下班、上下学等刚性出行的占比已下降为 51%，购物、休闲娱乐健身、接送人等弹性出行比例上升至 48.6%（见图 4–7）。

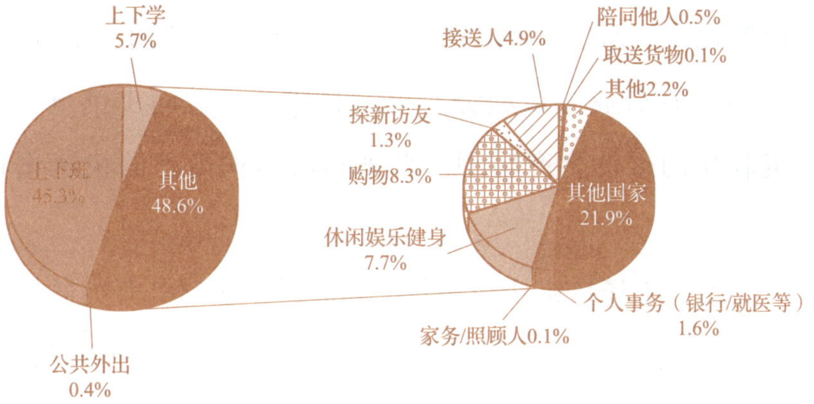


图 4–7 2018 年北京居民出行目的构成

资料来源：《2019年北京市交通发展年度报告》。

城乡统筹发展及都市圈建设，使得城乡之间的交通出行目的多样化。传统的城乡二元结构下，城乡之间的交通联系以外出务工、购物消费、看病就医、探亲访友等弹性出行为主。随着城乡统筹融合发展以及都市圈公共服务的共建共享，中心城市与周边地区之间的通勤、通学等刚性出行需求将日益增多。随着城镇居民消费的空间溢出，乡村地区旅游经济的快速发展，城乡之间旅游消费需求将日益增强。

## （二）生产消费模式转变推动物流需求多样化

移动互联网带来物流需求的快速化、多样化。移动互联网对经济社会发展的影响正在加深，圈层化、分众化的网络社交趋势，促进了基于身份认同的商品、服务消费“亚文化”的形成。个性化、小众化的消费需求、品牌的增多，给传统的大规模、标准化、流水线式的刚性生产带来冲击。伴随工业 4.0、工业互联网等制造业升级趋势，我国制造业日益向小批量、多批次、定制化的柔性生产转型，带来物流运输需求的快速化和多样化。

电商物流市场持续快速增长。随着进一步对外开放的持续推进，互联网经济的迅猛发展，我国线上商品服务零售额持续增长，电商物流市场持续快速增长。根据商务部数据，2019 年我国跨境电商零售进出口额达到 1 862.1 亿元，近年来年均增速 49.5%。市场规模日益扩大的同时，线上消费商品服务的种类日益增加，电商物流市场逐渐呈现出客户需求多样化、细分化及个性化等特点，如新鲜蔬菜、水果等特色农产品，以及海鲜和鲜花等生鲜消费，形成了冷链、绿色、即时等多样化物流配送需求。

## （三）需求多样化要求运输服务差异化

未来客运出行需求的多元化、多样化，客观上要求运输服务的差异化。国际、区域、城际间的出行需求要求运输服务的快速性、便捷性。都市圈中心城与外围城镇之间的通勤需求要求运输服务的快速化、公交化。城乡之间的旅游出行要求提升道路交通的功能性和公共运输服务的通达性。城市内部的通勤、通学基本出行要求提高运输服务的准时性、可靠性。休闲娱乐等弹性出行需求则要求提高运输服务的及时性、舒适性。

经济结构的优化、产业的转型升级要求差异化的货运物流服务。高价值、分散性、小批量的货运物流需求快速增长，要求在进一步降低物流成本的基础上，更加强调服务的时间效率，提供精准快速、专业可靠的差异化服务。

## 三、人口老龄化要求运输服务更加人性化

人口老龄化要求交通运输系统对老年人、残障及未成年儿童等特殊群体的出行需求给予更多关注，建立完善适应特殊人群生理、心理特征的交通服务系统，体现人文关怀。

### （一）中国正加速进入老龄化社会

2000 年，我国 65 岁及以上人口占总人口的比例已达 7%，达到联合国规定的老龄化社会统计标准，开始步入老龄化社会。2019 年，我国 65 岁及以上人口的总量达到 1.76 亿人，占全国人口总量的 12.6%。据《中国发展报告 2020：中国人口老龄化的发展趋势和政策》预测，“十四五”时期，中国将由老龄化社会进入老龄社会，

65 岁及以上老年人口占比超过 14%，到 21 世纪中叶，中国人口老龄化将达到最高峰，该比例将接近 30%。

## （二）老龄人口出行面临重重困难

我国当前的交通规划设计、建设管理过程中着重于速度、效率优先，对老年人的出行需求考虑不足，难以很好地提供符合老龄人口心理、生理需求特征的出行服务。有关调查显示，50 岁到 70 岁的中老年人集中反映出行存在难题，如频繁换乘、大量步行和扬招打车难等，在遇到出行困难时，有 17.4% 的老人会选择放弃出门。

老年人由于身体机能衰退，行动能力降低，倾向步行和公共交通。部分城市公共交通存在可达性差、站点覆盖率低、等待时间过长等问题。中低台阶公交车辆相对较少，导致老年人上下车不便，缺少车门升降电梯使得坐轮椅的老年人出行需求得不到有效满足。在步行道的无障碍设计、建设方面，缺乏针对老年人体态和行为特征的系统设计，存在人车混行、路面障碍过多、无障碍坡道设置不足、过街红绿灯时间过短等诸多安全隐患。

近年来“互联网 +”交通的迅速发展，尤其是网络售票、打车软件的兴起，增加了老年人出行购票、打车的难度。不少老年人不会使用滴滴、微信、支付宝等新应用软件，难以搭上移动互联网服务的快车。

## （三）适应老龄化社会要求运输服务更加人性化

老龄化社会的到来，催生“老年友好型”城市建设，老年人出行需求与供给之间的矛盾，要求加快构建适应老年人等特殊人群需求的、安全便捷的交通出行环境。

一是调整现有的交通资源分配机制。进一步加强给予老年群体出行需求更多关注的制度及政策体系建设，从根本上推动更具人文关怀、更加人性化的出行环境建设。二是重视人性的回归。建设具有较高可达性的慢行交通网络，加强慢行交通空间的无障碍设计，营造安全、舒适的步行空间，满足老年人休闲、健身、娱乐等出行需求。三是建设老年友好的公共交通体系。提高公共交通系统站点的可达性、乘坐公共交通的舒适性。公交车辆的配置则应充分考虑老年人的需求，增加无障碍车型，提供更加人性化的公共交通运输服务。四是着力解决信息时代老年人“打车难”问题。完善出租车、共享汽车出行服务，提供专门针对老年人的约车服务方案。五是推动“四好农村路”高质量发展，解决通硬化路、通客车等问题，满足老年人等特殊群体的进城交通需求；整治急弯陡坡、临水临崖等高风险路段，按需依法设置减速带、警示标志、村道限高等，保障老年人等特殊群体的安全出行。

## 第三节

# 国土空间格局优化要求发挥综合交通支撑引领作用

国土空间是我们赖以生存和发展的家园。为了我们的家园更美好，必须全面落实“五位一体”总体布局，探索高质量发展新路子。国土空间格局优化要求进一步发挥综合交通的支撑引领作用，突出对区域协调发展战略的引领，打造城市群都市圈一体化交通体系，城乡交通服务普惠均等。

## 一、区域协调发展战略要求打造交通新格局

区域协调发展战略深入推进要求交通发展适应新形势，统筹推进东、中、西、东北部地区交通体系建设，强化区域发展总体战略

交通支撑，构建区域协调发展交通新格局。

### （一）区域协调发展历程及新趋势

我国幅员辽阔、人口众多，各地区自然资源禀赋差别较大。新中国成立后，我国生产力布局经历过几次重大调整。从“一五”时期苏联援建的156项重点工程过渡至20世纪60年代中期开展的“三线”建设，到改革开放实施的设立经济特区、开放沿海城市等一系列重大举措，再到20世纪末21世纪初逐步形成西部开发、东北振兴、中部崛起、东部率先的区域发展总体战略。党的十八大以来，党中央提出了京津冀协同发展、长江经济带发展、粤港澳大湾区建设、推进海南全面深化改革开放、长三角一体化发展、黄河流域生态保护和高质量发展等区域发展战略，既为新增长极培育提供了空间载体，也为促进东西和南北平衡提供了着力点。我国已逐步探索出一条具有中国特色的多元、渐进式的区域协调发展道路，并取得了显著成效，呈现出差距相对缩小的良好态势。

截至2019年，西部地区经济增速连续12年超过东部地区，中部地区经济增速连续10个季度领跑全国。东部城镇化发展水平提升速度逐步放缓，而中西部地区则处于城镇化加速发展阶段。2019年国家统计局农民工监测调查报告显示，中西部地区劳动力向东部转移的趋势下降。中西部的农民工输出大省如河南、四川等省份在省内就业农民工的数量已经超过向省外转移的数量，以成都、武汉、郑州、西安领衔的中西部城市正发挥着越来越重要的吸引流动人口的作用（见图4–8、表4–1）。

图 4–8　东中西部地区城镇化率增长情况对比

资料来源：国家统计局，《中华人民共和国国民经济和社会发展统计公报》（2012—2019）。

表 4–1　农民工地区分布

| 类别 | 2018 年农民工 / 万人 | 2019 年农民工 / 万人 | 增量 / 万人 | 增速 / % |
|---|---|---|---|---|
| 按输出地分： | | | | |
| 东部地区 | 10 410 | 10 416 | 6 | 0.1 |
| 中部地区 | 9 538 | 9 619 | 81 | 0.8 |
| 西部地区 | 7 918 | 8 051 | 133 | 1.7 |
| 东北地区 | 970 | 991 | 21 | 2.2 |
| 按输入地分： | | | | |
| 在东部地区 | 15 808 | 15 700 | –108 | –0.7 |
| 在中部地区 | 6 051 | 6 223 | 172 | 2.8 |
| 在西部地区 | 5 993 | 6 173 | 180 | 3.0 |
| 在东北地区 | 905 | 895 | –10 | –1.1 |
| 在其他地区 | 79 | 86 | 7 | 8.9 |

资料来源：国家统计局，《2019年农民工监测调查报告》。

注：其他地区指港澳台及国外。

党的十九大报告将区域协调发展战略列为决胜全面建成小康社会、开启全面建设社会主义现代化国家新征程的七大战略之一，并将其写入党章修正案。为促进区域协调发展向更高水平和更高质量迈进，2018 年 11 月，中共中央、国务院印发《关于建立更加有效的区域协调发展新机制的意见》，明确了区域协调发展的战略重点与方向，强调基本公共服务均等化、基础设施通达程度比较均衡、人民基本生活保障水平大体相当。积极探索新时代中国特色的区域协调发展之路，是“十四五”时期乃至今后相当长一段时期内，我国区域发展的主基调。

### （二）区域协调发展面临的新挑战

区域经济发展分化态势明显。区域经济失衡是中国经济发展的长期特征，区域分化呈现旧账叠加新账的趋势。2018 年南北经济增速的差距达到 2.1 个百分点，多数北方省份经济增速低于全国平均水平，南方的经济总量占全国比重上升至 61.5% 左右，达到改革开放以来的最高水平，而北方的经济总量占比则相应下降至 38.5% 左右，且差距仍在持续扩大。在东西差距并未明显缩小的情况下，“南快北慢”“南升北降”的南北分化特征越来越突出。除此之外，板块间分化与板块内分化等问题也较为严重。

部分区域发展面临较大困难。东北地区、西北地区发展相对滞后。2012 年至 2018 年，东北地区经济总量占全国的比重从 8.7% 下降到 6.2%，常住人口减少 137 万人，多数是年轻人和科技人才。[1] 一些城市特别是资源枯竭型城市、传统工矿区城市发展活力不足。

### （三）区域协调发展战略要求打造交通新格局

交通是区域协调发展的骨干系统和关键落脚点，能有效促进区域间分工协作与协调联动，推动区域协调布局和协调质量的共同优化。便利的交通网络能够降低区域合作成本、增加区域协调发展的机会。

因地制宜，统筹推进东、中、西、东北部地区交通体系建设。为推动区域高质量一体化发展，避免出现区域分化现象，以四大板块为基础，东部地区应充分利用基础好、能力强、转型快的优势，加快现代化交通体系建设。中部地区应发挥承东启西、连南接北的纽带作用，加强紧密连接东西、畅通南北的综合运输通道建设。西部地区应充分利用沿边和后发优势，尽快补足交通短板，国内通达、国际开放。东北地区应提升综合交通运输网络品质，加强国际互联互通，完善综合运输通道服务水平。

适应新形势，打造新时代综合交通运输发展新格局。长江经济带、黄河流域具有大空间尺度和跨区域的典型特征，肩负解决上中下游地区不协调问题、构筑新型城镇化高质量空间载体等多重重大使命。在共抓大保护、不搞大开发的前提下，要加快建设高质量、

[1]《推动形成优势互补高质量发展的区域经济布局》（2019 年 12 月 15 日），《求是》2019 年第 24 期。

综合立体、绿色互联交通走廊。为加快构建多中心网络型国土开发格局，要建立以中心城市引领城市群发展、城市群带动区域发展新模式，加快提升京津冀、粤港澳大湾区、长三角等地区一体化水平和辐射带动能力，构建更加协同高效的一体化交通网络。

## 二、城市群、都市圈发展要求交通运输高质量支撑

以城市群为主体构建大中小城市和小城镇协调发展的城镇格局，要求加快城市群交通一体化建设，以增强都市圈交通设施连接性贯通性为重点，加快都市圈同城化交通体系建设。

### （一）城市群、都市圈发展趋势与挑战

城镇化是现代化的必由之路。我国正处于新型城镇化深入发展的关键时期，截至2019年底，全国城镇常住人口8.5亿，城镇化率达60.6%，新型城镇化建设正蹄疾步稳地向纵深继续推进（见图4–9）。

随着新型城镇化的快速推进，我国经济发展的空间结构正在发生深刻变化，城市群正在成为承载发展要素的主要空间形式。当前，我国“19+2”的城市群总体格局已初步形成。全国19个城市群地区以约25%的国土面积，集聚了超过75%的人口、创造了近90%的GDP。但是与其他世界级城市群相比，我国城市群仍存在较大差距，如长三角城市群人均GDP和地均GDP也仅约美国东

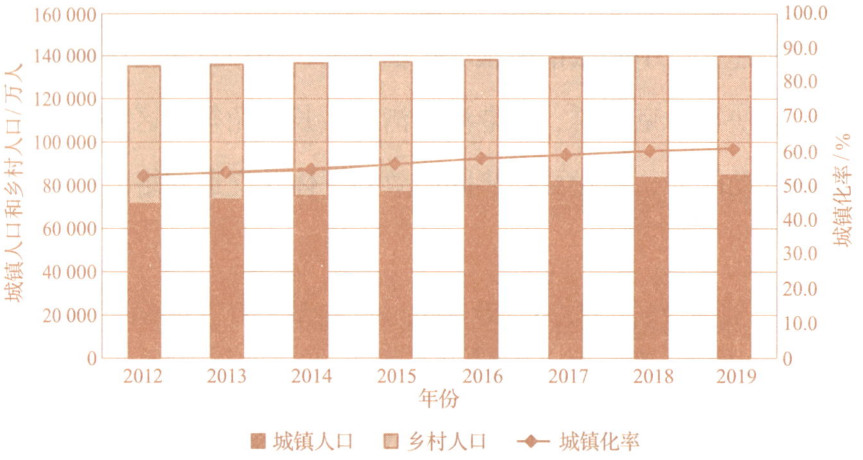


图 4-9 我国城镇化进程

资料来源：国家统计局，《中华人民共和国国民经济和社会发展统计公报》（2012—2019）。

北部大西洋沿岸城市群的 1/4 和 1/3。城市群内“大城市病”问题和中小城市功能不足难题并存。为构建多中心网络型国土空间开发格局，“十四五”时期要继续加快推进城市群建设，形成分级分类、多中心的增长极网络，推动大中小城市和小城镇协调发展。

都市圈是城市群内部以超大特大城市或辐射带动功能强的大城市为中心、以 1 小时通勤圈为基本范围的城镇化空间形态，也是城市群发展的主要支撑区域。2019 年 2 月，国家发展改革委印发《关于培育发展现代化都市圈的指导意见》（发改规划〔2019〕328 号），明确了都市圈概念，指出国内都市圈尚处于发展阶段，不同都市圈整体实力和发展差距较大，存在一些中心城市统筹能力不足、发展能级不高等突出问题。未来现代化都市圈的培育和发展要有序推进，到 2022 年，都市圈同城化取得明显进展，梯次形成若干空间结构清晰、城市功能互补、交通往来顺畅等的现代化都市圈；到 2035 年，现代化都市圈格局更加成熟，形成若干具有全球影响力的都市圈。

### （二）打造城市群一体化、都市圈同城化交通体系

我国正处于城镇化转型期，一方面土地利用由高强度扩张逐步向严控增量、盘活存量、增加流量转变；另一方面生态文明成为新时代国家要求。面对严峻的环境问题，高效、集约、绿色的交通体系在城市群、都市圈中的主导地位凸显。

加快城市群交通一体化建设。党的十九大报告提出，以城市群为主体构建大中小城市和小城镇协调发展的城镇格局。城市群之间的交通联系将日益增强，要求完善国家综合运输通道和区际交通骨干网络，提供速度更快、能力更强的交通运输服务，发挥综合交通的整体优势和组合效率，促进城市群间经济社会的交流和整合。城市群一般是由超大或特大城市、多个都市圈（区）或大城市构成，为持续提升城市群综合承载力，需加快城市群内部交通一体化规划建设，用多层次的交通支撑城市群内多层级一体化发展。

加快都市圈同城化交通体系建设。以增强都市圈交通设施连接性贯通性为重点，以推动一体化规划建设管护为抓手，织密网络、优化方式、畅通机制，加快构建都市圈公路和轨道交通网。增加城市间公路通道，密切城际公路联系，加快构建高速公路、国省干

线、县乡公路等都市圈多层次公路网。统筹考虑都市圈轨道交通网络布局，构建以轨道交通为骨干的通勤圈。在有条件地区编制都市圈轨道交通规划，推动干线铁路、城际铁路、市域（郊）铁路、城市轨道交通“四网融合”，探索都市圈中心城市轨道交通适当向周边城市（镇）延伸，打造轨道上的都市圈。

## 三、城乡融合、乡村振兴要求交通均衡普惠

建立健全城乡融合发展体制机制，推进实施乡村振兴战略，要求发挥城市对周边乡村的辐射和带动作用，实现城乡交通基础设施的互联互通，加快完善城乡客货运服务网络，缩小城乡差距。

### （一）城乡融合发展历程及趋势

党的十九大报告提出，实施乡村振兴战略，必须始终把解决好“三农”问题作为全党工作重中之重。2019 年 4 月，中共中央、国务院印发《关于建立健全城乡融合发展体制机制和政策体系的意见》，城乡融合发展体制机制和政策体系顶层设计完成，对调整城乡关系作出了整体部署，重塑新型城乡关系迈出了关键一步。

与此同时，我国城乡要素流动不顺畅、公共资源配置不合理等问题依然突出，农村基础差、底子薄、发展滞后的状况未根本改变，不平衡不充分的发展之间的矛盾在乡村尤为突出。主要表现在：一方面，基础设施投资城乡差异大。乡村基础设施建设投资占

城乡基础设施建设投资总量较小，乡村基础设施和公共服务设施供给不足、质量不高已经成为乡村发展的最大短板。另一方面，既有设施不能很好适应当前发展趋势。随着经济社会的快速发展，农民拥有机动车数量增多，但部分地区存在道路狭窄，急弯陡坡、临水临崖等高险路段缺少安全防护设施和警示标志等，导致交通安全隐患突出。

### （二）构建城乡互动的广覆盖交通网络

按照客观规律，统筹考虑不同区域城与乡的发展优势，正视区域发展的不平衡，用交通架起均衡普惠的桥梁。以示范县为载体全面推进“四好农村路”建设，加大乡村道路等基础设施保障力度，保障农村地区基本出行条件。加大对革命老区、民族地区、贫困地区的铁路等公益性交通运输的支持力度。加大边境地区快速通畅的交通体系，建设宜居宜业的乡村，维持边境边疆地区乡村的稳定。按照城乡互补原则，城市交通设施要主动向乡村延伸，发挥城市对周边乡村的辐射和带动作用，实现城乡基础设施的互联互通，进一步缩小城乡差距。

加快完善城乡客货运服务网络。引导城市公共交通向乡村地区延伸，推进城乡间客运线路公交化改造，推进城乡客运一体化。加快构建农村物流基础设施骨干网络，鼓励商贸、邮政、快递等企业加大在农村的设施网络布局。加快完善农村物流基础设施末端网络，鼓励有条件的地区建设面向农村地区的共同配送中心。

## 第四节

# 资源环境约束要求加快完善绿色交通体系

随着经济社会与机动化进程的快速发展，不可再生资源消耗加快、生态环境恶化、城市承载压力过大等问题日益突出。近年来，我国大力推进绿色交通建设，交通节能减排成效显著，资源集约利用效率提高，绿色交通标准体系逐渐健全。我国外部环境变化以及新时代客货运输需求转变，对绿色交通发展提出了更高的要求。

### 一、集约低碳要求加强绿色交通方式主导地位

资源环境形势以及交通运输行业的特殊性，要求交通发展更加

注重集约化、低碳化，构建以绿色交通为主导的综合客运体系，推进货物运输结构优化调整。

## （一）能源短缺及环境污染要求加速推进绿色交通建设

我国已成为全世界最大的能源消费国，化石能源消费量大幅上升，成为大气雾霾、气候条件恶化的重要原因之一。我国人口多、城市规模大，工业总量远超过其他国家，多数城市空气质量的治理难度大。随着我国工业化、城镇化进程不断推进，资源短缺和环境问题日益加剧。交通运输行业能源消耗占比高，近年来增速高于全社会能源消耗平均增速，污染物排放量高，对环境影响较大。加快完善绿色交通体系建设，减少交通对环境的影响和资源能源的消耗是当前解决我国能源短缺和环境污染的重要抓手。

党的十八大以来，我国大力推进绿色交通体系建设，先后出台了《加快推进绿色循环低碳交通运输发展指导意见》（交政法发〔2013〕323号）、《能源发展战略行动计划（2014—2020年）》（国办发〔2014〕31号）、《推进运输结构调整三年行动计划（2018—2020年）》（国办发〔2018〕91号）等一系列文件，交通低碳化取得显著成效，运输通道、枢纽等资源的集约化明显提高。但随着社会环境及客货运需求转变，交通运输高能耗、高排放、运输结构不合理、各方式衔接不畅、城市交通服务水平不高等问题日益凸显，对我国发展绿色交通体系提出更高要求。

## （二）以集约化、低碳化交通方式为主导发展绿色交通

由于不同运输方式在节能减排、运输能力及效率方面差异很大，以集约化、低碳化的绿色交通为主导是我国发展绿色交通，解决当前交通问题的关键。集约化方面，城市间应以铁路运输、水路运输为主，城市内应保障公共交通优先发展。低碳化方面，绿色交通要求以使用清洁能源、低排放、对环境影响小的交通方式为主导。

客运方面，构建绿色交通为主导的综合客运体系。城市群、都市圈等人口密集地区，由高速铁路、城际铁路等满足高强度交通需求，城市间其他出行由城际班线、城际公交等完成，末端交通以步行、自行车为主。大城市构建以轨道交通为骨干、以公共交通、步行和自行车交通为主体的综合交通系统。推进公路、铁路、水路、民航等各运输方式的无缝衔接，加强综合交通枢纽与城市交通的衔接换乘，提高枢纽集疏运水平。

货运方面，推进运输结构优化调整。补齐铁路建设短板、促进公转铁，发挥水路运输优势、促进公转水，大幅度提高铁路分担率。加强各种运输方式协同合作，提高集装箱运输比例以及集装箱海铁联运、公铁联运比例，推动多式联运快速发展，提升综合运输的组合效率。重视内河高等级航道及管道的规划建设。深入开展城市绿色配送，注重提高效率、降低成本、优化配送，推动绿色物流发展。

## 二、节能减排要求推动绿色交通装备研发应用

全球气候变化和节能减排要求加快绿色交通装备的研发应用，加大推广新能源和清洁能源运输工具，推动绿色交通科技及成果转化。

### （一）节能减排成为交通行业发展必然趋势

交通运输行业是与工业、建筑业并列的国家节能减排三大主要领域之一，也是能源消耗和温室气体排放的主要行业之一。2016年交通能源消耗占全国能耗总量的比重为9.1%，交通运输行业的二氧化碳（$CO_2$）排放总量占全国排放总量的11.5%，交通运输行业对空气和噪声污染较为严重。

我国交通行业节能减排取得积极进展，传统的高污染、高耗能的交通方式被逐渐淘汰。截至2019年底，全国新能源汽车保有量达381万辆，占汽车总量的1.46%，与2018年底相比，增加120万辆，增长46.1%。其中，纯电动汽车保有量310万辆，占新能源汽车总量的81.2%；新能源汽车增量连续两年超过100万辆，呈快速增长趋势。北京市新能源客车持续增长，保有量由2013年的2 211辆增长到2018年的224 826辆（见图4–10）。

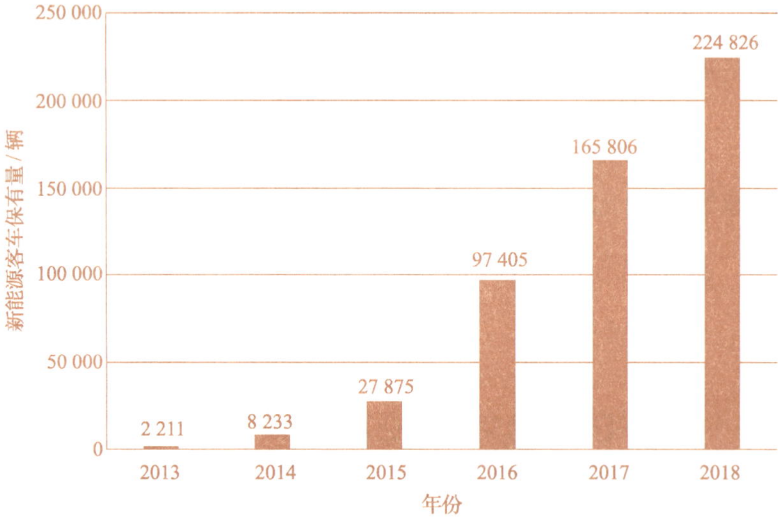


图 4–10　北京市新能源客车保有量历年变化图

资料来源：北京交通发展研究院，《北京市机动车保有量及使用特征分析》。

## （二）节能减排要求推动绿色交通装备研发应用

交通运输业作为与工业、建筑业并列的国家节能减排三大主要领域之一，以及全球范围应对气候变化和节能减排的重点领域之一，当前我国交通运输装备的清洁绿色水平还不高，交通运输行业仍是我国的能耗大户和排放大户。我国在推动交通运输业大规模发展的同时，以节能减排为基本原则，加快绿色交通装备的研发应用，以平衡日益严峻的能源与环境压力和人民日益高涨的出行需求。

加大推广新能源和清洁能源运输工具。推进内河船型标准化，严格执行船舶强制报废制度，加快淘汰高污染、高耗能船舶等类型船舶；积极在公共运输、城市物流配送、邮政快递等领域推广使用新能源汽车，加大天然气等清洁燃料车船推广应用。严格落实国家、行业有关能耗等标准限值要求，更新老旧和高能耗、高排放车辆，鼓励优先使用节能环保车辆，推动运输装备升级进档。支持高速公路服务区、交通枢纽充电加气设施的规划与建设。

推动绿色交通科技研究及成果转化应用。开展以绿色交通新技术、新产品、新装备为重点的科技联合攻关，加大在新能源和清洁能源应用、车船尾气防治、自动驾驶、低噪声船舶等领域攻关力度。完善绿色交通科技创新成果的评价与转化机制，加快先进成熟适用绿色技术的示范、推广与应用。推进云计算、大数据等先进信息技术与传统交通运输方式结合应用，大力推动“互联网 +”交通运输发展。

## 三、和谐共生要求推进绿色交通基础设施建设

转变发展方式、走绿色发展之路，要求打造绿色交通基础设施体系，减少对环境的污染，结合交通设施开展生态修复工程，降低交通建设造成的生态影响。

### （一）和谐共生要求交通建设遵循自然发展规律

中国特色社会主义进入新时代，更加注重发展质量和内涵，生

态文明建设的地位和作用更加突出。只有遵循自然规律才能有效防止在开发利用自然上走弯路，人类对大自然的伤害最终会伤及人类自身，这是无法抗拒的规律。

坚持人与自然和谐共生就是要求我们“还好旧账、不欠新账”。生态环境是人类生存最为基础的条件，是我国持续发展最为重要的基础。我们要建设的现代化是人与自然和谐共生的现代化，发展始终应是包含优美生态环境在内的发展。当前，资源约束趋紧、环境污染严重、生态系统退化的形势依然十分严峻，“还好旧账、不欠新账”就是要下决心治理好传统发展方式造成的生态环境问题，下决心真正转变发展方式、走绿色发展之路，用最严格的制度、最严密的法治惩治破坏生态、污染环境、浪费资源等行为，避免产生新的生态环境问题。

### （二）交通基础设施建设与生态保护同步推进

打造绿色交通基础设施体系。交通设施是基础设施建设的重点，要求坚持尊重自然、顺应自然、保护自然，坚持生态优先，绿色发展，在交通设施的规划、设计、建造、使用和养护各阶段充分考虑对资源的集约节约利用，尽可能减少对环境的污染排放、减缓对区域生态系统的干扰，打造绿色交通基础设施体系，增强交通行业的可持续发展能力和交通基建投资的综合效益。落实生态补偿机制，降低交通建设造成的生态影响。

结合交通设施开展生态修复工程。重点针对高寒高海拔、水源涵养生态功能区、水土流失重点治理区等重点生态功能区，结合交通基础设施改扩建推进取弃土场生态恢复、动物通道建设和湿地联通修复等工程。涉及自然保护区、世界自然文化遗产、风景名胜区等交通基础设施项目，要推进设施沿线生态改善。

## 第五节

# 新一代科技革命和产业变革要求塑造交通运输发展新模式

以信息化、数字化、智能化为特征的新一轮科技革命和产业变革，推动移动互联网、云计算、物联网、人工智能等先进技术和交通运输的结合，培育发展了交通运输新技术、新模式、新业态，形成新动能。

### 一、新一代科技革命和产业变革要求基础设施升级

以 5G、大数据、人工智能为代表的新一代信息技术和产业变革，要求交通基础设施全要素、全周期数字化，运输工具、作业装备智能化，推动交通基础设施全面升级。

### （一）交通基础设施发展新趋势

随着城镇化进程推进，城市发展注重存量空间优化和精细化管理，交通基础设施升级将增强供给能力、提高服务水平。《2020年政府工作报告》明确重点支持“两新一重”建设，即加强新型基础设施建设、发展新一代信息网络，加强新型城镇化建设，强化交通、水利等重大工程建设。以5G、云计算、大数据、物联网、人工智能、区块链等为代表的新型基础设施，将会为交通行业带来一次非常深刻的数字变革，也将会成为交通强国建设的强力引擎。

新型基础设施可以改造提升交通基建设施网络的短板和不足。面对基础设施供给在区域间、城乡间、城际间和“建管养运”各环节之间存在的结构性问题，新型基础设施可以提升基础设施的整体质量、综合效能和服务水平，助推智能交通、智慧物流等蓬勃发展，推动物联网、车联网、智能驾驶、无人配送等新兴产业集群发展。

新型基础设施对于经济社会发展具有重要作用。首先，有利于刺激新需求拉动有效投资。新型基础设施具有较好的投资回报前景，有利于激发社会投资热情，激发投资“乘数效应”。还可以通过新型基础设施带动产业链上下游发展，为产业转型升级提供支撑。其次，有利于行业转型升级和高质量发展，以较小的投入加速推动交通基础设施网络转型升级，大幅提升交通网的整体效能和运输组织效率。同时，有利于提升交通运输服务品质，建设人民满意交通，并促进技术创新抢占创新高地。

### （二）推动交通基础设施全面升级

推动交通基础设施全要素、全周期数字化。推动交通基础设施规划、设计、建造、养护、运行管理等全要素、全周期数字化，实现基础设施全生命周期健康性能监测，推广应用基于物联网的工程质量控制技术。推动公路、水路、铁路、民航及管网系统等基础设施向数字化、智能化转型，带动装备制造业技术改造和设备更新，支撑交通强国建设。

促进布局重要节点的全方位交通感知网络建设。推动铁路、公路、水路领域的重点路段、航段，以及隧道、桥梁、互通枢纽、船闸等重要节点的交通感知网络覆盖。推动交通感知网络与交通基础设施同步规划建设，深化高速公路 ETC 门架等路侧智能终端应用，建立云端互联的感知网络，让“哑设施”具备多维监测、智能网联、精准管控、协同服务能力。注重众包、手机信令等社会数据融合应用。构建载运工具、基础设施、通行环境互联的交通控制网基础云平台。加快北斗在自由流收费、自动驾驶、车路协同、海上搜救、港口自动化作业和集疏运调度等领域应用。

推动载运工具、作业装备智能绿色化。鼓励具备多维感知、高精度定位、智能网联功能的终端设备应用，提升载运工具远程监测、故障诊断、风险预警、优化控制等能力。推动自动驾驶与车路协同技术研发，通过搭载先进的车载传感器、控制器、执行器等装置，融合现代通信与网络技术，实现车内网、车外网、车际网的无缝链接。自动驾驶车辆具备信息共享、复杂环境感知、智能化决策、自动化协同等控制功能，与智能公路和辅助设施组成智能出行系统。鼓励充电基础设施建设，支撑新能源汽车推广和使用，助力新能源汽车产业发展。

重塑城市空间资源配置。由于自动驾驶带来通行能力大幅提升，对于未来新区规划可以适度降低道路网密度，从而减少道路使用空间，增加城市使用空间，释放出更多的城市土地资源。对于建成区可以通过道路横断面改造，减少车道数、降低车道宽度，既可以满足通行需求，又可以进一步扩大步行和自行车交通等公共空间。

## 二、新一代科技革命和产业变革要求打造新型运输模式

新一代科技革命和产业变革带来生产、生活方式的极大改变，要求打造新的交通运输模式，推进交通规划变革、交通服务创新、交通出行共享。

### （一）新一代科技革命和产业革命的新要求

科技革命是产业革命的先导，历次科技革命通过科技成果

的产业化、市场化，催生出新的行业、改造传统产业、塑造产业格局，推动产业革命爆发。历次产业革命满足不断升级的人类需求，农业革命、纺织业革命、电气革命、信息革命先后满足了人们吃饱—穿暖—住与行—社交等需求，并带来生产方式、生活方式的极大改变。交通基础设施是驱动历次科技革命和产业革命的重要力量，深刻地改变了时空效率、产业选择和空间布局。

新一轮科技革命和产业革命要求打造新的交通运输模式，以及安全便捷、优质高效、绿色智能、一体畅联的交通运输服务体系。不仅有助于推动运输物流智能化、精细化、集约化、协同化、全球化发展，还有助于推动出行服务绿色化、智能化、共享化、品质化、差异化、定制化发展，从而可以更好实现人和要素资源在更大范围、更高效的流动。

### （二）打造交通运输新模式

打造交通运输新模式体现在交通规划变革。通过人、物、信息流的动态信息获取，识别城市间资源流动规律与产业分工模式，识别城市间经济联系强度和交通运输组织方式，发现潜在的产业协同趋势，合理的配置区域间的要素与资源，求得区域发展的最优解，支撑现代化城镇体系建设。基于大数据技术对城市交通流量进行可靠的分析，确定交通拥堵时空分布、各交通设施之间的衔接情况，为交通设施的规划提供支撑，提高各类交通设施的利用效率。

打造交通运输新模式体现在共享化出行。共享单车、共享汽车是新一轮科技革命和产业变革大背景下出现的新业态，也对城市交通结构产生了巨大影响。共享单车、网约车、分时租赁、停车位、充电桩等资源共享，有助于打破信息孤岛，优化交通资源配置，解决了“最后一公里”出行难题，对满足多样化出行需求、提高闲置车辆利用率、缓解城市交通拥堵、提供灵活就业机会等有着重要作用。

打造交通运输新模式体现在物流方式创新。无人车、无人机、管道运输、悬索类运输等新的交通方式重塑运输物流。无人车在高速公路、港口、货场、矿区等特定场景推广应用，并且与充换电等新能源汽车应用融合，可以有效降低成本，提升安全水平。无人机从“轻量运输”向“重型运输”发展，未来使用场景将从终端配送向区域运输扩展，以通航机场和小型分拨中心为起降点，实现城市间小批量中短途物流运输。

## 三、新一代科技革命和产业变革要求提升运输效率

新一代科技革命和产业变革要求切实推进交通运输行业提质增效，建立智能决策支撑体系，提升全过程的交通出行服务水平，提升优化物流全链路效率。

## （一）未来交通发展面临挑战及智能化应对

长期以来，交通运输存在发展方式相对粗放、运输结构不尽合理、绿色交通治理体系不尽完善、治理能力有待提高等问题，未来交通发展将面临交通供需矛盾更加突出、问题复杂程度加大等不利因素。共享单车、无人驾驶等新的交通业态带来便利的同时也带来了新的管理矛盾和问题。未来交通运输发展要树立创新、协调、绿色、开放、共享的发展理念，以供给侧结构性改革推动交通运输生态文明建设，将绿色发展理念融入交通运输发展的全过程和各方面，切实推进交通运输行业转型升级和提质增效。建立研判更智能、决策更科学、管理更精细、效果更显著的智能交通体系，提高精细化交通管理、决策、服务水平。全面开展绿色出行行动，深入实施公交优先战略，提升全过程交通出行效率，推广高效运输组织方式，提高物流信息化水平，发展高效城市配送模式。

## （二）智能交通提升交通运输效率

提升运输效率体现在建立人工智能交通管理体系。通过整合政务数据、公共数据、企业数据、互联网数据，运用全新的信息化、智能化手段构建人工智能交通管理体系。利用云计算、大数据及人工智能的方法对城市管理的各个方面进行统一指挥和调度，推动交通新技术融合、交通运行融合、交通数据融合，全面升级智能交通管理系统，实现跨层级、跨地域、跨系统、跨业务、跨部门的业务联动，改善城市运行环境，提升城市管理智能化水平。

提升运输效率体现在建立智能决策支撑体系。实现交通管理从“被动应对”向“主动管理”，建立从前端到后端的全链条交通管控体系。基于人工智能，对城市交通拥堵、事故异常等情况实现自动发现；运用大数据预判拥堵趋势，提前采取预防性措施，实现交通管理手段与交通运行状态的实时动态匹配；构建“主动性”响应机制，掌握管理主动权，科学指导警务调度，提高警务调配效率，从“适应未来”转为“调整未来”。

提升运输效率体现在建立全过程的交通出行服务体系。以“出行即服务”（MaaS，Mobility as a Service）为理念、以出行者体验为导向、以数字化为技术基础，利用综合出行平台对公共及私营出行服务进行整合，打造综合性和个性化的全链条出行服务闭环。将各种交通模式全部整合在统一的服务体系与平台的基础上，通过信息集成、运营集成、支付集成，优化资源配置，构建基于 MaaS 的全链条智慧出行服务体系。利用大数据优化公交线路规划，规划合理的公交线网密度，实现公共交通一体化调度管理，促进交通规划与管理、公共交通规划与运营，提供“数据即服务”（DaaS，Data as a Service）模式的服务。

提升运输效率体现在物流全链路优化。基于智能物联网技术及大数据的应用，建立物流电子数据交换系统，实现深度分析、高效精准匹配；通过大数据优化配送线路、布局仓库缓解交通拥堵，满足标准化公共运力和个性化需求的有效匹配。通过无人配送、智能仓储、智能快件箱等，解决城乡配送环节“最后一公里”的通行难、停靠难、装卸难问题。推广新能源物流车、无人机、电动无人配送车减少尾气排放，发展智慧物流提升多式联运效率。

## 第六节

# 全面开放新格局要求交通基础设施更高水平互联互通

开放带来进步，封闭必然落后，中国开放的大门不会关闭，只会越开越大，这是以习近平同志为核心的党中央适应经济全球化新趋势、准确判断国际形势新变化、深刻把握国内改革发展新要求作出的重大战略部署。新冠肺炎疫情再次表明，全人类是一个命运共同体，在疫情面前没有哪个国家可以独善其身。世界是一个整体，每个国家都是全球产业链不可或缺的一环。推动形成全面开放新格局，交通基础设施要做到更开放、更均衡、更灵活和更高层次，才能实现更高水平的互联互通。

## 一、全面开放要求加快基础设施互联互通

复杂多变的国际形势要求继续做好东部沿海地区的开放通道建设，更要重视和加强内陆和沿边地区对外开放大通道的布局，做好国内综合运输通道对外衔接。

### （一）国际形势充满不确定性

2018年6月，习近平总书记在中央外事工作会议上指出，当前中国处于近代以来最好的发展时期，世界处于百年未有之大变局。这是对当今时代形势作出的一个重大判断。

当前国际形势波动幅度加大，不稳定性、不确定性、不可预见性增加，国际政治安全形势错综复杂，全球系统性风险上升，民粹主义、保护主义可能出现极化演进趋势。世界主要力量对比加速发展演变。

我国正处于由大向强发展的关键阶段，既面临前所未有的机遇，也面临前所未有的风险挑战。面对复杂多变的国际形势和逆全球化思潮的侵袭，必须准确把握国际政治经济格局的演变趋势，才能对国际形势作出客观理性的判断。

### （二）用开放合作应对不确定性

面对国际形势的不确定性，要以不变应万变，即通过加强国际

间合作来应对所有的不确定性。经济全球化进程不会终结，更不会消亡，我国在全球化进程中的作用将更显重要，会更加坚定不移扩大对外开放格局，推动建立以合作共赢为核心的新型国际关系，积极参与全球治理体系变革。

共建“一带一路”倡议有助于促进与周边国家互联互通。共建“一带一路”倡议提出以来，“六廊六路多国多港”的互联互通架构已基本形成，与沿线45个国家实现空中直航，中欧班列成为国际供应链的重要支撑（见图4-11），国际运输大通道日益畅通。

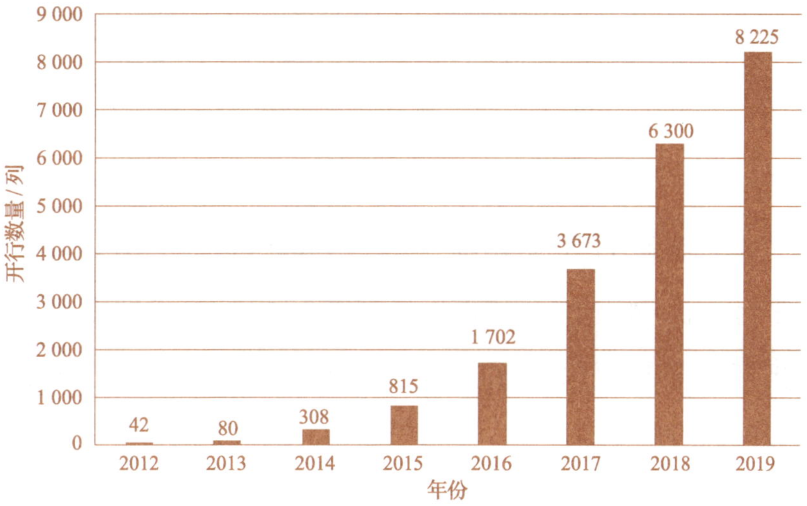


图4-11 2012—2019年中欧班列开行情况

资料来源：根据中国国家铁路集团有限公司公开数据进行整理。

### （三）加快区域开放通道布局

2016年8月，习近平总书记在推进“一带一路”建设工作座谈会上的讲话指出，加强“一带一路”建设同京津冀协同发展、长江经济带发展等国家战略的对接，同西部开发、东北振兴、中部崛起、东部率先发展、沿边开发开放的结合，带动形成全方位开放、东中西部联动发展的局面。除了继续做好东部沿海地区的开放通道建设，更要重视和加强内陆和沿边地区对外开放大通道的布局，做好国内综合运输通道对外衔接，加快区域物流通道和口岸基础设施的建设，打造高标准、高质量、高效率的区域开放大通道，积极发展国际多式联运，提升区域开放大通道物流效能。

全面开放新格局要求在深化沿海开放的同时，推动内陆和沿边地区从开放的洼地变为开放的高地，形成陆海内外联动、东西双向互济的开放格局。我国改革开放从沿海起步，由东向西渐次推进，共建“一带一路”倡议的提出将西部内陆地区直接推向对外开放的最前沿，围绕新时代推进西部大开发形成新格局，构建内陆多层次开放平台。新疆加快丝绸之路经济带核心区建设，重庆、四川、陕西积极打造内陆开放高地和开发开放枢纽，重庆、成都、西安等加快建设国际门户枢纽城市，昆明、南宁、乌鲁木齐、兰州、呼和浩特等提高面向毗邻国家的合作支撑能力，内陆地区对外开放需求不断增强，对外开放空间进一步扩大。

长江经济带发展、黄河流域生态保护和高质量发展等区域发展战略将给中西部地区带来前所未有的发展机遇。重庆、四川、河南、湖北、云南等地设立自由贸易试验区，跨境电商综合试验区、国家进口贸易促进创新示范区、综合保税区等政策向中西部地区倾斜，西部陆海新通道更好支撑新时代西部大开发。中西部地区成为全方位深化改革开放和推进新型城镇化重点领域，在产业集群发展和吸纳人口集聚方面发挥越来越重要的作用，城镇化水平的区域差异将进一步缩小。

## 二、全面开放要求增强国际物流供应链韧性

国际物流产业链体系调整步伐加快，要求提高国际物流竞争力，争取国际物流供应链组织主动权，补足国际物流供应链短板，提高多通道的安全保障能力，增强全球供应链系统的灵活性和韧性。

### （一）国际运输市场将面临更大挑战

新冠肺炎疫情暴发后，全球多国采取停飞停航、入境管制、暂停进口、关税上调等措施。部分跨境物流通道被迫中断，导致国际运输需求严重下滑，运力大幅下跌，全球航空业、航运业遭受重大冲击，全球物流供应链出现断裂。国际航空运输协会发布的全球航空运输业财务预期报告显示，2020 年，全球航空公司将亏损 843 亿美元，净利润率下降 20.1%，收入预计只有 4 190 亿美元，比 2019 年收入（8 380 亿美元）下降 50%。航运咨询公司海运情报（Sea-Intelligence）的数据显示，至 2020 年 3 月全球货运量损失已达 190 万 TEU，如果不能恢复秩序，整个行业的损失可能超过 230 亿美元。

随着新冠肺炎疫情趋于稳定，限制措施有序解除，货物贸易出口呈现增长态势，国际航空业出现回暖。从2020年4月21日到5月27日，全球每日航班数量上涨30%，实现触底反弹。但是此次疫情引发的中国及全球贸易“多米诺骨牌效应”影响将更为长远（见表4–2、表4–3）。全球产业链调整、国际贸易收缩、消费意愿下降同时叠加全球经济下行、地方贸易保护等多重因素，国际运输市场的恢复时间可能更长。我国国际航空、航运市场面临着巨大的危机和挑战，未来需要提高国际运输市场抵御国际安全风险、应对全球经济波动的能力。

表4–2 部分国际机构对2020年世界经济增长的预测 单位：%

| 机构 | 世界经济 | 发达经济体 | | | 新兴市场和发展中国家 | | | | 发布时间 |
|---|---|---|---|---|---|---|---|---|---|
| | | 美国 | 欧元区 | 日本 | 中国 | 俄罗斯 | 印度 | 巴西 | |
| 联合国 | –3.2 | –4.8 | –5.8 | –4.2 | 1.7 | –4.3 | 1.2 | –5.2 | 2020年5月 |
| 国际货币基金组织 | –3.0 | –5.9 | –7.5 | –5.2 | 1.2 | –5.5 | 1.9 | –5.3 | 2020年4月 |
| 亚洲开发银行 | — | 0.4 | –1.0 | –1.5 | 2.3 | — | 4.0 | — | 2020年4月 |
| 经济合作与发展组织 | 2.4 | 1.9 | 0.8 | 0.2 | 4.9 | 1.2 | 5.1 | 1.7 | 2020年3月 |
| 世界银行 | 2.5 | 1.8 | 1.0 | 0.7 | 5.9 | 1.6 | 5.8 | 2.0 | 2020年1月 |

资料来源：https：//www.ndrc.gov.cn/fggz/fgzh/gjjjjc/gjzzyc/202005/t20200529_1229480.html。

注：表内对世界经济增长率的预测值中，除国际货币基金组织和经济合作与发展组织预测值为按购买力平价法计算外，其他机构预测值均为按汇率法计。

表 4-3 部分国际机构对世界贸易量增长的预测 单位：%

| 机构 | 2019 年 | 2020 年预测 | 2021 年预测 | 发布时间 |
|---|---|---|---|---|
| 联合国 | 1.3 | –14.6 | 9.4 | 2020 年 5 月 |
| 国际货币基金组织 | 0.9 | –11 | 8.4 | 2020 年 4 月 |
| 世界贸易组织 | –0.1 | –12.9 | 21.3 | 2020 年 4 月 |
| 经济合作与发展组织 | 1.2 | 0.7 | — | 2020 年 3 月 |
| 世界银行 | 1.4 | 1.9 | 2.5 | 2020 年 1 月 |

资料来源：https：//www.ndrc.gov.cn/fggz/fgzh/gjjjjc/gjzzyc/202005/t20200529_1229488.html。

## （二）疫情加速国际物流供应链调整

新冠肺炎疫情暴露出我国国际供应链存在的海外中转枢纽不足、通道单一、航空货运对外航依存度高等问题。尤其是国际航空物流领域短板明显，我国民航经济仍处在“重客轻货”“货随人走”的“腹舱带货”发展阶段。客机腹舱带货约占航空货运总量的70%，新冠肺炎疫情期间由于国际客运航班大幅度衰减，导致腹舱运力严重短缺。我国全货机仅 173 架，国际航空货运市场 60% 的运力资源来自外航，航空货运无法满足应急物流需求，这与我国在全球产业链中的枢纽位置严重不匹配（见表 4–4）。过去我们长期过重依赖单一通道或单一运输链，在国际物流供应链受阻时遇到的问题也比较多，所支付的解决成本也会提高。此次疫情期间中欧班列凭借其独特优势实现逆势前行，在欧亚大陆开辟出“生命之路”，成为国际供应链的重要支撑，这让我们也意识到多通道、多节点对国际供应链稳定的重要性。

表 4–4　全球快递企业国际货运能力对比

| 公司 | 国家 | 货机数量 | 航空枢纽 | 国际业务市场占有率/% |
|---|---|---|---|---|
| DHL | 德国 | 全货机 420 架（270架自有） | 三个全球一级转运中心，亚太地区 3 个二级转运中心，国内 2 个转运中心，4 个国际口岸，8 个直航口岸，17 个航空货运业务执照城市 | 38 |
| FedEx | 美国 | 超 680 架 | 全球有 10 个枢纽转运中心和近百个次级货运中心 | 29 |
| UPS | 美国 | 251 架自有，298 架租赁 | 全球共 12 个枢纽 | 22 |
| 顺丰 | 中国 | 自有全货机 59 架 | 杭州、深圳、鄂州航空枢纽 | — |

资料来源：喜崇彬.疫情下国际物流面临的挑战与对策[J].物流技术与应用，2020（5）.

新冠肺炎疫情对全球产业链调整带来影响，国际物流产业链体系调整步伐必然加快，我国供应链问题和物流掌控力缺失的问题亟须解决。我国要提高国际物流竞争力，争取国际物流供应链组织主动权，统筹国际航空货运、国际海运、中欧班列、国际道路运输等各种方式运力资源，补足国际物流供应链短板，提高多通道的安全保障能力，增强全球供应链系统的灵活性和韧性。

## 三、全面开放要求提高我国交通国际话语权

交通行业技术竞争升级要求加强我国交通行业自主创新能力，增强国际技术标准的参与度，完善国际运输规则和机制，促进国际相关交通公约的规则统一，有效提高我国交通国际市场竞争力。

### （一）国际交通行业的技术竞争不断升级

加强国际间合作共赢是大趋势。在全球新一轮科技革命和产业变革孕育兴起的背景下，科技创新能力成为筑牢国家核心竞争力的基石，国家综合实力愈发体现在行业自主创新能力和关键核心技术的国际领先能力上，尖端技术、规则标准之争会成为大国战略博弈的焦点。

我国交通行业自主创新能力短板明显，“卡脖子”关键问题依旧突出。过去几年，我国形成了具有世界先进水平和自主知识产权的高速铁路技术体系，但在基础材料、基础工艺和关键零部件上仍然依赖进口，发展基础存在短板。因此，加强交通行业自主创新能力，尽快突破“卡脖子”关键核心技术，加强大数据、人工智能等新技术在交通行业的创新应用，增强我国交通行业技术硬实力将成为赢得国际竞争的关键。

### （二）持续参与交通行业国际标准制定

在全球化加速推进和国际竞争日趋激烈的时代，技术标准已经成为参与国际竞争的战略手段。随着国际竞争不断加剧，我国加快对外开放面临严峻挑战，尤其是在贸易规则和技术标准的制定中，我国应增强技术标准的参与度和国际影响力。

以市场为依托，加快交通行业标准的制定，完善国际运输规则和机制，推动我国交通技术标准成为国际标准，破除共建“一带一路”国际合作中的制度和规则难题，有效提高我国交通国际市场竞争力、扩大市场占有率。我国要多渠道加强与国际交通组织的沟通协商，促进国际相关交通公约的规则统一，提升我国在重要国际交通组织中的话语权和影响力。

# 第五章

# 奋勇前进 以习近平新时代中国特色社会主义经济思想为指导做好“十四五”现代综合交通运输体系发展规划编制工作

“十四五”时期是我国全面建设社会主义现代化国家新征程的开局起步期，要坚持以习近平新时代中国特色社会主义经济思想为指导，以习近平总书记关于综合交通运输发展的重要论述为根本遵循和行动指南，团结拼搏、攻坚克难、开拓创新、砥砺前行，高质量完成“十四五”现代综合交通运输体系发展规划编制工作，进一步提升我国现代化综合交通运输体系发展水平。

## 第一节

# 坚持以人民为中心，全面提升运输服务质量

人民对美好生活的向往，就是我们奋斗的目标。不断增强人民群众的获得感、满足感、幸福感是交通运输发展的初衷。“十四五”时期，要认真贯彻落实习近平总书记关于建设人民满意交通的重要指示批示精神，坚持以人民为中心，以普惠共享为宗旨，全面提升交通发展和运输服务质量，确保交通运输发展为了人民、依靠人民，发展成果由人民共享。

### 一、增强交通运输公共服务能力

“十四五”时期，需要聚焦社会主要矛盾变化趋势和交通运输公共服务短板，着力增强交通运输公共服务能力。

## （一）完善交通运输公共服务系统

发展人畅其行的客运出行服务系统。发挥各运输方式比较优势，建设完善以铁路、民航、公路、水路共同发挥作用的多样化、便捷化跨区域客运出行服务系统。加快构建和完善以轨道交通为骨干，各种运输方式合理分工的城市群、都市圈客运出行服务系统。大力发展以城市公共交通为主体，出租汽车、共享交通、慢行交通等为补充的城市客运出行服务系统。不断提高农村客运组织和管理水平，逐步推广城市公交延伸、农村客运班车公交化运营等组织模式，发展均等化、高品质的城乡客运出行服务系统。织密国际航空运输网络，打造广覆盖、大众化的国际客运出行服务系统。

建设物畅其流的货运物流服务系统。发展规模化集聚、网络化辐射的货运物流组织方式，构建“通道 + 枢纽 + 网络”的货运物流运行体系。围绕丝绸之路经济带和 21 世纪海上丝绸之路，构建以海洋运输和铁路运输为重点，航空运输为有效补充的国际货运服务系统。加快推进货物运输结构调整，增强不同运输方式间的衔接，构建结构合理、衔接有效的跨区域货运服务系统。加快建设城市群绿色物流系统，推广仓储节能节地技术和标准化器具循环共用。分类建设大中小城市共同配送系统，推动配送服务向农村延伸，建设城乡共同配送公共信息平台。完善县、乡、村三级物流服务网络，畅通工业品下乡和农产品进城通道，增强邮政普遍服务能力。

## （二）提升交通运输公共服务品质

把握科技革命和产业变革契机，加快推动交通运输公共服务提质增效。扩大高速铁路、城际铁路等高时效性运输服务覆盖范围，提高动车组列车客运比重，提高普通列车客货服务水平。扩大民用航空辐射区域范围和服务群体规模，加快支线航空、通用航空发展，提高航班正常率。加强城市交通拥堵综合治理，大力发展城市公共交通，对于符合条件的城市，加快轨道交通发展，提高都市圈通勤效率。完善综合交通枢纽功能，强化不同交通方式的衔接，提高旅客换乘和货物换装效率，进一步降低旅客出行成本和货物运输成本。

## （三）推动交通运输公共服务均等化

着力平衡区域差异，大力推进中西部地区尤其是集中连片特困地区和“老少边贫”地区交通网络覆盖范围，提高经济欠发达地区的交通运输服务水平。着力平衡城乡差异，密切城市与周边乡、镇、村之间的交通联系，丰富交通服务方式，提高城乡客运一体化发展水平，满足农民群众基本出行需要。着力平衡群体差异，不断完善无障碍交通基础设施建设布局，改善老、弱、病、残、孕、幼和低收入等人群的出行条件，增强对特殊群体交通权益的保障。

## 二、扩大交通运输多样化有效供给

与现代化经济体系建设和交通强国建设要求相比，我国交通运输还存在服务产品单一、服务效能不优等问题。“十四五”时期要精准供需匹配，着力丰富运输服务体系，提升运输服务效能，实现交通运输服务高质量发展。

### （一）推动交通运输服务多样化

加快客货运输组织模式创新和新技术新设备应用，开发多样化的运输服务，提高不同运输产品之间的互补性。在客运方面，推进多样化城际运输服务。推动出行服务定制化、个性化、品质化发展，满足人民群众差异化、多样化的出行服务需求，强化私人机动车等出行引导，统筹停车等静态交通服务发展。根据实际需求，有序发展按需响应、资源共享、灵活舒适的出行服务产品。在货运方面，鼓励定制化物流服务，提高货物运输效率与全程跟踪服务能力，加快冷链物流、大宗商品物流、电商物流、航空物流等专业物流发展，积极推广农村“货运班线”等服务模式。加快应急物流发展，增强突发事件中应急人员物资运输保障能力。

### （二）提升交通运输服务效能精准化

细分客货运输市场，针对不同群体的运输需求，提供差异化运输服务，因地制宜打造特色鲜明的客货运输服务体系。加快交通运输结构优化调整，引导公路大宗物资运输向铁路、水路转移，提高铁路、水路、航空的客货运量占比，增强运输服务对需求变化的适应性和灵活性，更好地满足旅客出行需要和货物运输需求。推进“交产融合”，根据产业发展需要开发针对性强、匹配度高、质优量足的运输服务产品，推动货运物流与生产流通全过程融合联动，以集成化、智能化的物流服务支撑分布式、数字化的生产流通过程，加强供需精准对接，构建适应柔性生产、智能制造的供应链服务系统，促进产业链上下游协同，实现交通带动产业与产业反哺交通的有机结合。

## 三、引导交通运输新业态新模式健康发展

“十四五”时期，我国交通运输发展要捕捉和激发新需求、新消费，加快业态、模式创新，打造新型运输服务生态圈，形成推动经济社会发展的新动力源。

### （一）创新服务美好出行的客运业态模式

把握互联网、物联网、大数据、云计算、5G、人工智能等现

代信息技术发展机遇，提高交通运输线上线下服务能力，打造基于移动智能终端技术的出行服务系统，实现“出行即服务”。创新服务产品和服务模式，鼓励定制公交、网约车、自动驾驶等新业态新模式发展。以“交旅融合”为导向，推动旅游专列、旅游风景道、旅游航道、自驾车房车营地、邮轮游艇、低空飞行等业态、模式发展，提供高品质、多样化的旅游客运服务。完善城市慢行交通体系，推动城市绿道建设，提高城市慢行服务能力和品质，基于“完整街道”等土地利用新理念，设计适宜步行的街道和人行尺度的街区，营造优质的步行和骑行空间，推动实现慢行交通与机动化交通的有效衔接。

### （二）培育服务品质生活的货运物流业态模式

构建面向未来的综合立体、智能便捷的交通物流服务场景，加快交通物流一体化、专业化、智能化发展。加快发展适应人民美好生活需要的物流配送服务系统，建设城乡共同配送公共信息平台，提供一体化物流解决方案。大力推进专业物流系统培育建设，加快发展高铁快运、航空物流、冷链物流等高质量专业物流，完善专业服务市场结构。加快交通物流数字化转型和智能物流终端建设，丰富智能机器人、智能快递柜等智能化设施设备的应用场景。创新物流服务业态，推动无人零售、跨境电商等新业态发展，加快众包、众筹、共享等新模式深化应用和升级迭代，推动共同配送、统一配送、夜间配送、无接触配送、城市地下物流配送等配送新模式发展。

### （三）积极推动适应新需求的共享交通发展

共享交通是共享经济与交通运输融合而成的新业态，能够有效提升闲置交通资源的利用率。积极推动共享驾乘、共享单车、共享汽车、共享停车、共享快递等共享交通发展，推动从重视“所有权”到重视“使用权”的转变，进一步降低私人交通工具比例。更新监管理念，优化监管策略，从注重牌照向注重服务和市场秩序转变，努力营造开放包容、公平有序的共享交通发展环境，使共享交通与传统交通享有同样的交通基础设施使用权，甚至在部分领域享有优先权。积极探索无人驾驶在共享交通中的应用，更好满足人民群众日益多样化、个性化的出行需求。

### （四）打造充满未来感的体验式服务

创新共享交通与智能交通融合发展模式，加快共享汽车、共享单车等装备、技术、服务迭代更新，构建城市智慧出行场景。依托重点生态旅游目的地、精品生态旅游线路和国家旅游风景道，积极发展自驾骑游、观光列车、观光巴士等深度体验型出行服务。在适宜地区开展空中游览活动，完善航空运动配套服务，开展航空体育与体验飞行。在沿海、沿江、沿湖等地区发展公共旅游和私人游艇业务，完善运动船艇配套服务。打造“出行即出游”消费新模式，科学规划与设计体验式、休闲式旅游项目，鼓励铁路开展汽车托运服务。拓展城市地下交通空间，构建地下客货运系统。扩大智能物流终端覆盖面，畅通“最后一百米”，探索地下、中低空、水下、极地、太空等物流活动新空间。

### 》专栏 5-1

## 统筹推进交通强国建设

为更好建设人民满意交通，统筹推进交通强国建设，2019 年 9 月，中共中央、国务院印发《交通强国建设纲要》，明确指出打造“全国 123 出行交通圈”（都市区 1 小时通勤、城市群 2 小时通达、全国主要城市 3 小时覆盖）和“全球 123 快货物流圈”（国内 1 天送达、周边国家 2 天送达、全球主要城市 3 天送达）。

推进出行服务快速化、便捷化。构筑以高铁、航空为主体的大容量、高效率区际快速客运服务。完善航空服务网络，提高航空服务能力和品质。提高城市群内轨道交通通勤化水平，打造旅客联程运输系统。加强城市交通拥堵综合治理，优先发展城市公共交通，合理引导个体机动化出行。推进城乡客运服务一体化，保障城乡居民行有所乘。

打造绿色高效的现代物流系统。优化运输结构，推进大宗货物及中长距离货物运输向铁路和水运有序转移。推动铁水、公铁、公水、空陆等联运发展。发挥公路货运“门到门”优势。完善航空物流网络，提升航空货运效率。推进电商物流、冷链物流、大件运输、危险品物流等专业化物流发展，促进城际干线运输和城市末端配送有机衔接。完善农村配送网络，促进城乡双向流通。

加速新业态新模式发展。深化交通运输与旅游融合发展。大力发展共享交通，发展“互联网+”高效物流。稳步扩大短途运输、公益服务、航空消费等市场规模。建立通达全球的寄递服务体系，加快快递扩容增效和数字化转型，壮大供应链服务、冷链快递、即时直递等新业态新模式。积极发展无人机（车）物流递送、城市地下物流配送等。

## 第二节

# 坚持适度超前发展，增强基础保障能力

经济要发展，交通要先行。经过多年大规模建设，我国交通基础设施网络日臻完善，已基本形成运输方式齐备、规模庞大的综合交通运输网络。发达国家和地区的发展经验表明，在完成基础设施网络重点建设任务之后，“补短板”和功能提升将成为新的发展方向。“十四五”时期，要深入贯彻落实习近平总书记关于综合交通运输发展重要批示指示精神，统筹补短板与优结构，统筹传统与新型、存量与增量，全面增强交通基础设施的基础保障能力。

### 一、精准补齐综合交通运输发展短板

“十四五”时期，精准补齐交通基础设施发展短板，对于完善

区域交通基础设施网络，推动现代综合交通运输体系发展，优化国土空间开发格局，增强经济发展内生动力，推进区域协调发展和乡村振兴战略深入实施等意义重大。

### （一）完善综合运输通道和综合交通枢纽布局建设

基于未来交通运输需求格局，以四大板块为基础，以国家重大区域战略为引领，以城市群为主体形态的国土开发集聚区为重点，完善综合运输通道和综合交通枢纽布局，更好支撑国土空间开发和现代经济体系建设。

优化完善综合运输通道布局。结合全国主体功能区规划、国家新型城镇化发展规划、全国国土空间规划、国家区域战略规划等，从国土空间开发与区域经济发展的新格局出发，统筹考虑经济布局、国土开发、人口和资源分布，基于国家“十纵十横”综合运输大通道，进一步优化布局，加快推进既有通道缺失路段、延伸路段建设，加强西部地区通道建设，提升进出疆、出入藏以及贫困地区对外通道能力，加强主要城镇化地区对外多向联通能力。

加快完善综合交通枢纽布局。综合考虑我国城市经济发展需要、现实基础和集聚辐射作用，结合国家中心城市建设，进一步优化国家综合交通枢纽层级、功能和空间布局，加快构建层次分明、布局优化、结构合理、功能强大的综合交通枢纽网络体系，加快国家物流枢纽和口岸枢纽建设，强化要素集聚和区域辐射带动功能。

### 专栏 5-2

## 强化交通基础设施规划建设
## 推动西部地区高质量发展

为加快形成西部大开发新格局，推动西部地区高质量发展，2020年5月，中共中央、国务院印发《关于新时代推进西部大开发形成新格局的指导意见》，明确指出：

强化交通基础设施规划建设。提高基础设施通达度、通畅性和均等化水平，推动绿色集约发展。加强横贯东西、纵贯南北的运输通道建设，拓展区域开发轴线。强化资源能源开发地干线通道规划建设。加快川藏铁路、沿江高铁、渝昆高铁、西（宁）成（都）铁路等重大工程规划建设。注重高速铁路和普通铁路协同发展，继续开好多站点、低票价的"慢火车"。打通"断头路""瓶颈路"，加强出海、扶贫通道和旅游交通基础设施建设。加强综合客运枢纽、货运枢纽（物流园区）建设。完善国家物流枢纽布局，提高物流运行效率。加强航空口岸和枢纽建设，扩大枢纽机场航权，积极发展通用航空。积极实施中新（重庆）战略性互联互通示范项目。完善北部湾港口建设，打造具有国际竞争力的港口群，加快培育现代海洋产业，积极发展向海经济。积极发展多式联运，加快铁路、公路与港口、园区连接线建设。强化沿江铁路通道运输能力和港口集疏运体系建设。依托长江黄金水道，构建陆海联运、空铁联运、中欧班列等有机结合的联运服务模式和物流大通道。支持在西部地区建设无水港。优化中欧班列组织运营模式，加强中欧班列枢纽节点建设。进一步完善口岸、跨境运输和信息通道等开放基础设施，加快建设开放物流网络和跨境邮递体系。

### （二）完善城市群都市圈交通运输网络建设

城市群是新型城镇化主体形态，是支撑全国经济增长、促进区域协调发展、参与国际竞争合作的重要平台。都市圈是城市群内部以超大、特大城市或辐射带动功能强的大城市为中心，以 1 小时通勤圈为基本范围的城镇化空间形态，是人口、产业的核心聚集载体。“十四五”时期，应以轨道交通等为重点，着力完善城市群都市圈综合交通运输网络建设。

## 专栏 5-3

### 增强都市圈基础设施连接性贯通性

为加快培育发展现代化都市圈，2019年2月，国家发展改革委印发《关于培育发展现代化都市圈的指导意见》（发改规划〔2019〕328号），明确指出以增强都市圈基础设施连接性贯通性为重点，以推动一体化规划建设管护为抓手，织密网络、优化方式、畅通机制，加快构建都市圈公路和轨道交通网。

畅通都市圈公路网。增加城市间公路通道，密切城际公路联系，加快构建高速公路、国省干线、县乡公路等都市圈多层次公路网。推动取消高速公路省界收费站，提升都市圈内高速公路通勤效率。实施“断头路”畅通工程和“瓶颈路”拓宽工程。打造一体化公路客运网络，完善充电桩、加气站、公交站场等布局。

打造轨道上的都市圈。统筹考虑都市圈轨道交通网络布局，构建以轨道交通为骨干的通勤圈。在有条件地区编制都市圈轨道交通规划，推动干线铁路、城际铁路、市域

（郊）铁路、城市轨道交通“四网融合”。探索都市圈中心城市轨道交通适当向周边城市（镇）延伸。统筹布局都市圈城际铁路线路和站点，有序推进城际铁路建设，充分利用普速铁路和高速铁路等提供城际列车服务。大力发展都市圈市域（郊）铁路。

提升都市圈物流运行效率。打造“通道＋枢纽＋网络”的物流运行体系，推动物流资源优化配置。统筹布局货运场站、物流中心等，鼓励不同类型枢纽协同或合并建设，支持城市间合作共建物流枢纽。结合发展需要适当整合迁移或新建枢纽设施，完善既有物流设施枢纽功能。畅通货运场站周边道路，补齐集疏运“最后一公里”短板。

积极推进都市圈轨道交通网络建设。轨道交通是都市圈 1 小时通勤圈的骨干，为保证 1 小时通勤交通的准时性、可达性、联通性和便捷经济性，实现都市圈 1 小时通勤，需要结合客流通勤需求，统筹考虑都市圈轨道交通网络布局，因地制宜发展多制式轨道交通系统，积极推动都市圈干线铁路、城际铁路、市域（郊）铁路、城市轨道交通等“多网融合”发展，着力打造轨道上的都市圈。

» 专栏 5-4

## 有序推进市域（郊）铁路发展

为有序推进市域（郊）铁路发展，2017年6月，国家发展改革委等五部门联合印发《关于促进市域（郊）铁路发展的指导意见》（发改基础〔2017〕1173号），明确指出：

结合城市空间布局优化和铁路枢纽功能调整，优先考虑利用既有资源开行市域列车。有序新建部分线路，因地制宜选择标准制式、建设方案和运营模式。线路要串联5万人及以上的城镇组团和旅游景点并设站，车站尽量设置于城镇中心。设计速度宜为100～160公里/小时，平均站间距原则上不小于3公里。

统筹多层次轨道交通系统协调发展，科学把握市域（郊）铁路与干线铁路、城际铁路、城市轨道交通等线路的合理分工，加强各种交通运输方式及不同层次轨道交通系统的高效衔接。提升运营服务水平，市域（郊）铁路原则上应采用公交化运营模式。依托“互联网＋市域（郊）铁路”，提升新建和既有线路的信息化、智能化服务水平。

鼓励多种运管模式，支持铁路企业、城市轨道交通运营企业等具有相关经验的运营主体参与市域（郊）铁路建设和运营。完善运营补偿机制，合理确定票价水平并建立动态调整机制，形成多层次、差别化的票价体系。

建立多层次、多元化投融资体系，鼓励社会资本全面参与市域（郊）铁路投资、建设、运营、管理等各个环节。发挥综合开发效能，支持通过既有铁路站场土地综合开发，规范推进新建市域（郊）铁路站场土地综合开发。鼓励市域（郊）铁路相关企业构建综合开发溢价回收机制，支持市域（郊）铁路发展。

加快织密城市群公路交通网络。增加城市群城际公路通道，密切城际公路联系，加快构建高速公路、国省干线、县乡公路等多层次公路网络。着力打通城际公路“断头路”，提升城市群路网联通程度。加快推进“瓶颈路段”提级改造，重点推进国家高速公路扩容，提升城际间公路通行能力，加强干线公路与城市道路的有效衔接。顺应全域旅游发展，规划建设联通重要旅游节点的旅游交通环线、旅游专线公路等，形成通畅、便捷、安全的城市群现代综合旅游交通网络。针对城市群重要枢纽、园区和城市繁忙拥堵路段，研究推进货运专用公路和专用车道布局建设。

## »专栏 5-5

### 加强干线公路与城市道路有效衔接

为加强干线公路与城市道路有效衔接，缓解进出城市交通拥堵，2016年6月，国家发展改革委等四部门联合印发《关于加强干线公路与城市道路有效衔接的指导意见》(发改基础〔2016〕1290号)，明确指出：

完善进出城道路网络布局，统筹干线公路与城市道路规划建设，合理布局进出城道路网络，促进形成干线公路、城市快速路、主次干路和支路级配合理、布局均衡的路网体系。坚持分类指导、综合施策，尽快疏解长期持续拥堵路段。针对节点"锁喉"造成的进出城交通拥堵，要抓紧采取有力措施升级改造，扩大通行能力。按照多点承接、逐级消解的思路，适当增加进出城出入口密度，促进交通流量在路网上的均衡分布。合理布局城市客货运枢纽，减少其对进出城交通的影响，从源头上治理城市客货运枢纽节点拥堵问题。根据都市圈和城市群的发展阶段、城市规模大小，结合客流特点，加大公共交通设施供给。加快实施"互联网+"便捷交通行动，大幅提升道路设施、综合交通枢纽信息在线化水平，促进互联互通和开放共享。

完善都市圈多层次综合交通枢纽体系。统筹都市圈空间结构、人口分布和产业布局，构建与都市圈国土空间和人口产业分布相吻合、有效支撑都市圈高质量发展的综合交通枢纽体系，推进联通区域、衔接城际、服务城市等不同层次综合交通枢纽“多级协同”发展，促进都市圈各种运输方式高效衔接。

提升中心城市交通网络品质。以公共交通发展为导向，构建综合、绿色、安全、智能的立体化现代化城市交通系统。强化超大、特大城市的轨道交通发展，推进市域（郊）铁路、城市轨道交通等大运量、快速化轨道交通网络建设，有效解决“大城市病”问题。优化完善城市路网功能与层次，加快推动老城区交通基础设施升级改造，积极构建广泛覆盖、环境友好的城市慢行交通网络。

» 专栏 5-6

## 加强城市轨道交通规划建设管理

为促进城市轨道交通规范有序发展，2018年6月，国务院办公厅印发《关于进一步加强城市轨道交通规划建设管理的意见》（国办发〔2018〕52号），明确指出要坚持补短板、调结构、控节奏、保安全，严格落实建设条件，有序推进项目建设，着力加强全过程监管，严控地方政府债务风险，确保城市轨道交通发展规模与实际需求相匹配、建设节奏与支撑能力相适应，实现规范有序、持续健康发展。

严格建设申报条件。城市轨道交通系统，除有轨电车外均应纳入城市轨道交通建设规划并履行报批程序。

强化规划衔接提高建设规划质量。合理制定城市轨道交通线网规划，确定城市轨道交通近期建设线路，做好城市轨道交通规划线路沿线土地预留和控制。根据相关规划和城市发展需要、财力等情况制定城市轨道交通分期建设规划，科学确定建设规模、项目时序、资金筹措方案，确保建设期和运营期的政府支出规模与财力相匹配。城市轨道交通规划要与国家铁路、城际铁路、枢纽机场等规划相衔接，通过交通枢纽实现方便、高效换乘。

强化建设规划的导向和约束作用。已经国家批准的城市轨道交通建设规划应严格执行，原则上不得变更，规划实施期限不得随意压缩。在规划实施过程中，因城市规划、工程条件、交通枢纽布局变化等因素影响，城市轨道交通线路功能定位、基本走向、系统制式等发生重大变化的，或线路里程、地下线路长度、直接工程投资（扣除物价上涨因素）等较建设规划增幅超过20%的，应按相关规定履行建设规划调整程序。

## （三）全面推进支撑乡村振兴战略实施的农村交通发展

乡村振兴，交通先行。“十四五”时期，要深入贯彻落实习近平总书记关于“四好农村路”建设的重要批示指示精神，加快补齐农村交通基础设施短板，促进城乡交通基础设施互联互通，改善农村交通物流条件，更好服务乡村振兴战略实施，更好满足人民群众日益增长的美好生活需要。

畅通农村地区对外衔接的骨干交通运输网络。以适应和引导县域特别是农村地区人口合理化分布，服务乡村地区对外沟通交流和产业经济发展为重点，着重补齐当前农村公路与高速公路、国省干线公路的衔接联通短板，加快消除“断头路”，合理确定技术标准，推进以乡镇、主要经济节点、重要枢纽等为中心的对外快速公路通道建设。结合农村产业布局、旅游发展和资源开发，推动串联乡村主要产业节点、旅游景区景点、资源开发地等的乡村旅游路、产业路和资源路建设，逐步推进农村地区公路干线成网。

推动“四好农村路”高质量发展。维护好通村畅乡、连田达园的农村公路，着力打通重点通村公路“断头路”、接通脱贫攻坚“最后一公里”、畅通农村公路“毛细血管”、贯通城乡公路网络，密切人口聚居、出行频繁、生产集中村庄的公路交通联系。加大农村公路管理养护力度，着力改造“油返砂”公路，既要把农村公路建好，更要管好、护好、运营好，为广大农民致富奔小康、为加快推进农业农村现代化提供更好保障。围绕更好满足农村地区人民出行和运输需求，加快推进农村公路安全生命防护工程实施，加强农村公路危桥改造，建设适宜的农村渡河桥，加快建设标准适宜、经济实用的农村客货运站点，积极推进农村停车设施等建设。

### 专栏 5-7

## 加快补齐农村基础设施短板

为科学有序推动乡村产业、人才、文化、生态和组织振兴，2018 年 9 月，中共中央、国务院印发《乡村振兴战略规划（2018—2022 年）》，指出要继续把基础设施建设重点放在农村，持续加大投入力度，加快补齐农村基础设施短板，促进城乡基础设施互联互通，推动农村基础设施提档升级。

改善农村交通物流设施条件，以示范县为载体全面推进“四好农村路”建设，深化农村公路管理养护体制改革，健全管理养护长效机制，完善安全防护设施，保障农村地区基本出行条件。推动城市公共交通线路向城市周边延伸，鼓励发展镇村公交，实现具备条件的建制村全部通客车。加大对革命老区、民族地区、边疆地区、贫困地区铁路公益性运输的支持力度，继续开好“慢火车”。加快构建农村物流基础设施骨干网络，鼓励商贸、邮政、快递、供销、运输等企业加大在农村地区的设施网络布局。加快完善农村物流基础设施末端网络，鼓励有条件的地区建设面向农村地区的共同配送中心。

### （四）加快补齐特殊类型地区交通基础设施短板

革命老区、民族地区、边境地区以及资源枯竭地区、产业衰退地区、生态严重退化地区等特殊类型地区是我国交通基础设施发展薄弱地区。精准补齐交通基础设施短板，对于有效支撑带动特殊类型地区同步开启社会主义现代化建设新征程意义重大。“十四五”时期，应重点聚焦民族地区、革命老区、边境地区等，持续加速发力，根据资源枯竭、产业衰退、生态严重退化等地区发展实际，因地制宜，分类施策，加快提升交通基础设施供给质量，强化有效投资，助力促进形成强大国内市场，增强经济发展后劲。加强特殊地区对外交通互联互通，推动专业化交通基础设施建设和传统基础设施综合改造，强化资源节约集约利用，全面改善出行条件。重点强化高速公路、普通国省干线联通水平，全面解决“断头路”“瓶颈路段”问题。以沿边公路等为主体，建设满足守边固边富边强边保障需求，稳定可靠、机动灵活的边疆地区交通基础设施。

## 二、超前布局谋划新一代交通基础设施

交通运输是科技创新成果重要应用载体，随着5G、大数据、物联网、人工智能、云计算、区块链等技术手段的快速发展，交通基础设施也将迎来新的发展机遇。“十四五”时期，需要把握新一轮科技进步浪潮，依托新技术发展研究布局新一代交通基础设施，加快推动交通基础设施数字化、网络化、智慧化。

### （一）规划建设智慧公路及城市智能交通基础设施

推动车路协同发展，分阶段、分区域推进道路基础设施的智能化建设，规划建设限速大于120公里/小时的高速公路。在部分具备条件的城市，选择开放区域和特定高速公路路段，结合新一代国家交通控制网和智慧公路试点，以重大国际活动或国际赛事等为契机，开展“智能+网联”的自动驾驶汽车道路技术应用示范。加强智慧路灯、城市大脑等智能交通基础设施建设，开展智慧枢纽试点示范。

» 专栏 5-8

**杭绍甬高速打造中国首条“智慧高速”**

杭绍甬高速公路，起点位于国道G104（杭州中环）

萧山南阳，终点位于宁波穿山疏港高速公路柴桥枢纽，全长约161公里。杭绍甬高速构建了路网综合运行监测预警系统，打造人—车—路协同的综合感知体系。在现有的电子不停车收费系统（ETC）基础上兼顾自由流收费，构建人车路协同系统，未来将实现构建车联网系统，全面支持自动驾驶。自由流收费系统精确按实际行驶公里计算，提高出行便利性。同时，显著提升路网运行速度，杭绍甬高速将致力提升整体运行效率，使车辆平均运行速度提升20%～30%，接近120公里/小时，远期预留140公里/小时提升空间，打造杭州—宁波1小时交通圈。另外，杭绍甬高速还将全面适应电动化发展方向，有效利用服务区、部分防撞护栏立体及平面空间建设太阳能发电系统，建设充电桩，为电动车及智慧车辆提供充电服务。

### （二）加快新型轨道交通基础设施布局应用

推进新一代高速磁悬浮交通系统试验线建设和试点布局，根据技术试验情况适时推进超高速铁路示范线路建设。有序推进跨座式单轨、中低速磁悬浮、悬挂式轨道交通、有轨电车和无轨电车等新型轨道交通作为大中型城市主干线、大型城市地铁主干线延伸补充线路以及在县市特色小镇等地区规划布局。全面应用全自动运行城市轨道交通系统，积极推进旅客自动输送系统（APM）等无人驾驶线路示范工程建设，研究布局旅游观光专用轨道交通系统。

» 专栏 5-9

## 世界范围内高速磁悬浮研究进展

日本已于2014年9月开工建设磁悬浮中央新干线，最高时速500公里。日本采用超导磁悬浮的高速铁路试验最高试验时速已经达到603公里。德国采用常导磁悬浮技术最高试验时速为505公里。

2019年5月23日，我国时速600公里高速磁悬浮试验样车在青岛下线，这标志着我国在高速磁悬浮技术领域实现重大突破。2020年6月21日，时速600公里的高速磁悬浮试验样车在上海成功试跑。

### （三）加强港航和民航交通新型基础设施布局应用

鼓励大中型港口根据实际需要部署不同等级的自动化码头系统，提升港口装卸、转场、调度等作业效率。全面推动智能航运建设，打造智慧港口，实现港口港区泊位联动运营。推进智慧机场建设，推动新一代空管系统部署，布局数字化放行和自动航站情报服务系统，实现飞行任务四维航迹管理，促进民航飞机起降效率和安全性达到世界先进水平。研究部署面向区域物流的大型无人机起降点。

### （四）推进交通运输数据中心和信息平台等基础设施建设

加快完善国家综合交通运输信息平台、国家物流公共信息平台、国家交通地理空间信息平台、国家交通基础设施大数据平台等。面向未来智能汽车发展，统一部署、协同共建智能汽车大数据云控基础平台，逐步实现车辆、基础设施、交通环境等领域的基础数据融合应用。推动交通定位导航、出行服务、物流电商、交易结算等平台融合发展。鼓励集约布局交通运输和物流大数据中心，建立国家交通运输战略数据安全灾备基地。建设基于大数据的交通应急组织中心，强化重大自然灾害、重大疫情时期的监测分析、资源调配、防护防控等功能作用。

## 三、提升存量交通基础设施运行服务效能

我国交通网络主体框架已基本形成，但整体性、系统性水平还有待提高。“十四五”时期需要坚持质量第一、效益优先，以供给侧结构性改革为主线，提升交通基础设施网络效应和规模效益，加强既有设施扩能改造和提质升级，提高综合客运枢纽运行效率和服务品质，推进交通基础设施支撑现代经济体系的质量、效率、动力

变革。

## （一）提升交通基础设施网络效应和规模效益

我国已形成超大规模综合交通运输网络，“十四五”时期，要围绕适应中高端运输和大众普遍运输的差异化需求，着力提升既有交通基础设施的网络效应和规模效益。

提升交通运输高效服务品质。依托以“八纵八横”为主骨架的高速铁路网、以“71118”为主骨架的国家高速公路网、以机场和民航干线航路为主骨架的民用航空网，建设适应跨区域运输服务需求，服务品质高、运行速度快的高品质交通网，实现高速铁路覆盖 80% 以上的城区常住人口 100 万以上的城市，高速公路基本覆盖城区常住人口 20 万以上的城市，所有省会城市间当日往返，重要城市群核心城市间、核心城市与周边节点城市间 1 ～ 2 小时通达。

提升交通运输普遍服务能力。以普速铁路、普通国省道、农村公路、港口航道、通用航空等为主体，建设满足大众运输服务需求，覆盖空间大、通达程度深、惠及面广的基础服务网，实现铁路覆盖城区常住人口 20 万以上的城市，普通国道全面连接县级及以上行政区、交通枢纽、边境口岸，普通省道基本覆盖乡镇以上行政区，农村公路全面覆盖所有建制村。

» 专栏 5-10

## 有序推进通用机场规划建设

为科学有序推进通用机场规划建设，促进通用航空业持续健康发展，2018 年 8 月，国家发展改革委和民航局联合印发《关于促进通用机场有序发展的意见》（发改基础〔2018〕1164 号），明确指出：

科学编制通用机场布局规划。通用机场布局规划是通用机场项目审批（核准）、建设实施的依据，应坚持以市场需求为导向，合理确定通用机场功能定位，突出发展重点，注重与地方优势资源创新融合，发挥通用机场的辐射和带动作用，打造适应区域经济社会发展需要的通用航空网络。

稳妥有序推进通用机场建设，扎实做好项目前期工作，加强军民航协调与监管，严格规范通用机场使用，创新投融资模式，规范通用机场升级转换机制，对通用航空短途运输市场需求旺盛、通用机场运行安全平稳、具有支线运输需求的地区，地方政府可利用现有通用机场升级改造为运输机场，提升区域民用航空服务水平，构建通用机场与民用运输机场统筹协调发展的国家综合机场体系。

## （二）加强交通基础设施扩能改造和提质升级

与发达国家相比，我国世界领先交通基础设施与亟须更新换代交通基础设施并存，一些早期建成的交通基础设施由于技术标准低，难以适应新的运输需求，面临着更新改造和提质升级。“十四五”时期需要全面推进既有交通基础设施扩能改造，以技术创新为牵引推动交通基础设施更新改造。

有序推进既有交通基础设施扩能改造。根据既有能力容量利用状况，有序实施既有铁路升级改造。根据运输繁忙程度差异化推进质量较差、建设年代较早的高速公路以及繁忙路段扩容改造。加快普通国省道提质改造、全面消除无铺装路面。高标准改造农村公路，提高路网等级。继续提升沿海和内河水运设施专业化水平，集约节约利用港口岸线资源。

加速传统交通基础设施智能化升级。加强大数据、物联网、人工智能、区块链、北斗导航等技术的应用力度，加快推动既有交通基础设施数字化改造和网联化发展，推进对公路、铁路、航道、机场等综合交通运输网络的5G覆盖。基于5G、人工智能开展智慧枢纽建设，全面实现综合客运枢纽智能化服务和管理。推动既有物流园区、物流枢纽、配送设施、快递设施、仓储设施等数字化、智能化升级改造，强化新一代智慧物流配送系统建设。

» 专栏 5-11

### 发达国家基础设施相继进入更新换代期

发达国家基础设施建设起步早，网络完备，覆盖通达度好，然而经年累月设施日益陈旧老化，服务能力有限，质量水平无法达到当前发展需求，需要周期性更新换代。根据相关资料统计，美国高速公路系统建成于20世纪五六十年代，华盛顿特区99%的主干道路需要维修。日本国土交通省2013年调查显示，日本四成以上的公路桥已经严重老化，亟待修补，以满足现代生活需要，降低老化基础设施安全风险。近年来，欧美等发达国家陆续颁布基础设施建设发展规划，提出适应本地区发展需求，破解基础设施发展“瓶颈”的目标和任务。

## （三）提高综合交通枢纽运行效率和服务品质

综合交通枢纽是综合交通运输体系的重要组成部分，是衔接多种运输网络和服务方式、融合多种要素资源、辐射广阔区域的客货流集散转运中心。“十四五”时期，需要着力提升综合交通枢纽有效供给能力，促进各种运输方式高效衔接，提高综合交通运输整体运行效率和服务质量，支撑引领经济社会高质量发展。

推进综合客运枢纽高质量发展。以服务旅客出行为中心，从满足人民群众美好出行需求出发，针对运行组织不顺畅、衔接换乘不便捷、便民设施不健全等突出问题，积极推进既有客运枢纽改造升级，着力打造一批现代化、立体式综合客运枢纽，加强枢纽集疏衔接，优化运行组织，改善换乘条件，完善公共便民设施和特殊保障设施。

» 专栏 5-12

### 打造现代综合客运枢纽 提高旅客出行质量效率

为更好推动现代综合客运枢纽发展，2016年5月，国家发展改革委印发《关于打造现代综合客运枢纽 提高旅客出行质量效率的实施意见》（发改基础〔2016〕952号），指出要着力提升综合客运枢纽规划设计建设水平，完善设计建设标准体系。根据客运需求和当地实际，按照规模适当、标准适宜、功能适用、绿色低碳、智能安全的要求，科学合理确定枢纽建设和运营方案。

按照国际性、全国性、区域性、地区性四个层级，优化综合交通枢纽城市的区域布局。同站布置各类客运站场，机场、高速铁路和城际铁路客运站、普通铁路客运站、公路客运站、城市轨道交通车站、公交枢纽等主要站场应尽可能同站布置。将综合客运枢纽分为三类，分类确定枢纽衔接要求。畅通站场间直接连接，便捷枢纽站场内换乘。根据客流分布特点，科学确定站房、等候区和其他配套设施等功能区规模。完善枢纽换乘标准，制定和完善综合客运枢纽换乘规范标准。健全配套服务标准。

优化运输组织，加强运输管理，完善作业流程，推进旅客一体化联程联运。打造智慧枢纽，以新一代移动互联为媒介，将综合客运枢纽打造为汇集各类客流、商流、资金流、信息流的城市智慧中枢。加强综合开发，依据城市规划和土地总体利用规划，合理确定综合客运枢纽及周边区域用地布局、规模和范围。提升开发品质，以综合客运枢纽为重点，在保证枢纽内部客流组织效率、安全性的基础上，有序拓展枢纽商业服务功能，顺应消费需求多样化、个性化趋势，调整、拓展和提升枢纽服务。

优化完善国家物流枢纽功能。加快构建科学合理、功能完备、开放共享、智慧高效、绿色安全的国家物流枢纽网络，打造以国家物流枢纽为核心的“通道 + 枢纽 + 网络”现代化物流运行体系，实现物流资源优化配置和物流活动系统化组织，进一步提升货运物流服务质量，降低全社会物流和交易成本，为优化国家经济空间布局和构建现代化经济体系提供有力支撑。

» 专栏 5-13

## 推进国家物流枢纽布局和建设

为推进国家物流枢纽布局和建设，2018年12月，经国务院同意，国家发展改革委、交通运输部联合印发《国家物流枢纽布局和建设规划》(发改经贸〔2018〕1886号)，将国家物流枢纽分为陆港型、港口型、空港型、生产服务型、商贸服务型、陆上边境口岸型6种类型。依据区域经济总量、产业空间布局、基础设施联通度和人口分布等，统筹考虑国家重大战略实施、区域经济发展、产业结构优化升级等需要，结合“十纵十横”交通运输通道和国内物流大通道基本格局，选择127个具备一定基础条件的城市作为国家物流枢纽承载城市，规划建设212个国家物流枢纽，包括41个陆港型、30个港口型、23个空港型、47个生产服务型、55个商贸服务型和16个陆上边境口岸型国家物流枢纽。到2025年，布局建设150个左右国家物流枢纽。

整合优化物流枢纽资源，提高物流组织效率，加快培育协同高效的运营主体，推动物流设施集约整合，增强国家物流枢纽平台支撑能力。构建国家物流枢纽网络体系，提升物流运行质量，重点建设国家物流枢纽干线网络体系，依托国家物流枢纽加快多式联运发展，打造高效专业的物流服务网络。推动国家物流枢纽全面创新，培育物流发展新动能，重点加强新技术、新装备创新应用，发展物流新业态新模式，打造特色鲜明的枢纽经济。

## 第三节

# 注重综合一体衔接，提高交通运输整体效率

习近平总书记高度重视交通一体化发展，指出要推动各种交通方式统筹协调发展，降低运输成本，提高综合运输效益。“十四五”时期，要深入贯彻落实习近平总书记的重要讲话精神，加强交通运输网络衔接协调，大力发展一体化运输组织，推动交通运输全生命周期健康发展，着力提高交通运输整体运行效率和发展效益。

### 一、加强综合交通运输网络衔接协调

交通运输网络的衔接协调是提升交通运输系统整体效率的关键。近年来，我国重视交通运输统筹发展，加强规划、设计、建设、运营、管理等方面的协调对接，但仍存在方式衔接网络不畅、

区域衔接能力不强、枢纽衔接水平不高等问题。“十四五”时期，要进一步强化综合交通运输网络衔接协调，着力提升交通运输系统整体效率。

### （一）加强不同运输方式有机衔接

推进各运输方式设施网络合理布局，加强方式内部和方式之间的运力匹配、组织衔接、时刻对接。统筹干线铁路、城际铁路、市域（郊）铁路、城市轨道交通布局，推进资源共享和功能互补，推动轨道交通“多网融合”。以客运公交化为引擎，加快完善城际高速路、市域快速路、城市 BRT 等干线交通衔接，构建高效衔接大中小城市和城镇的公共交通网络。顺应全域旅游发展，推进重要旅游节点与高速公路以及铁路、民航枢纽的快速联络线建设。积极推进航空干支线有效衔接，完善航空服务网络。

### （二）推进区域城乡交通一体衔接

推进重点区域交通网络一体化，打通区域“大通道”，消除“断头路”。加强城市周边区域干线公路与城市道路高效对接，系统优化进出城道路网络，加快升级改造重要拥堵节点，促进形成干线公路、城市快速路、主次干路和支路搭配合理、布局均衡、能力匹配的路网体系，畅通“微循环”，形成“有效回路”，解决“进出城难”问题。逐步打破交通运输城乡二元化格局，加强城乡交通运输网络一体衔接，推动交通运输服务向市郊、农村延伸，推动城乡配送网络有机衔接、协调发展。

### （三）完善综合交通枢纽布局衔接

统筹考虑国家重大战略实施、区域经济发展、产业优化升级、通道基本格局等因素，优化完善综合交通枢纽布局，明确不同层级枢纽的服务功能和辐射范围，分类确定枢纽衔接要求，强化枢纽间、枢纽与通道间、干支间等的衔接。坚持客运零距离换乘、货运无缝衔接原则，完善综合交通枢纽集疏运设施网络，引入城市轨道、铁路等大容量快速集疏运方式。实施重要客运枢纽的轨道交通引入工程，基本实现利用城市轨道交通等骨干公交方式连接大中型高铁车站、年吞吐量超过千万人次的机场。加快实施铁路引入重要港口、物流园区等工程。

» 专栏 5-14

#### 促进枢纽机场联通轨道交通

为进一步促进枢纽机场联通轨道交通，2020 年 4 月，国家发展改革委印发《关于促进枢纽机场联通轨道交通的意见》（发改基础〔2020〕576 号），指出要以问题和需求为导向，科学规划机场轨道交通集疏运系统，科学谋划枢纽机场联通轨道交通的类型、线路和建设时机，合理确定建设规模和功能，暂不具备条件的要预留好建设用地和空间等条件。

注重机场分类施策。国际枢纽机场应联通干线铁路或城际铁路或市域（郊）铁路或城市轨道交通，有效辐射周边800～1 000公里范围内的地区。区域枢纽机场应尽可能联通干线铁路或城际铁路或市域（郊）铁路或城市轨道交通，有效辐射周边300～500公里范围内的地区。其他年旅客吞吐量1 000万人次以上的机场应尽可能联通市域（郊）铁路或城市轨道交通，本期规划目标年预测年旅客吞吐量可达到3 000万人次及以上的机场，宜充分预留干线铁路或城际铁路等建设通道。少数具备条件的支线机场也应尽可能联通轨道交通。

加强一市多场联通。现有一市多机场的城市，应在现有轨道交通基础上，通过改造和优化流程，以及新建城市轨道或市域（郊）铁路直接联通等方式，努力提升多场间的联通便捷程度。规划建设多个枢纽机场的城市，应提前做好轨道交通联接规划，确保项目同步建设或预留建设通道。

加强接口标准衔接。加强机场工程和轨道交通工程之间接口部位建设制度、规范、标准等互认或统一。研究制定经济适用的接口部位设计、建设等标准和规范，促进机场轨道交通建设。

## 专栏 5-15

### 加快推进铁路专用线建设

为优化调整运输结构、打赢蓝天保卫战，更好发挥铁路在综合交通运输体系中的骨干作用和绿色低碳优势，推进铁路进港口、大型工矿企业和物流园区，解决好铁路运输“最后一公里”问题，促进多式联运，降低物流成本，2019 年 9 月，国家发展改革委等五部门联合印发《关于加快推进铁路专用线建设的指导意见》（发改基础〔2019〕1445 号），明确指出：

同步规划建设。规划新建客货共线、货运专线铁路时，要充分考虑沿线铁路专用线接入需求，同步做好专用线线路走向和衔接条件的论证，鼓励铁路专用线与之同步规划设计、同期建成开通。主要港口新建集装箱、大宗散货作业区原则上同步规划建设进港铁路。

合理确定标准。在保障运输安全顺畅的前提下，合理确定新建及改扩建铁路专用线建设等级和技术标准，经济适用配置站后设施设备。专用线选址要符合国土空间规划，合理避让永久基本农田和生态保护红线，节约集约用地。

简化接轨条件。有关企业提出铁路专用线接轨需求时，接轨站所属铁路企业应无条件受理，严禁设置门槛或拒绝受理。接轨站应按照顺畅衔接的原则进行适应性改造，原则上以接轨点为界，由铁路企业根据需要改造接轨站及相关设施设备并承担其投资。铁路专用线与繁忙干线、设计时速200公里客货共线铁路车站接轨时，应综合运输安全、咽喉通过能力、工程代价等因素，充分论证设置疏解线的必要性和建设时机；与其他线路车站接轨时，原则上不设置疏解线。

## 二、大力发展联程联运等一体化运输组织

旅客联程联运和货物多式联运作为高效的客货运输组织方式，对充分利用各种运输资源，促进各种运输方式合理分工，提高一体化运输服务水平，降低运输交易成本和社会物流成本等具有显著作用。“十四五”时期，需要加强部门联动，充分整合各种运输方式资源，创新旅客运输“一票制”、货物运输“一单制”、运输服务“一站式”等一体化运输组织模式。

## （一）推动旅客联程联运

积极发展公铁联运、空铁联运、海空联运等运输服务，加快推进不同运输方式票源互通开放、出行需求信息共享、结算平台互认，加强安检、托运、换乘等方面合作，优化出行服务运营组织，实现旅客出行“一票到底、行李直运、无缝衔接、全程服务”。优化客运枢纽出行体验，以旅客舒适出行、便捷换乘为目标，完善枢纽站场联运服务功能，鼓励共建共享联运设施设备，根据需要配设城市候机（船）楼、高铁无轨站、旅游集散中心等联运服务设施，积极引导立体换乘、同台换乘，推动跨方式安检标准互认。

## （二）发展货物多式联运

着力发展铁水联运、公铁联运、江海直达等联运服务产品，积极推动邮政快递领域多式联运发展。重点发展以集装箱、半挂列车为标准运载单元的多式联运，支持基于标准化运载单元的多式联运专用站场设施建设，以及快速转运设施设备的技术改造。积极培育具有竞争力的多式联运经营人，积极对接国际服务标准，制定完善统一的多式联运规则和管理制度，提供“定制化”货运服务。鼓励以多式联运产品开发为纽带的跨运输方式经营合作，引导企业加强信息互联和联盟合作，探索资源整合共享的一体化运作模式，完善铁路货运线上服务功能，推动公路甩挂运输联网。

### （三）推进“一票制”“一单制”“一站式”发展

推动跨区域、跨部门、跨方式的运营组织和票务清算，以一票到底和无缝衔接为目标，推动“一票制”发展，提升旅客跨方式出行品质。推动使用货运电子运单，建立包含基本信息的电子标签，推动全流程互认和可追溯，重点在集装箱铁水联运、公铁联运等领域，推动“一单制”发展。加快推进交通运输、海关、市场监管等部门之间以及不同运输方式之间信息交换共享，加快建设多式联运公共信息平台，为企业提供认证认可、检验检疫、通关查验、违法违章、信用评价等“一站式”综合信息服务。推动无车承运人、甩挂运输、滚装运输等先进运输组织方式的发展。

## 三、提升交通运输全生命周期质量效率

顺应交通运输绿色化、智能化发展趋势，加快建立可持续发展长效机制，完善交通运输全生命周期发展模式，实施交通基础设施全寿命过程管理，提高交通基础设施全生命周期质量效率水平，实现交通运输全生命周期健康发展。

### （一）实施交通运输全生命周期管理

从全生命周期视角统筹考虑交通基础设施规划、设计、建设、运营和维护等各环节，推动交通基础设施项目管理从分阶段管理向

全生命（过程）管理转变。加强大数据、物联网等先进技术在交通基础设施全生命周期管理中的应用，加快建立交通基础设施大数据体系，加强基础设施全生命周期联网监测和服务能力。彻底摒除“重建轻养”思想，坚持“建管养运并举”，加大交通基础设施管护力度，全面提升交通基础设施安全与管理养护水平、抗灾能力。加快制定基础设施全生命周期发展规范，奠定有效提升基础设施发展质量的坚实基础。

### （二）推动交通运输工业全生命周期绿色发展

以低碳绿色发展为导向，以工业化生产方式为手段，加快推动交通基础设施全生命周期绿色建造工业化进程。强化顶层设计，积极推动设计施工一体化。倡导交通基础设施工厂化生产模式，大力推广构件预制和现场拼装技术，积极推行应用建筑信息模型（BIM）技术，加快推动实现交通基础设施设计施工一体化、生产工厂化、装配自动化、管理信息化、建筑绿色化。积极推动绿色铁路、绿色公路、绿色港口、绿色航道、绿色机场等建设，鼓励新建设施采用绿色建材，大力发展装配式建筑，提高新建绿色建筑比例，全面提升交通基础设施绿色发展水平。

### （三）推动交通运输全生命周期融合智能化发展

加快推动交通运输与农业、制造、商贸、物流、旅游、金融等产业融合发展，充分发挥交通运输的先行引领作用，推动产业结构优化调整和转型升级，促进新模式、新业态、新消费的发展壮大，形成以交带产、以产促交的良性循环。建设完善产业路、旅游路、资源路，充分发挥交通在扶贫脱贫攻坚中的基础支撑作用。推动交通运输与互联网、物联网、大数据、云计算、5G、人工智能、北斗导航等现代信息技术融合发展，鼓励新技术、新设施、新装备的推广应用，不断提高交通运输智能化发展水平，进一步满足人民群众日益增长的美好出行需要和高效货运需求。

## 第四节

# 促进融合联动，支撑引领经济社会发展

随着我国现代化经济体系加快建设，行业之间的关联越来越密切，作为基础性、先导性、战略性行业，综合交通运输也将突破传统意义上的行业内“小综合”，呈现出越来越明显的行业外“大融合”趋势。“十四五”时期，要深刻把握习近平总书记重要指示精神，顺应科技进步和经济全球化调整驱动下各领域融合发展新特征新趋势，加快推进交通运输融合联动发展，形成经济增长新动能，拓展经济社会发展新空间，塑造国际竞争新优势，在更高水平上发挥交通运输对经济社会的支撑引领作用。

## 一、支撑国家发展战略实施

贯彻落实区域协调发展战略总体部署，差异化完善区域各板块交通网络，强化京津冀协同发展、长江经济带发展等国家重大区域战略交通支撑。东部经济发达的产业和人口密集地区，推进交通运输连绵式发展，加快完善大中小城市之间交通联系，以交通运输体系化、网络化推进区域经济一体化、城镇发展集群化。中部和东北经济相对欠发达的人口较密集地区，推进交通运输走廊式发展，吸引产业和人口向交通沿线聚集，加快构建形成引领区域现代化经济体系建设的发展轴和经济带。西部人口稀疏、产业基础薄弱地区，推进交通运输据点式发展，加强区域性中心城市资源集聚辐射和组织能力，培育壮大支撑引领地区经济发展的区域“增长极”。

### （一）构建京津冀协同发展的一体化网络

完善以首都为核心的多节点、网格状世界级城市群交通体系。加快推进国家干线铁路和城际铁路建设，强化干线铁路与城际铁路、城市轨道交通的高效衔接，构建衔接顺畅、多网融合的轨道交通网络，打造“轨道上的京津冀”。加快推进国家高速公路待贯通路段建设，提升普通国省干线技术等级，强化省际衔接路段建设。加快推进天津北方国际航运核心区建设，加强港口规划与建设的协调，构建现代化的津冀港口群。加快构建以枢纽机场为龙头、分工合作、优势互补、协调发展的世界级机场群。加快建设雄安新区一流的综合交通运输体系。

» 专栏 5-16

## 推进京津冀交通一体化发展

为推进京津冀交通一体化发展，2015 年 12 月，国家发展改革委、交通运输部联合印发《京津冀协同发展交通一体化规划》，明确了京津冀协同发展交通一体化发展的重点任务。

一是建设高效密集轨道交通网。强化干线铁路与城际铁路、城市轨道交通的高效衔接，着力打造"轨道上的京津冀"。

二是完善便捷通畅公路交通网。打通国家高速公路"断头路"，全面消除跨区域国省干线"瓶颈路段"，实施农村公路提级改造、安保和危桥改造工程。

三是构建现代化的津冀港口群。加强津冀沿海港口规划与建设的协调，推进区域航道、锚地、引航灯资源的共享共用，鼓励津冀两地港口企业跨行政区投资、建设、经营码头设施。

四是打造国际一流的航空枢纽。形成以枢纽机场为龙头，分工合作、优势互补、协调发展的世界级航空机场群。

五是发展公交优先的城市交通。优化城市道路网，加强微循环和支路网建设；推进城市公共交通场站和换乘枢纽建设，推广设置潮汐车道，试点设置合乘车道。

六是提升交通智能化管理水平。绘制京津冀智能交通“一张蓝图”，打造交通运输信息共享交换“一个平台”，推动城市交通“一卡通”，实现交通运输监管应急“一张网”。

七是实现区域一体化运输服务。加强干线铁路、城际铁路、干线公路、机场与城市轨道、地面公交、市郊铁路等设施的有机衔接，实现“零距离换乘”。

八是发展安全绿色可持续交通。统一京津冀地区机动车注册登记、通行政策、排放标准、老旧车辆提前报废及黄标车限行等政策。

## （二）建设长江经济带综合立体交通走廊

坚持生态优先、绿色发展，提升长江黄金水道功能，加快推进中游航道和上游支流整治，疏解三峡运输“瓶颈”制约。构建功能更加完善、层次更加清晰的沿江铁路运输体系，加快推进沿江高速铁路等建设，推进区域间重要普通铁路建设。尽快打通省际高速公路“断头路”，统筹国家高速公路与地方高速公路发展，强化跨省公路衔接，消除“瓶颈路段”制约。实施枢纽、干线机场扩容改造，完善支线机场布局，构建长江上中下游机场群。大力发展铁水联运，加快解决铁水联运“最后一公里”问题。研究建设三峡水运新通道和翻坝油气管道。

» 专栏 5-17

## 统筹长江经济带交通基础设施建设

为统筹长江经济带交通基础设施建设，加强各种运输方式有机衔接，完善综合交通运输体系，2014 年 9 月，国务院印发《依托黄金水道推动长江经济带发展的指导意见》和《长江经济带综合立体交通走廊规划（2014—2020 年）》（国发〔2014〕39 号），指出加快交通基础设施互联互通，是推动长江经济带发展的“先手棋”。要着力推进长江水脉畅通，把长江全流域打造成黄金水道；统筹铁路、公路、航空、管道建设，率先建成网络化、标准化、智能化的综合立体交通走廊，进一步提高质量和效益，增强对长江经济带发展的战略支撑力。

一是提升黄金水道功能。全面推进干线航道系统化治理，进一步提升干线航道通航能力。统筹推进支线航道建设，有序推进航道整治和梯级渠化。加快推进船型标准化，加快长江船型标准化步伐。

二是促进港口合理布局。强化港口分工协作，统筹港口规划布局，优先发展枢纽港口，积极发展重点港口，适度发展一般港口，严格控制港口码头无序建设。

三是完善综合交通网络。加快铁路建设步伐，优先实施消除铁路“卡脖子”工程。加快建设高等级广覆盖公路网。优化航线网络，提高主要城市间航班密度，培育和拓展国际运输航线。加快建设主干管道，配套建设输配体系和储备设施。

四是大力发展联程联运。加快建设全国性综合交通枢纽，有序发展区域性综合交通枢纽。鼓励发展铁水、公水、空铁等多式联运，增加集装箱和大宗散货铁水联运比重，提高公水、空铁联运效率。

### （三）推动粤港澳大湾区现代化综合交通运输体系建设

畅通大湾区经粤东西北至周边省区的综合运输通道，构建连接泛珠三角区域和东盟国家的陆路国际大通道。以联通内地与港澳以及珠江口东西两岸为重点，构建大湾区以高速铁路、城际铁路和高等级公路为主体的城际快速交通网络，力争实现大湾区主要城市间1小时通达。巩固提升香港国际航运中心地位，增强广州、深圳国际航运综合服务功能，提升珠三角港口群国际竞争力。巩固提升香港国际航空枢纽地位，提升广州和深圳机场国际枢纽竞争力，增强澳门、珠海等机场功能，研究建设一批支线机场和通用机场，建设世界级机场群。

» 专栏 5-18

## 推动粤港澳大湾区现代化综合交通运输体系建设

为充分发挥粤港澳综合优势，深化内地与港澳合作，进一步提升粤港澳大湾区在国家经济发展和对外开放中的支撑引领作用，2019 年 2 月，《粤港澳大湾区发展规划纲要》公开发布，明确指出：

一是提升珠三角港口群国际竞争力。巩固提升香港国际航运中心地位，增强广州、深圳国际航运综合服务功能，增强港口群整体国际竞争力。以沿海主要港口为重点，完善内河航道与疏港铁路、公路等集疏运网络。

二是建设世界级机场群。巩固提升香港国际航空枢纽地位，提升广州和深圳机场国际枢纽竞争力，增强澳门、珠海等机场功能，推进大湾区机场错位发展和良性互动。研究建设一批支线机场和通用机场。

三是畅通对外综合运输通道。完善大湾区经粤东西北至周边省区的综合运输通道。加快构建以广州、深圳为枢纽，高速公路、高速铁路和快速铁路等广东出省通道为骨干，连接泛珠三角区域和东盟国家的陆路国际大通道。

四是构筑大湾区快速交通网络。构建以高速铁路、城际铁路和高等级公路为主体的城际快速交通网络。加强港澳与内地的交通联系，推进城市轨道交通等各种运输方式的有效对接，构建安全便捷换乘换装体系，提升粤港澳口岸通关能力和通关便利化水平。

五是提升客货运输服务水平。推进大湾区城际客运公交化运营，推广“一票式”联程和“一卡通”服务。构建现代货运物流体系，加快发展铁水、公铁、空铁、江河海联运和“一单制”联运服务。加快智能交通系统建设，推进物联网、云计算、大数据等信息技术在交通运输领域的创新集成应用。

## （四）加快交通服务海南全面深化改革开放和自由贸易港建设

加快建设海南现代综合交通运输体系，打造海南自由贸易港。提升海南枢纽地位，以机场、港口为重点，着力打造海口、三亚等综合交通枢纽，特别是加密直达全球主要客源地的国际航线，提升海南的辐射能力和服务范围。强化海南对外通道，研究琼州海峡通道，构建由高速铁路、高速公路、水路客滚运输等多种运输方式组成的综合交通走廊，加快融入国家综合运输大通道。完善岛内综合交通网络，以“海澄文”一体化经济圈、大三亚旅游经济圈为重点，打造多节点、网格状、全覆盖的铁路、城际轨道和骨架公路网，全面支撑海南自由贸易港建设。

>> 专栏 5-19

### 加快建设高水平的中国特色自由贸易港

为加快建设高水平的中国特色自由贸易港，2020 年 6 月，中共中央、国务院对外公布《海南自由贸易港建设总体方案》，明确指出：

一是实施更加便利的免签入境措施。将外国人免签入境渠道由旅行社邀请接待扩展为外国人自行申报或通过单位邀请接待免签入境。放宽外国人申请免签入境事由限制。实施外国旅游团乘坐邮轮入境15天免签政策。

二是实施更加开放的船舶运输政策。以“中国洋浦港”为船籍港，简化检验流程，逐步放开船舶法定检验，建立海南自由贸易港国际船舶登记中心，创新设立便捷、高效的船舶登记程序。取消船舶登记主体外资股比限制。在确保有效监管和风险可控的前提下，境内建造的船舶在“中国洋浦港”登记并从事国际运输的，视同出口并给予出口退税。对以洋浦港作为中转港从事内外贸同船运输的境内船舶，允许其加注本航次所需的保税油，对其加注本航次所需的本地生产燃料油，实行出口退税政策。对符合条件并经洋浦港中转离境的集装箱货物，试行启运港退税政策。

三是实施更加开放的航空运输政策。在对等基础上，推动在双边航空运输协定中实现对双方承运人开放往返海南的第三、第四航权，并根据我国整体航空运输政策，扩大包括第五航权在内的海南自由贸易港建设所必需的航权安排。支持在海南试点开放第七航权。允许相关国家和地区航空公司承载经海南至第三国（地区）的客货业务。实施航空国际中转旅客及其行李通程联运。对位于海南的主基地航空公司开拓国际航线给予支持。允许海南进出岛航班加注保税航油。

## （五）推进长三角区域交通运输更高质量一体化发展

以轨道交通为骨干，公路网络为基础，水运、民航为有效补充，以上海、南京、杭州、合肥、苏锡常、宁波等为节点，构建对外高效联通、内部有机衔接的多层次综合交通网络。加快干线铁路、国家高速公路、长江黄金水道、港口、内河高等级航道、航空等建设，打造多向立体、内联外通的大能力快速运输通道。完善区域城际铁路、地方高速公路、普通国省道等建设，构建快捷高效的城市群交通网。推进都市圈城际铁路、市域（郊）铁路、城市轨道交通、快速路网等建设，建设一体衔接的都市圈通勤交通网。强化国际枢纽机场与周边干线、支线机场协调联动，打造具有国际竞争力的世界级港口群和现代化机场群。

» 专栏 5-20

### 推进长三角区域交通运输一体化发展

为推动长三角一体化发展，增强长三角地区创新能力和竞争能力，提高经济集聚度、区域连接性和政策协同效率，2019 年 12 月，中共中央、国务院发布《长江三角洲区域一体化发展规划纲要》，明确指出：

一是共建轨道上的长三角。加快建设集高速铁路、普速铁路、城际铁路、市域（郊）铁路、城市轨道交通于一体的现代轨道交通运输体系。以都市圈同城化通勤为目标，加快推进城际铁路网建设，推动市域铁路向周边中小城市延伸，率先在都市圈实现公交化客运服务。支持高铁快递、电商快递班列发展。

二是提升省际公路通达能力。加快省际高速公路建设，对高峰时段拥堵严重的国省道干线公路实施改扩建。加快推进高速公路改扩建。规划建设过江通道和跨海通道。滚动实施打通省际待贯通路段专项行动，取消高速公路省界收费站。

三是合力打造世界级机场群。构建分工明确、功能齐全、联通顺畅的机场体系，提高区域航空国际竞争力。完善区域机场协作机制，提升区域航空服务品质。加强航空货运设施建设。统筹空域资源利用，促进民航、通用航空融合发展。

四是协同推进港口航道建设。推动港航资源整合，优化港口布局，健全一体化发展机制，形成合理分工、相互协作的世界级港口群。加强沪浙杭州湾港口分工合作，深化沪苏长江口港航合作，加强沿海沿江港口江海联运合作与联动发展。完善区域港口集疏运体系，推进重点港区进港铁路规划和建设。加强内河高等级航道网建设，推动长江淮河干流、京杭大运河和浙北高等级航道网集装箱运输通道建设。

（六）加强黄河流域生态保护和高质量发展的交通支撑

契合全流域生态保护和国土空间开发，加快形成黄河流域“通道 + 枢纽 + 网络”联动发展格局。构建高效快捷联通流域与其他国家战略区域，有效串联流域内主要城市、经济中心、产业园区和人口聚集地的综合运输通道，重点加强高落差梯次性城市间通道联系，实现流域内相对发达地区与欠发达地区的落差性精准对接。优化综合交通枢纽空间格局，以济南、郑州、西安、兰州等枢纽为核心，增强要素资源集聚与辐射功能，培育形成一批引领流域发展的增长极，形成梯次带动效应。加快建设层次分明、功能互补、有机衔接的现代综合交通网络，推进黄河“几”字弯都市圈综合交通发展，加强城市群城际交通网和都市圈一体化交通网建设，精准补齐革命老区、民族地区、贫困地区等特殊类型地区交通网络发展“短板”。

## 二、推进交通运输与经济社会深度融合发展

我国综合交通运输发展已总体适应经济社会发展需要。“十四五”时期，需要深刻把握构建现代综合交通运输体系的方向和交通运输与经济社会融合发展的趋势，推动交通运输与经济社会跨业、跨域、跨界深度融合发展，构筑可持续发展新生态，为建设社会主义现代化强国奠定坚实基础。

### （一）大力发展通道经济与枢纽经济

围绕综合运输通道和综合交通枢纽建设，强化通道带状支撑和枢纽圈层辐射作用，推进人流、物流、信息、资金、技术等经济要素沿轴线流动和围绕枢纽辐射，培育发展通道经济和枢纽经济。

依托综合运输通道，培育壮大沿线新极点和经济合作走廊，形成区域经济带状联动。依托综合运输通道建设，显著提高沿线地区的空间可达性，改善区域投资环境，为沿线地区经济发展和生产要素集聚创造条件，加强沿线主要经济中心连接，推动沿线客货流、资金流、信息流等高速流动与集聚，形成带状地域经济通道，加快构建形成交通经济带。

依托综合交通枢纽，统筹城市空间布局和产业发展，打造形成各种要素大聚集、大流通、大交易的枢纽经济。以铁路车站综合开发为载体，发展高铁经济和站区经济，打造集交通、商业、商务

等为一体的现代城市综合体。依托国家物流枢纽，强化铁路货运站场、物流基地与公路站等衔接整合，整体向现代物流中心和多式联运中心转型，加强货运枢纽与工业园区、产业园区、制造业集聚区等联动。以机场为依托，促进临空经济和航空经济发展，强化航空运输经济与航空工业、服务、知识等经济融合。依托重要港口，打造一批港产城深度联动融合的临港经济区。

» 专栏 5-21

## 推动临空经济示范区健康有序发展

为推动临空经济示范区健康有序发展，2015 年 6 月，国家发展改革委、中国民航局联合印发《关于临空经济示范区建设发展的指导意见》（发改地区〔2015〕1473 号），明确指出：

一是优化空间发展布局，促进区域协同发展。推进“多规合一”，规范空间开发秩序，着力推进与城市规划、交通基础设施规划以及区域规划的有机衔接，统筹功能分区，形成畅通高效的交通网络、绿色宜居的生活环境、集约有序的城市空间。

二是推进航空枢纽建设，构建立体交通系统。提升机场客货运功能，加快航空货运仓储设施和货运转运中心建设，完善物流转运设施，拓展优化航线网络，完善陆路、水路交通运输体系，加快发展多式联运，打造“门到门”快速运输系统。

三是发展优势特色产业，构建高端产业体系。积极引进发展航空设备制造及维修、电子信息等高端制造业，发展壮大航空物流、专业会展、电子商务等现代服务业，形成以航空运输为基础、航空关联产业为支撑的高端产业体系。

四是提升开放门户功能，辐射带动区域发展。创新对外开放体制机制，研究推进航权开放，加快航空口岸建设，促进通关便利化，构建国际化营商环境，提升参与国际产业分工层次；强化产业集聚和综合服务功能，延伸面向周边区域的产业链和服务链。

五是加强生态环境保护，促进绿色低碳循环发展。坚持生态优先，大力发展循环经济，促进资源节约集约利用，提高资源能源利用效率，控制主要污染物排放总量。

## 》专栏 5-22

### 推进高铁站周边区域合理开发建设

为推进高铁站周边区域合理开发建设，2018 年 4 月，国家发展改革委等四部门联合印发《关于推进高铁站周边区域合理开发建设的指导意见》（发改基础〔2018〕514 号），指出要充分论证高铁站周边开发建设可行性、必要性，因城施策、因站而异推进高铁站周边区域合理有序开发建设。

一是合理确定高铁站选址和规模。高铁站选址要符合土地利用总体规划和城市总体规划，既要满足技术标准条件，又要服务地方发展。

二是严格节约集约用地。高铁站周边开发建设要落实最严格的耕地保护制度和节约用地制度，有关城市要合理确定高铁站周边用地规模、结构、布局及土地开发和供应时序。统筹地上地下空间复合利用，提升节约集约用地水平。

三是促进站城一体融合发展。高铁站周边开发建设要突出产城融合、站城一体，与城市建成区合理分工，在城市功能布局、综合交通运输体系建设、基础设施共建共享等方面同步规划、协调推进。

四是提升综合配套保障能力。强化城市内外交通衔接，加强新建高铁站城市公共交通配套线路和换乘设施建设，实现与城市建成区、城市其他重要综合交通枢纽之间的快速连接、便捷直达。完善公共服务体系，配套建设医疗、教育、休闲、娱乐等场所和设施，增强生活服务功能。

五是合理把握开发建设时序。尊重城市发展的客观规律，量力而行，尽力而为，严禁借高铁站周边开发建设名义盲目搞城市扩张。

六是切实防范高铁站周边开发建设带来的地方政府债务风险。

## （二）深入推进交通运输与产业融合发展

打破既有产业边界，依托前沿科技与现代技术手段，促进交通基础设施与关联产业融合发展，推动传统产业转型升级，加速新兴产业发展壮大。

强化交通运输与现代农业融合发展。围绕特色经济、林下经济以及特色农牧区经济发展，加强交通设施、流通设施和运输服务体系建设，优化农产品冷链物流设施网络，发展农产品从产地到销地的直销和配送。

推进交通运输与制造业融合发展。加快传统基础设施升级改造，引导交通服务与装备制造协同联动，助推新兴制造业崛起。推动制造企业优化供应链组织，依托交通运输，推动网络化协同制造。鼓励制造企业进行包括设备制造与采购、施工安装、维护管理、交通物流等在内的一体化服务集成。

推动交通运输与商贸流通融合发展。围绕互联网下的电商等新业态、新模式发展，特别是跨境电子商务等，强化交通运输与商贸流通融合联动发展。积极盘活既有商贸流通资源，加快城市流通基础设施升级改造，加强社区物流配送等基础设施建设，优化社区商业网点、公共服务设施的规划布局和业态配置。依托城市、城乡交通和流通基础设施，强化城市、城乡及时配送共享业态创新。

加强交通运输与旅游业融合发展。统一规划、设计、建设交通与旅游基础设施，打造景观铁路、绿色步道、美丽公路等交通风景带、风景点，规范完善通道沿线和枢纽站场内的旅游标识。畅通景区和乡村旅游区与交通干线的连接，围绕全域旅游，在机场、车站、客运码头等重点枢纽配建游客集散中心，构建覆盖景区的交通网络。

### （三）积极培育交通运输消费新领域

大力发展智能交通产业，加大交通运输科技创新和新技术应用，充分利用互联网、大数据等手段，培育交通运输数字经济。依托交通运输发展，有序推进交通运输与深空经济等融合联动，推进地下空间综合开发，提升交通“天”“地”经济效益。加快推进自驾旅游及汽车房车营地建设，促进停车场产业化发展。推进邮轮母港建设，积极发展游艇业务，建设“游艇会”，建设旅游码头、发展海上和水上旅游航线。探索发展集产业、城市功能为一体的特色航空小镇。统筹交通、邮政、商务、供销等资源共享，升级改造一批集运输、仓储、配送、信息于一体的综合物流服务基地，打造智能物流共享经济、平台经济、体验经济新业态。大力发展快递海外仓、打包寄递、到家服务等供给模式。

## 三、推进交通设施与其他基础设施深度融合

基础设施是经济社会发展的重要支撑，“十四五”时期，要以整体优化、协同融合为导向，加强交通与信息、能源、水利、市政等各类基础设施统一规划、同步建设、协同布局，做好同步预留，促进资源共享、线位共用、功能互融，提高空间利用效率，统筹存量和增量、传统和新型基础设施发展，打造集约高效、经济适用、智能绿色、安全可靠的现代化基础设施体系。

### （一）推进交通与新型基础设施融合发展

按照“互联网 +”便捷交通、高效物流的部署，有效提升交通基础设施数字化、网络化、智能化水平，推进智慧港口、智慧机场、智慧公路港、智慧物流仓储等建设。结合车联网、船联网、空

地通信网等信息通信网络技术发展，加快布局智能交通基础设施，推进基础设施、设备、信息及环境等多层协同，加强对自动驾驶车辆、无人机等智能交通工具发展的基础设施支撑。

### （二）强化交通与能源设施联动发展

统筹交通网络、输电网络、油气管网规划，建设交通能源综合大通道。强化能源产业交通基础设施建设，推进重载铁路，完善石油、煤炭、天然气等港口装卸码头及相关设施建设，统筹推进港口岸电推广应用。根据车辆和船舶“油改气”需求，积极推进天然气加气站规划建设。加快推进电动汽车充电基础设施建设，根据需求有序推进高速公路廊道加氢站建设。

### （三）统筹交通与水利设施协同发展

统筹水网与内河航道网络融合，同步规划、同步建设航道、船闸、货运码头、客运中心及配套场站、航运服务区等港航服务设施。统筹推进内河航运发展和水资源综合利用，推进内河支线航道航运开发与航电枢纽建设一体发展。统筹推进干线航道系统化治理和支线航道建设，研究建设三峡枢纽水运新通道。统筹水网与岸上交通网络融合，兼顾水网通航与跨江、跨河交通需求，合理布局跨江、跨河通道桥梁。统筹水网与慢行交通网络融合，兼顾河道水体防洪、排涝、环境、生态、慢行交通等功能，统筹岸线资源利用，加强沿线旅游交通设施建设，打造滨水生态旅游带。

## （四）加强交通与市政设施一体化发展

推动区域干线公路与城市道路一体化发展，加强城市周边区域公路与城市道路高效对接。加快轨道交通外围站点（P+R）停车设施建设，推进轨道交通线网边缘站点小汽车与城市公共交通换乘停车设施建设。补齐小汽车和物流货运车辆等停车设施短板，加强立体停车楼、地下停车场等集约化停车设施建设。统筹利用地下空间拓展优化交通市政网络，统筹建设地下综合管廊。

» 专栏 5-23

### 加强城市停车设施建设

为加强城市停车设施供给，吸引社会资本、推进停车产业化发展，2015年8月，国家发展改革委等七部门联合印发《关于加强城市停车设施建设的指导意见》（发改基础〔2015〕1788号），明确指出，立足城市交通发展战略，统筹动态交通与静态交通，着眼当前、惠及长远，将停车管理作为交通需求管理的重要手段，适度满足居住区基本停车和从严控制出行停车，以停车产业化为导向，在城市规划、土地供应、金融服务、收费价格、运营管理等方面加大改革力度和政策创新，营造良好的市场化环境，充分调动社会资本积极性，加快推进停车设施建设，有效缓解停车供给不足，加强运营管理，实现停车规范有序，改善城市环境。

以居住区、大型综合交通枢纽、城市轨道交通外围站点（P+R）、医院、学校、旅游景区等特殊地区为重点，在内部通过挖潜及改造建设停车设施，并在有条件的周边区域增建公共停车设施。鼓励建设停车楼、地下停车场、机械式立体停车库等集约化的停车设施，并按照一定比例配建电动汽车充电设施，与主体工程同步建设。各地依据城市总体规划和综合交通体系规划，以配建停车为主体、路外公共停车为辅助、路内停车为补充，采用差别化的停车供给策略，修订城市建筑物配建停车泊位标准，组织编制停车设施专项规划，并及时纳入城市用地控制性详细规划，做好用地管控。

## 四、构建全方位开放的交通运输联动生态圈

习近平总书记高度重视交通运输在推动形成全面开放新格局

中的重要作用，指出交通基础设施互联互通是区域合作的优先领域和重要基础。交通运输对外开放面临的国内外形势正在发生深刻复杂变化，“十四五”时期，需要准确把握交通运输对外开放新要求，统筹国内国际两个大局，推动实现更高水平对外开放。

### （一）积极推进交通基础设施互联互通

以扎实推进国际经济合作走廊建设，为高质量共建“一带一路”当好先行为牵引，围绕“六廊六路多国多港”的互联互通主骨架，以铁路、公路、航空、水运、油气管网等为重点，聚焦关键通道、关键城市和关键项目，推动陆上、海上、天上、网上四位一体联通，着力联通陆路、畅通水路、优化航路，推进与周边国家开展交通基础设施互联互通合作，共建国际物流大通道，维护国际海运通道畅通安全，不断完善连接亚洲各次区域以及亚欧非之间的交通基础设施网络和安全高效的陆海空通道网络。

### （二）持续加大交通运输对外开放力度

全面实行准入前国民待遇加负面清单管理制度，积极吸引外资进入交通领域。依托自贸试验区、自由贸易港建设，促进国内国际交通运输要素有序流动、高效配置。打造具有全球竞争力的世界一流交通企业，积极参与“一带一路”沿线国家交通基础设施建设和国际运输市场合作。促进国际运输便利化，发展铁路国际班列，提升中欧班列品牌影响力，提高海运、航空全球连接度。

## （三）全面深化交通运输国际合作

积极参与全球交通运输合作，完善交通运输双边、多边合作机制，深化国际交通科技合作，开展海上交通执法和搜救等合作，加强航行安全保障等合作，共同维护国际运输通道安全。全面参与国际交通运输相关事务活动，深度参与国际规则和标准制定，加强交通规划、法律法规、技术标准体系对接。积极向国际交通组织推送优秀人才，吸引重要交通国际组织来华落驻，为全球交通发展贡献中国交通智慧。

» 专栏 5-24

### 推进基础设施互联互通

为推进实施“一带一路”倡议，促进亚欧非各国联系更加紧密，互利合作迈向新的历史高度，2015 年 3 月，国家发展改革委等三部门联合印发《推动共建丝绸之路经济带和 21 世纪海上丝绸之路的愿景与行动》，明确指出：

基础设施互联互通是“一带一路”建设的优先领域。在尊重相关国家主权和安全关切的基础上，沿线国家宜加强基础设施建设规划、技术标准体系的对接，共同推进国际骨干通道建设，逐步形成连接亚洲各次区域以及亚欧非之间的基础设施网络。强化基础设施绿色低碳化建设和运营管理，在建设中充分考虑气候变化影响。

抓住交通基础设施的关键通道、关键节点和重点工程，优先打通缺失路段，畅通“瓶颈路段”，配套完善道路安全防护设施和交通管理设施设备，提升道路通达水平。推进建立统一的全程运输协调机制，促进国际通关、换装、多式联运有机衔接，逐步形成兼容规范的运输规则，实现国际运输便利化。推动口岸基础设施建设，畅通陆水联运通道，推进港口合作建设，增加海上航线和班次，加强海上物流信息化合作。拓展建立民航全面合作的平台和机制，加快提升航空基础设施水平。

## 第五节

# 推动改革创新，形成发展新动力源

改革创新是引领交通运输高质量发展的动力源。“十四五”时期，综合交通运输发展要充分发挥我国强大国内市场优势，增强创新力，加大“卡脖子”技术攻关力度，加快推进国产先进交通技术装备市场化应用，提升智能交通发展水平，加快形成与基础设施发展水平相适应的高质量技术装备体系，着力深化行业改革，加快形成政府、市场、社会等多方协作的现代治理体系。

## 一、推动前瞻性引领性技术研发与创新

围绕交通运输领域未来发展需求，瞄准新一代信息技术、物联网、人工智能、智能制造、新材料、新能源等世界科技前沿，加强

对交通运输领域前瞻性、引领性、颠覆性技术的原始创新研究。

### （一）聚焦共性前沿技术和颠覆性技术研发

积极推动人工智能等前沿领域成果在交通运输领域的广泛应用，聚焦超长寿命、智能、绿色、协同交通基础设施，聚焦智能、绿色、超高速、全天候载运工具，聚焦“空”“天”“地”高效协同无人驾驶与运行优化技术，加强前沿科技研发，培育重要战略性创新力量，构建核心技术自主可控、具有国际竞争力的现代化交通运输技术体系。

加强区域综合交通网络协调运营与服务技术、城市综合交通协同管控技术、基于船岸协同的内河航运安全管控与应急搜救技术等研发。加快攻关单车智能和车路协同技术，提升传统汽车自动变速器、发动机电控系统等核心零部件的自主化水平，推动轨道交通控制系统研发。面向“深空、深海、深地”等开发新一代基础设施技术，推进超高速磁悬浮列车、太阳能发电道路等研究。研发高性能航空发动机、先进航材、航空控制系统和航空设计软件等。推进轨道交通新型车体材料、节能牵引传动等绿色技术研发。

### （二）实施交通装备关键核心技术创新

推动“深空、深海、深地、深蓝”重要领域技术装备演进，强化新能源汽车与智能汽车、新一代轨道交通装备、高技术船舶、航空装备等装备动力传动系统研发，突破高效率、大推力 / 大功率发动机装备设备关键技术。积极推进C919客机、CR929宽体客机、重型直升机研制，推进智能汽车、大中型邮轮等研发与产业化，合理统筹低真空管（隧）道高速列车技术储备研发，推动物流装备更新换代与升级改造，加强货运动车组、新能源货车、标准化船型、全货机等先进装备的研发设计与技术攻关，打造一批技术先进、质量优良、享誉世界的交通装备品牌。

## 二、拓展先进技术应用场景和应用领域

准确把握新一代科技革命与产业变革历史机遇，适应新技术、新业态、新模式发展，加强交通运输与大数据、互联网、人工智能等先进技术的融合发展，丰富交通运输先进技术应用场景，系统性提升综合交通运输体系智能化水平。

### （一）丰富“交通＋”先进技术应用场景

推动“交通＋大数据”融合，建设综合交通大数据中心。完善交通运输全时空数据采集体系，推动重点路段、航段、隧道、桥梁、船闸以及枢纽等重要节点感知网络覆盖。加快推动跨地域、跨行业交通运输信息开放共享，依托国家及行业数据共享交换平台和政府数据开放平台，促进交通运输领域信息资源高度集成共享和综合开发利用，夯实智能交通发展的信息基础。

推进“交通＋互联网”融合，构建一体化交通信息通信网络。

提升交通基础设施、运输工具、信息平台等联网互通水平，完善全国高速公路通信信息网络，提升信息传输和交换的效率，保障交通运输系统整体协调高效运行，提供广覆盖、低时延、高可靠、大带宽的网络通信服务。

推进“交通＋人工智能”融合，建设多网合一、人机交互、天地一体的交通运行组织系统。推动人工智能技术在交通运输领域全面融合应用，提升交通运输技术装备智能化水平，推动人工智能技术在交通基础设施运维管理的应用，提升交通调度指挥、运输组织、安全应急等领域的智能化水平。

### （二）拓展智能交通应用领域

优化完善覆盖智能建造、智能装备、智能运营等领域的智能铁路技术体系、数据体系和标准体系，研发打造铁路智能综合调度系统，全面推广应用铁路电子客票。统筹网络信息设施建设与智慧公路、智能汽车、城市道路及附属设施智能化升级，优化车路协同应用场景，推动车联网先导区建设。提高港口、航道、船闸等基础设施与智能船舶、自主航行、靠离码头、自动化装卸货的配套衔接水平。加快北斗在机场自动化作业、精准定位等领域的应用，持续完善我国民航航空器追踪监控体系。基于人工智能、大数据等优化综合交通枢纽运输组织，推进各种运输方式实现信息互通、运力匹配、组织衔接、时刻对接。加快城市交通管控与服务系统、城市级智慧停车联网平台、新能源汽车充电设施等完善升级和融合联动。

推动城市公共交通兼容多种电子支付方式。

## 三、深化交通运输重点领域和关键环节改革

立足我国当前交通运输发展实际，聚焦交通运输发展新时代主要矛盾，全面深化交通运输重点领域和关键环节改革，破除各方面体制机制弊端，加强运输市场培育，建立健全适应综合交通运输高质量发展的体制机制。

### （一）深化交通运输重点领域管理体制改革

深化铁路行业改革，促进铁路运输业务市场主体多元化和适度竞争，在有条件的地区试点城际铁路、市域（郊）铁路等“网运分离”和“多网融合”，盘活铁路枢纽周边土地资源，鼓励轨道交通站点上盖物业及周边土地联动开发，建立公开透明、公平合理的铁路清算和分配规则。推进空域管理体制改革，构建市场化导向的航线和时刻资源配置机制，有序推进航油航材市场化供应。积极稳妥推进出租汽车行业改革，促进出租车、网约车协调发展。推动枢纽管理体制改革试点，鼓励多样化枢纽开发模式。推进邮政普遍服务业务与竞争性业务分业经营。探索跨行政区的交通一体化管理体制改革，构建省际市际战略决策、沟通协调、合作运行等机制。

### （二）推进交通运输投融资体制改革

切实防范和化解债务风险，加快投融资机制创新，有效盘活存量资产资源，科学主动引导社会资本特别是中长期资本和民间资本广泛参与现代综合交通运输体系建设，完善利益分配机制，为交通运输可持续发展提供长期稳定的资金支持。提升投资管理效率，完善项目资本金比例制度。优化中央预算内投资管理使用方式。推进铁路投融资改革，多渠道盘活存量优质资产，支持有条件的铁路公司上市，依托具有较好盈利前景的项目实施债转股、资产证券化等试点。研究支持发行适度规模的交通运输企业债、项目债等，探索开展基础设施 REITs 试点。建立枢纽综合开发和利益共享机制，试点土地分层供应与周边土地储备等制度。

» 专栏 5-25

#### 提高政府投资效益

为充分发挥政府投资作用，提高政府投资效益，规范政府投资行为，激发社会投资活力，2019 年 5 月，国务院印发《政府投资条例》，明确指出：

第三条　政府投资资金应当投向市场不能有效配置资

源的社会公益服务、公共基础设施、农业农村、生态环境保护、重大科技进步、社会管理、国家安全等公共领域的项目，以非经营性项目为主。国家完善有关政策措施，发挥政府投资资金的引导和带动作用，鼓励社会资金投向前款规定的领域。国家建立政府投资范围定期评估调整机制，不断优化政府投资方向和结构。

第四条　政府投资应当遵循科学决策、规范管理、注重绩效、公开透明的原则。

第五条　政府投资应当与经济社会发展水平和财政收支状况相适应。国家加强对政府投资资金的预算约束。政府及其有关部门不得违法违规举借债务筹措政府投资资金。

第六条　政府投资资金按项目安排，以直接投资方式为主；对确需支持的经营性项目，主要采取资本金注入方式，也可以适当采取投资补助、贷款贴息等方式。安排政府投资资金，应当符合推进中央与地方财政事权和支出责任划分改革的有关要求，并平等对待各类投资主体，不得设置歧视性条件。国家通过建立项目库等方式，加强对使用政府投资资金项目的储备。

第八条　县级以上人民政府应当根据国民经济和社会发展规划、中期财政规划和国家宏观调控政策，结合财政收支状况，统筹安排使用政府投资资金的项目，规范使用各类政府投资资金。

» 专栏 5-26

## 创新投融资机制

为进一步创新投融资机制，有效盘活存量资产，促进基础设施高质量发展，2020年4月，中国证监会、国家发展改革委联合印发《关于推进基础设施领域不动产投资信托基金（REITs）试点相关工作的通知》（证监发〔2020〕40号），指出推动基础设施REITs在证券交易所公开发行交易，盘活存量资产、形成投资良性循环，吸引更专业的市场机构参与运营管理，提高投资建设和运营管理效率，提升投资收益水平。对基础设施REITs试点项目的要求如下：

聚焦重点区域。优先支持京津冀、长江经济带、雄安新区、粤港澳大湾区、海南、长江三角洲等重点区域，支持国家级新区、有条件的国家级经济技术开发区开展试点。

聚焦重点行业。优先支持基础设施补短板行业，包括仓储物流、收费公路等交通设施。

聚焦优质项目。基础设施REITs试点项目应符合以下条件：

1. 项目权属清晰，已按规定履行项目投资管理，以及规划、环评和用地等相关手续，已通过竣工验收。PPP项目应依法依规履行政府和社会资本管理相关规定，收入来源以使用者付费为主，未出现重大问题和合同纠纷。

2. 具有成熟的经营模式及市场化运营能力，已产生持续、稳定的收益及现金流，投资回报良好，并具有持续经营能力、较好的增长潜力。

3. 发起人（原始权益人）及基础设施运营企业信用稳健、内部控制制度健全，具有持续经营能力，最近3年无重大违法违规行为。基础设施运营企业还应当具有丰富的运营管理能力。

加强融资用途管理。发起人（原始权益人）通过转让基础设施取得资金的用途应符合国家产业政策，鼓励将回收资金用于新的基础设施和公用事业建设，重点支持补短板项目，形成投资良性循环。

## （三）健全交通基础设施管养体制机制

深化交通基础设施管理体制改革，推进建设、管理、养护、运营各环节协同的机制创新，进一步完善权责一致的建管养运一体化协调机制，提升交通基础设施全生命周期运营管理能力。研究组建专业化交通设施管养服务机构，统筹既有资金渠道，加大资金支持力度。以普通国省道和农村公路为重点，健全普通国省道、农村公路可持续发展长效机制，试点“路长制”管理模式。有序推进公路养护市场化进程，推行农村公路建设和一定时期的养护捆绑、干线公路建设养护与农村公路捆绑等模式，采用给予冠名权、景观开发权等方式引导企业参与养护工作。

## 四、提高交通运输现代化治理水平

交通运输领域是国家治理体系和治理能力现代化的重要组成部分，“十四五”时期，要重点围绕宏观调控体系、法规标准体系、现代市场体系建设，加快构建政府、市场、社会等多方共建共治共享的综合交通运输现代化治理体系，切实提升治理能力，着力破除制约高质量发展的“瓶颈”障碍。

### （一）完善交通运输宏观调控体系

深化“放管服”改革，精准、协同、有序放权，大幅减少行政审批和全面清理规范行政许可，有序扩大实施“负面清单”制度。更好发挥政府作用，加快推动政府管理重心由注重市场准入转向市场秩序维护，消除限制市场竞争的垄断性行为，整合优化监管职能，建立跨地域、跨行业的综合监管体系，完善投资、土地、资金、环保、行政等政策体系，形成政策合力。优化各级财政事权与支出责任，厘清交通运输领域中央与地方、省与省以下政府财政事权与支出责任划分，明确与各级政府支出责任相适应的交通专项资金配置。统筹规划体系建设，加强规划衔接协调。

### 专栏 5-27

#### 更好发挥国家发展规划战略导向作用

为加快统一规划体系建设，更好发挥国家发展规划战略导向作用，2018 年 11 月，中共中央、国务院印发《关于统一规划体系更好发挥国家发展规划战略导向作用的意见》（中发〔2018〕44 号），明确指出：

统一规划体系，形成规划合力。坚持下位规划服从上位规划、下级规划服务上级规划、等位规划相互协调，建立以国家发展规划为统领，以空间规划为基础，以专项规划、区域规划为支撑，由国家、省、市县各级规划共同组成，定位准确、边界清晰、功能互补、统一衔接的国家规划体系。

强化规划衔接协调。建立健全规划衔接协调机制，明确衔接原则和重点，规范衔接程序，确保各级各类规划协调一致。报请中共中央、国务院批准的规划，须事先与国家发展规划进行统筹衔接。衔接重点是规划目标特别是约束性指标、发展方向、总体布局、重大政策、重大工程、风险防控等，必要时由国务院发展改革部门会同规划编制部门组织开展审查论证。省级发展规划须按程序报送国务院发展改革部门进行衔接。加强国家级专项规划、区域规划与空间规划的衔接，确保规划落地。

## （二）建设交通运输现代市场体系

完善交通运输市场准入制度和监管规则，优化营商环境，充分释放我国交通运输行业的发展活力。强化竞争性政策的基础性地位，全面清理交通运输领域妨碍统一市场和公平竞争的法规政策。持续推动交通运输价格“放管服”改革向纵深发展，规范运输企业经营和价格行为。结合铁路运输体制机制改革，进一步健全铁路货运价格动态调整机制，完善普通旅客列车票价政策；进一步扩大市场调节价航线范围，完善民航运输市场价格行为规则；全面清理规范海运口岸收费，降低进出口合规成本，优化口岸营商环境。加强骨干性、网络型、专业化运输企业和其他交通市场主体培育。创新社会参与交通运输决策方式，推动各类主体通过政府购买服务等渠道积极参与公共事务的治理，扩大人民群众参与度。针对不同交通运输从业主体，建立健全涵盖交通运输工程建设、运输服务等领域行业信用体系。

» 专栏 5-28

## 支持民营企业参与交通基础设施建设发展

为进一步激发民营企业活力和创造力，加快推进交通基础设施高质量发展，2020年6月，国家发展改革委等十二部门联合印发《关于支持民营企业参与交通基础设施建设发展的实施意见》（发改基础〔2020〕1008号），要求合理设置资格条件，不得以任何形式对民营企业参与交通基础设施建设运营设置限制性门槛，全面清理交通基础设施领域现有资质资格限制性规定。创新完善体制机制，营造良好政策环境。

支持和鼓励民营企业参与重大铁路项目建设以及铁路客货站场经营开发、移动互联网服务、快递物流等业务经营。支持民营企业参与以货运功能为主的机场、通用机场、直升机起降点项目建设，参与机场服务配套设施建设运营。鼓励具备专业经验的民营企业参与高速公路服务区经营活动。拓宽社会资本参与城市停车设施建设运营渠道。推动民营企业提供拥堵治理、交通大数据平台建设等服务。引导、鼓励和支持民营企业参与绿色维修、绿色驾培、绿色物流、绿色公路、绿色航运等绿色交通发展。

支持民营企业规范参与交通基础设施PPP项目，中国政企合作投资基金对符合条件的项目予以融资支持。吸引更多民营企业参与交通基础设施项目股改上市融资。支持符合条件的交通领域民营企业在科创板上市。支持符合条件的铁路企业实施债转股或资产股改上市融资。引导金融机构结合职能定位，按照市场化原则对民营企业参与交通基础设施项目提供信贷支持。

## （三）构建交通运输法规标准统计体系

适应高质量发展要求和形势变化，建立健全适应现代化综合交通运输发展的法规、标准、统计体系，及时修订相关法律法规，强化各类标准衔接协调。完善基础设施和载具装备技术标准体系，加快制定完善枢纽换乘、轨道交通土地开发、低空空域、交通信息化智能化、运输服务新业态等技术标准，加强大数据、物联网、人工智能、区块链等与交通融合发展的技术标准研究。探索试点弹性建设标准，在高速公路、国省干线部分项目试点弹性车道数建设标准，适当降低中小机场配套设施建设标准要求。推广应用集装化和单元化装载技术，统一多式联运装载单元规格、技术、货种限制等标准。完善交通运输统计方式和指标体系。加强与国际组织事务合作，积极参与交通运输领域国际标准制定，提升国际竞争力和话语权。

（四）加强交通运输人才队伍建设

交通运输人才是国家人才队伍中不可或缺的行业队伍。要强化综合交通运输人才队伍建设，挖掘释放和培育提升交通运输人力资本红利。重点优化人才队伍结构，建设总量充足、结构合理、专业匹配、素质精良的交通运输人才队伍。围绕我国交通运输现代化发展的关键领域和关键环节，培养一批高水平交通科技人才、创新人才和管理人才。围绕重点基础性、创新性领域，以国家重大工程实验室等为依托，造就一批国内一流、国际知名的交通运输创新领军人才、经营管理领军人才和大国重器工匠大师。强化人才梯队、专业团队培育，加大优秀青年骨干人才培养力度。加强高等院校、科研院所等建设，构建适应交通运输现代化发展需要的专业化职业教育体系，强化综合性、复合性、融合性、专业性、国际性人才培养。加大国家高端智库、综合性和专业智库和咨询机构等建设力度。充分发挥行业协会等积极作用。加强人才使用与激励机制建设，提升行业教育培训等基础条件和软硬件环境。做好国外智力引进和国际组织人才培养推送工作，促进人才国际交流与合作。

（五）建立交通运输数据要素配置机制

优化完善交通运输基础数据库，加快推动各地区各部门间交通运输数据共享交换，研究建立促进交通运输公共数据开放和数据资源有效流动的制度规范。积极培育交通运输领域数字经济新产业、新业态和新模式，加快构建交通运输领域规范化数据开发利用的场景。发挥交通运输行业协会作用，推动智能交通、车联网等领域数据采集标准化。加强交通运输数据资源整合和安全保护，探索建立统一规范的数据管理制度，提高数据质量和规范性，丰富数据产品，推动完善适用于大数据环境下的交通运输数据分类分级安全保护制度。加强对交通运输政务数据、企业商业秘密和个人出行等数据安全的保护。

第六节

# 坚守绿色安全，增强综合交通运输系统韧性

“十四五”时期，要深入学习贯彻习近平生态文明思想和习近平总书记关于交通运输领域安全生产和应急保障的重要指示批示，贯彻绿色发展理念，坚持人民利益至上，积极回应人民群众对美好环境的期待，积极应对交通能源消费变革，推动绿色出行和绿色物流发展，提升资源集约利用水平，强化生态保护和污染防治，不断增强交通运输安全性、可靠性和抗风险能力。

## 一、加强统一规划和资源共享

加强统一规划和规划协同，促进“多规合一”和“多规融

合”，保持规划实施连续性稳定性，确保“一张蓝图绘到底”。引导资源有效配置，提高资源集约共享水平。

### （一）加强规划衔接与统筹实施

落实国家发展规划提出的交通运输领域发展的重点任务，制定细化的时间表和路线图，提高针对性和可操作性。加强交通规划与空间规划的衔接，确保规划落地。加强与区域规划的衔接，突出区域特色，落实重大区域政策。围绕“多规合一”“多规融合”，做好各交通运输方式间，以及交通运输与国土空间、产业布局、生态建设、基础设施等专项规划的衔接，推进资源共享、线位共用、功能互融。加强规划监督实施，强化规划的权威性、科学性、延续性和有效性。各部门各地方要按照职能分工，完善相关配套政策措施，构建多部门信息资源共享机制，为规划实施创造有利条件。加强邻近省区市间的交通规划衔接及规划的统筹实施。

### （二）提高资源配置效率和共享水平

强化交通运输资源要素跨区域、跨领域合理配置和统筹高效利用，促进资源要素在不同方式、不同领域、不同区域有序流动，引导既有资源整合，充分挖掘存量资源潜力，提高增量资源配置水平。重点强化交通运输应急资源统筹配置力度，提高交通运输应急服务能力和效率，提升分方式、分地区交通运输信息资源共享水平，有效降低应急物资消耗损失，合理控制运输服务成本，提高交通运输应急资源要素利用效率。

## 二、推进交通运输绿色低碳发展

深入贯彻绿色发展理念，以生态环境保护和资源集约利用为重点，转变交通运输发展模式，加快形成交通运输发展与生态文明建设相互促进、与资源环境承载力相匹配的良好局面，增强交通运输持续健康发展能力。

### （一）推进交通领域能源消费变革

优化交通运输终端用能结构。有序推动交通运输“去油化”和“电气化”，促进清洁能源在交通领域创新利用，全面提升交通运输电气化率，推广使用LNG、压缩天然气（CNG）等清洁能源运输装备和装卸设施。研究以大容量电池作为分散式灵活储能设施，破解可再生能源消纳难题。探索利用交通运输线位布局分布式电源设施，为交通工具运行提供稳定的电力保障。

积极推广低碳型新能源运输工具。在公交、环卫、出租、公务车等领域率先大力推广新能源汽车，继续鼓励私人购买新能源汽车。鼓励新能源运输工具与分布式能源系统的集成应用创新，加快新能源汽车充电设施网点建设。鼓励铁路推广使用交—直—交电力机车。积极开展氢气等燃料电池汽车相关技术和应用场景研究，超前预留发展空间。积极发展绿色船舶，推进氢燃料电池、超级电容等清洁能源和可再生能源技术在船舶领域的示范应用。

推动交通运输节能减排。提升车用汽油、柴油国家强制性标准，大力推进节能汽车普及，建立燃油经济性领跑者制度，推动汽车能效尽快达到世界先进水平。加快淘汰更新排放不达标的柴油货车和老旧燃气车辆。积极推广温拌沥青等技术应用，在桥梁、隧道等交通基础设施中全面推广高效照明产品、智能通风控制等新技术与新设备。提高铁路机车牵引能效水平，推广车船节能技术改造，全面规范实施飞机辅助动力装置替代。

### （二）大力发展低碳交通运输

引导低碳绿色出行方式。完善大城市公交、地铁等低碳出行系统，进一步强化公交票价和停车收费价格对公交出行的引导作用，切实提升公共交通出行分担率。加强自行车专用道和行人步道等城市慢行系统建设，改善自行车、步行出行条件。引导规范私人小客车合乘、互联网租赁自行车、共享汽车等健康发展。

积极发展绿色物流。优化调整运输结构，发挥铁路和水运在大宗货物中长距离运输的中骨干作用。推广绿色仓储技术，在货运物流加工环节普及环保材料，加强包装物的回收与重复利用，推动托盘等标准化器具循环共用。建设绿色物流循环系统，将产品生产、消费、废弃、回收全生命周期纳入物流链条，完善逆向物流，建立闭环系统，支撑现代生产生活方式和循环经济发展。逐步完善能耗和碳排放监测、检测认证制度，加快建立绿色物流评估标准和认证体系。

## （三）推进资源集约节约利用

推进交通资源集约化利用。统筹规划布局交通线路和枢纽设施，优化工程设计，集约利用土地、线位、桥位等资源。强化能源和水资源消耗、建设用地等总量和强度双控行动，实行最严格的耕地保护、节约用地和水资源管理制度，采取有效措施减少耕地和基本农田占用。推进综合交通枢纽用地综合立体开发和港口岸线资源有序开发利用，提高交通用地和港口岸线等资源利用效率。

推动交通资源循环利用。大力开展废旧材料的再生和综合利用，积极推行废旧沥青路面、钢材、水泥等材料再生和循环利用，推广粉煤灰、煤矸石、矿渣、废旧轮胎等工业废料的综合利用。推进高速公路绿色服务区建设。高度重视环境和社会各方面、各要素的可持续发展要求，推广应用新技术、新材料、新工艺、新设备，提高水、能源等循环利用效率。推行货物包装和物流器具绿色化、减量化，推广循环包装。

## （四）强化生态保护和污染防治

降低生态环境影响。将生态环保理念贯穿交通基础设施规划、设计、建设、运营和养护全过程，推动新材料、新技术、新工艺在交通工程和运输领域广泛应用，有效防治公路、铁路沿线噪声、振动，减缓大型机场噪声影响。加强交通基础设施生态选线，避绕自然保护区、水源地保护区等生态环境敏感区，减少交通运输对自然保护区、风景名胜区等生态敏感区域的影响。

强化生态保护与修复。严守生态保护红线，加强重要生态空间管控，着力提升生态系统质量和稳定性。强化生态选线、环保设计要求，严格环境影响评价论证。严格落实生态保护和水土保持措施，鼓励开展生态修复，研究交通运输生态保护计划和修复方案。加强施工过程中的植被与表土资源保护和利用，落实环境保护、水土保持要求，做好临时用地的生态恢复。

加强交通污染治理。强化源头管理，加强柴油货车、船舶等污染防治。打造多部门参与、多地数据共享的城市群交通绿色低碳协同发展综合管理平台，建立健全重点区域交通运输温室气体与大气污染物排放协同联控机制。落实珠三角、长三角、京津冀等水域船舶排放控制区管理政策，加强长江、西江等水域船舶溢油风险防范和污染排放控制。推动全国主要港口和排放控制区内港口靠港船舶率先使用岸电。

## 三、提高交通运输安全性和可靠性

“十四五”时期，要牢固树立安全发展理念，坚持生命至上、安全第一，全面提升交通运输安全发展水平，持续提升交通基础设施产品质量和耐久性。

### （一）加强交通运输安全意识和制度建设

牢固树立“安全第一”的首要战略目标，坚持预防为主、综合治理方针，提高交通安全意识和治理能力。推行交通安全终身教育，全面提升交通参与者安全意识。完善安全生产责任体系，强化安全事前预防以及风险防控能力，实施交通项目安全审计工作和事故责任追究制度，建立安全责任“终身制”，将交通安全责任人纳入社会信用体系。强化企业安全生产主体责任，深入推进企业安全生产标准化建设和风险管理，强化交通运输运营安全管理。鼓励支持智慧物联网等新技术、新方向，进一步夯实安全生产保障体系。

### （二）提升交通运输安全监管水平

加强交通基础设施全生命周期安全防护能力建设，建立对既有基础设施的安全风险管理制度，加强风险评估，提升桥梁、隧道等基础设施工程结构安全，利用科技手段提高基础设施的安全性。全面推广对新改建交通设施的安全性评价制度，提升关键基础设施安全防护能力，强化管理和服务保障。加强道路、桥梁、隧道、港口等安全运行监测与预警系统建设，建立交通运输系统应对恶劣环境和突发事件的防护体系，保证在自然灾害情况下重点地区多方式替代联通，保障交通系统运行安全。

### （三）提高交通基础设施产品质量和耐久性

坚持质量为本、安全第一，提升交通基础设施产品质量和耐久性，打造“百年品质工程”。加强基础研究与技术攻关，充分发挥交通基础设施领域“微创新”作用。加强新技术、新材料、新设备、新工艺研发在交通基础设施领域广泛应用。全面落实工程参建各方主体质量责任，强化建设单位首要责任和勘察、设计、施工单位主体责任。健全工程质量责任体系，建立质量行为可追溯、质量终身制。

### （四）强化交通运输安全保障

统筹国家安全、经济运行、民生保障等多重要求，将交通运输布局调整与经济运行安全、民生服务保障等有机结合，围绕关键交通基础设施和战略通道，分级分类推进交通运输安全能力建设。完善能源、大宗物资等战略物资交通运输保障网络，加强与相关国家沟通和合作，畅通国际贸易通道，共同维护海上航行自由和通道安全。

## 四、构建交通运输全方位应急风险防控体系

交通运输应急体系作为国家应急体系的重要组成部分，在突发事件应对中起到重要保障和支撑作用。2020 年突如其来的新冠肺

炎疫情，进一步凸显了综合交通运输体系在应对疫情防治攻坚战中发挥的重要作用，有效保障了特殊时期人员物资快速流转，也暴露出应急响应与防护保障能力不足、精准化运输物流组织服务效率偏低、跨领域协同联动保障机制不畅、智能化自动化技术装备应用水平不高等突出问题。“十四五”时期，需要着力提升交通运输应急响应和快速恢复能力，构建全方位救援体系，加强系统稳定性和抗风险能力。

### （一）提升交通运输应急风险防控能力

分类分级分区域精准补齐不同类型突发事件下交通物流应急设施结构性、功能性、区域性短板。强化重点城市群、都市圈、中心城市专业化物流、配送、仓储等基础设施以及应急防疫防护配套设施建设和模式创新，加快医药、农产品等冷链物流配送设施在城市和农村地区整体布局和有效衔接。强化应急情况下重点旅客出行链“刻画”，加强专业性分类化平台建设，用好用活大数据、云计算等现代信息技术，提升交通、物流、配送、快递等系统化治理能力和治理水平。以无人机、无人车等为重点，提升智能化、自动化技术装备研发与应急状态场景化应用。强化从业人员培训，增强全员应急处理和防护能力。

### （二）构建全方位交通运输应急救援体系

建立健全跨部门、跨区域的综合交通运输突发事件应急会商与联动处置机制，完善突发事件应急救援指挥系统，保证事件信息及时共享，措施共同会商研判，应急资源及时调配。开通重特大灾害事故应急救援绿色通道，强化装备物资运输、救援人员投送等交通运输保障。完善国家海上搜救和重大海上溢油应急处置部际联席会议机制，健全联席会议管理办法和跨部门的协调机制，提高救援专业化水平和行政效能。完善应急资源征用补偿机制，明确征用补偿程序，制定征用补偿标准。加强事前、事中、事后监管。

## （三）健全交通运输应急风险防控机制

优化政府应急调控与组织协调方式，完善跨部门、跨区域、跨行业的交通运输针对性、预案性应急保障和风险防控机制，建立完善公开、透明、及时的信息发布和共享机制。研究制定国家交通运输应急保障行动标准化流程性指导规范和方案，作为各地方、各部门、各单位和民众应对突发事件的基本指导。建立交通运输大数据监测预警系统，提升自然灾害、突发事件等应对响应能力，合理设置安全冗余，提高系统韧性。坚持“由专业企业、专业人士做专业的事”，充分发挥专业性运输物流企业主体作用，提高社区、小区、企业单位等多元化主体参与深度和协同程度，增强整体应急响应和保障能力。

# 参考文献


习近平，2014. 习近平谈治国理政：第一卷 [M]. 北京：外文出版社 .

习近平，2017. 习近平谈治国理政：第二卷 [M]. 北京：外文出版社 .

中共中央宣传部，2018. 习近平新时代中国特色社会主义思想三十讲 [M]. 北京：学习出版社 .

习近平，2018. 习近平向联合国全球卫星导航系统国际委员会第十三届大会致贺信 [N]. 人民日报，2018-11-06（1）.

习近平，2019. 深入理解新发展理念 [J]. 求是（10）.

习近平，2019. 在黄河流域生态保护和高质量发展座谈会上的讲话 [J]. 求是（20）.

习近平，2020. 习近平谈治国理政：第三卷 [M]. 北京：外文出版社 .

新华社总编室，2019. 治国理政新实践：习近平总书记重要活动通讯选 [M]. 北京：新华出版社 .

北京交通发展研究院 . 北京市机动车保有量及使用特征分析 [R/OL].（2019-08-30）[2020-07-13]. https：//www.sohu.com/a/337447793_99949100.

本书编写组，2020. 交通强国建设纲要学习读本 [M]. 北京：人民交通出版社股份有限公司 .

财富，2019. 2019 年财富世界 500 强排行榜 [EB/OL].（2019-07-22）[2020-07-13]. http：//www.fortunechina.com/fortune500/c/2019-07/22/content_339535.htm.

蔡之兵，2018. 如何实现高质量区域协调发展新格局 [J]. 经济（4）：96-98.

本书编写组，2017. 党的十九大报告辅导读本 [M]. 北京：人民出版社 .

杜志雄，郜亮亮，2019.“坚持农业农村优先发展”的重要意义及实现路径 [J]. 中国发展观察（Z1）.

樊桦，2019. 运输服务高质量发展研究 [M]. 北京：中国市场出版社 .

樊一江，2016. 推广“一单制”构建多式联运系统 [N]. 中国经济导报，2016-12-10（B3）.

樊一江，2017. 综合交通枢纽经济与联动开发 [M]. 北京：人民交通出版社 .

樊一江，2018. 交通运输与经济社会深度融合发展：思路和建议 [J]. 宏观经济研究（8）.

樊一江，2019. 创新综合交通运输理论和方法论体系推动新时代交通运输与经济社会深度融合发展 [J]. 综合运输（12）.

傅志寰，孙永福，2019. 交通强国战略研究 [M]. 北京：人民交通出版社股份有限公司 .

公安部，2020. 全国私家车保有量首次突破 2 亿辆，66 个城市汽车保有量超过百万辆 [EB/OL].（2020-01-08）[2020-07-13]. https：//www.mps.gov.cn/n2254314/n6409334/c6852472/content.html.

《广东交通》编辑部，2018. 从两个层面认识交通运输高质量发展的丰富内涵 [J]. 广东交通（3）.

国家发展和改革委员会，2019. 国家发展改革委关于培育发展现代化都市圈的指导意见 [R/OL].（2019-02-21）[2020-07-13]. http：//www.gov.cn/xinwen/2019-02/21/content_5367465.htm.

国家发展和改革委员会，2019. 关于推动物流高质量发展 促进形成强大国内市场的意见 [R/OL].（2019-02-26）[2020-07-13]. https：//www.ndrc.gov.cn/xxgk/zcfb/tz/201903/t20190301_962405.html.

国家发展和改革委员会，2020. 国家新型城镇化报告（2019）[M]. 北京：

人民出版社.

国家发展和改革委员会综合运输研究所，2015.《新时期我国农村公路发展问题及政策研究》[R].

国家发展和改革委员会综合运输研究所，2019. 改革开放与中国交通运输发展 [M]. 北京：中国市场出版社.

国家发展和改革委员会综合运输研究所，2020. 中国交通运输发展报告（2020）[M]. 北京：中国市场出版社.

国家发展和改革委员会综合运输研究所，2020.《“十三五”现代综合交通运输体系发展规划》评估 [R].

国家统计局，2019. 第四次全国经济普查公报 [EB/OL].（2019-11-20）[2020-07-13]. http：//www.stats.gov.cn/tjsj/zxfb/201911/t20191119_1710340.html.

国家统计局，2020. 方晓丹：2019 年全国农村贫困人口减少 1 109 万人 [ER/OL].（2020-01-23）[2020-07-13]. http：//www.stats.gov.cn/tjsj/sjjd/202001/t20200123_1724700.html.

国家统计局，2020. 2019 年农民工监测调查报告 [R/OL].（2020-04-30）[2020-07-13]. http：//www.stats.gov.cn/tjsj/zxfb/202004/t20200430_1742724.html.

国家统计局，2018. 改革开放 40 年经济社会发展成就系列报告之四：居民生活水平不断提高消费质量明显改善 [EB/OL].（2018-08-31）[2020-07-13]. http：//www.stats.gov.cn/ztjc/ztfx/ggkf40n/201808/t20180831_1620079.html.

国家统计局科研所，2011. 中国全面建设小康社会进程统计监测报告（2011）[EB/OL].（2011-12-19）[2020-07-13]. http：//www.stats.gov.cn/ztjc/ztfx/fxbg/201112/t20111219_16151.html.

国务院，2020. 2020 年政府工作报告 [EB/OL].（2020-05-22）[2020-07-13]. http：//www.gov.cn/guowuyuan/zfgzbg.htm.

国务院办公厅，2020. 国务院办公厅转发国家发展改革委交通运输部关于进一步降低物流成本实施意见的通知 [R/OL].（2020-05-20）[2020-07-13]. http：//www.gov.cn/zhengce/content/2020-06/02/content_5516810.htm.

国务院发展研究中心“国际经济格局变化和中国战略选择”课题组，2018. 未来 15 年国际经济格局变化和中国战略选择 [J]. 管理世界（12）.

韩彪，1992. 马克思的运输经济理论和我国的实践 [J]. 中国社会科学（4）.

郝全洪，2018-10-18. 推动高质量发展必须处理好政府和市场的关系 [N]. 经济日报.

何立峰，2017-11-20. 贯彻落实新发展理念建设现代化经济体系 [N]. 学习时报.

何星亮，2017-11-14. 不断满足人民日益增长的美好生活需要 [N]. 人民日报（7）.

恒大研究院，2020. 长风破浪正当时——从 2019 年统计公报看中国未来 [EB/OL].（2020-02-29）[2020-07-13]. https：//xueqiu.com/4286133092/142532659.

胡希捷，赵旭峰. 浅谈改革开放 40 年中国交通发展 [EB/OL].（2018-10-25）[2020-07-13]. 中国交通新闻网. http：//www.zgjtb.com/2018-10/25/content_214388.htm.

胡祖才，2019. 城乡融合发展的新图景 [J]. 求是（14）.

交通运输部，2017. 关于全面深入推进绿色交通发展的意见 [EB/OL].（2017-11-27）[2020-07-13]. http：//xxgk.mot.gov.cn/jigou/zcyjs/201712/t20171206_2973177.html.

交通运输部，2017. 五年成就 “五纵五横” 贯通 公路总里程五年增长 53.4 万公里 [EB/OL].（2017-12-25）[2020-07-13]. 交通运输部网站. www.mot.gov.cn/zhuanti/2018jiaotonggongzuo_HY/201712/t20171225_2959121.html.

交通运输部，2019. 数字交通发展规划纲要 [EB/OL].（2019-07-25）[2020-07-13]. http：//xxgk.mot.gov.cn/jigou/zhghs/201907/t20190725_3230528.html.

交通运输部推进交通强国建设领导小组，2020. 交通强国建设专项研究成果汇编 [M]. 北京：人民交通社股份有限公司 .

经济日报，2020.“当你老了”，该怎么办？ [EB/OL].（2020-06-15）[2020-07-13]. https：//www.sohu.com/a/401972155_118392.

康红普，2020.“十四五”迎变局，煤炭路在何方 [EB/OL].（2020-01-20）[2020-07-13]. http：//www.ccoalnews.com/news/202001/20/c120911.html.

李君如，2017. 我们进入了中国特色社会主义新时代 [N]. 前线，2017-12-14.

李兰冰，刘秉镰，2020.“十四五”时期中国区域经济发展的重大问题展望 [J]. 管理世界（5）：36-52.

李连成，2018. 为什么中国不是交通强国 [J]. 综合运输（22）.

李玉涛，2018. 综合交通运输体系的困境与重构 [J]. 综合运输（3）.

李玉涛，2019. 交通运输的融合方向 [J]. 中国投资（19）：74-75.

刘世锦，2017. 推动经济发展质量变革、效率变革、动力变革 [EB/OL].（2017-11-15）[2020-07-13]. http：//www.qstheory.cn/dukan/qs/2017-11/15/c_1121947913.htm.

刘志强，2017. 交通，让发展血脉畅通 [N]. 人民日报，2017-12-26（5）.

刘志强，2018. 奋力迈向交通强国——专访交通运输部部长李小鹏 [N]. 人民日报，2018-02-14（3）.

陆军党的创新理论学习研究中心，2018. 不断满足人民日益增长的美好生活需要 [N/OL].（2018-01-05）[2020-07-13]. 解放军报，http：//www.qstheory.cn/2018-01/05/c_1122213246.htm?from=timeline.

罗国三，2019. 扎实推动基础设施高质量发展 [N]. 中国改革报，2019-08-07（1）.

马建堂，2020. 经济更加发展的成色十足——习近平新时代中国特色社会主义经济思想的生动实践 [N]. 人民日报，2020-07-02.

彭劲松，2020. 深化对新时代矛盾论的认识 [N]. 学习时报，2020-01-06（A2）.

《求是》编辑部，2019. 发展理念的一场深刻革命 [J]. 求是（10）.

人民网. 滴滴发布老人出行习惯调查报告：近两成老人遇出行难时放弃出门 [EB/OL].（2016-03-10）[2020-07-13]. http：//it.people.com.cn/n1/2016/0310/c243510-28189227.html.

生态环境部，2018. 中国机动车环境管理年报（2018）[R].

生态环境部，2019. 中国移动源环境管理年报（2019）[R].

石学刚，罗雨，周琳，2020. 后疫情时代：提升我国国际航空货运能力，增强国际供应链竞争优势 [R]. 临空经济研究中心.

汪鸣，吴文化，樊一江，等，2019. 交通大融合 [M]. 北京：中国计划出版社.

汪同三，2017. 在全面深化改革中处理好政府和市场关系 [N]. 经济日报，2017-02-24.

汪洋，2017. 推动形成全面开放新格局 [N]. 人民日报，2017-11-10（4）.

王德荣，2013. 王德荣文集：综合运输与现代物流 [M]. 北京：人民交通出版社.

魏后凯，年猛，李功，2020. “十四五”时期中国区域发展战略与政策 [J]. 中国工业经济（5）：5-22.

魏际刚，2017-12-22. 打造连接世界的全球物流体系 [N]. 经济日报.

吴文化，2019. 不忘初心 牢记使命 推动综合运输理论与实践创新发展——综合运输研究所建所 60 周年发展回顾 [J]. 综合运输（12）：1-10.

吴文化，向爱兵，毛科俊，等，2019. 我国枢纽经济发展理论与实践 [M]. 北京：经济科学出版社.

吴文化，宿凤鸣，2017. 中国交通 2050：愿景与战略 [M]. 北京：人民交通出版社 .

向爱兵，2018. 交通运输高质量发展亟待解决三大问题实现五大转变 [J]. 综合运输（11）.

向爱兵，2019. 交通运输应在“精”字上下足优化创新发展工夫 [J]. 综合运输（25）.

新华社，2019. 中共中央关于坚持和完善中国特色社会主义制度 推进国家治理体系和治理能力现代化若干重大问题的决定 [EB/OL].（2019-11-05）[2020-07-13]. http：//www.gov.cn/zhengce/2019-11/05/content_5449023.htm.

徐宪平，等，2018. 国家发展战略与宏观政策（下）[M]. 北京：北京大学出版社 .

许庆斌，荣朝和，马运，等，2003. 运输经济学导论 [M]. 北京：中国铁道出版社 .

杨传堂，2014. 坚定不移深化交通运输改革开放（深入学习贯彻习近平同志系列讲话精神）[N]. 人民日报，2014-03-17（7）.

佚名，2018 .“长三角”一体化：贡献全国 20%GDP，角力全球六大世界级城市群 [J]. 中国经济周刊（47）：7.

佚名，2018. 推动交通运输高质量发展 开启交通强国建设新征程 [J]. 交通财会（1）：8-17.

佚名，2019-03-30.“十四五”时期推进新型城镇化高质量发展 [J]. 城乡改革发展动态 .

尹稚，袁昕，卢庆强，等，2019. 中国都市圈发展报告 2018[M]. 北京：清华大学出版社 .

《拥抱全球化》编委会，2019. 拥抱全球化 [M]. 北京：中国计划出版社 .

中共交通运输部党组，2017. 奋力从交通大国向交通强国迈进 [J]. 求是（20）.

中共交通运输部党组，2019. 大力推进“四好农村路”高质量发展 [N]. 学习时报，2019-03-25.

中共交通运输部党组，2019. 奋力建设交通强国 [N]. 人民日报，2019-09-28.

中共交通运输部党组，2020. 加快建设交通强国 [J]. 求是（3）.

中共交通运输部党组，2020. 小康路上不让任何一地因交通而掉队 [J]. 求是（11）.

中共科学技术部党组，中共中央文献研究室 . 2016. 创新引领发展，科技赢得未来——学习《习近平关于科技创新论述摘编》[N]. 人民日报，2016-02-18.

中国城市轨道交通协会，2019. 城市轨道交通 2019 年度统计和分析报告 [R].

中国经济网，2020. 国新办就稳外贸相关举措举行新闻发布会 [ER/OL].（2020-04-10）[2020-07-13]. http：//www.ce.cn/ztpd/xwzt/xzbzt/41014/index.shtml.

中华人民共和国中央人民政府网，2018. 深化交通运输供给侧结构性改革 助推经济高质量发展——2018 年深化交通运输供给侧结构性改革任务解读 [EB/OL].（2018-04-18）[2020-07-13]. http：//www.gov.cn/xinwen/2018-04/18/content_5283616.htm.

中华人民共和国中央人民政府网，2020. 国务院新闻办发布会介绍“加快建设创新型国家 支撑引领高质量发展”有关情况 [ER/OL].（2020-05-19）[2020-07-13]. http：//www.gov.cn/xinwen/2020-05/19/content_5512981.htm.

中华人民共和国国务院，2011. 国务院关于印发全国主体功能区规划的通知 [R/OL].（2011-06-08）[2020-07-13]. http：//www.gov.cn/zwgk/2011-06/08/content_1879180.htm.

中华人民共和国国务院，2014. 中共中央 国务院印发《国家新型城镇化规划（2014—2020 年）》[R/OL].（2014-03-17）[2020-07-13]. http：//www.gov.cn/gongbao/content/2014/content_2644805.htm?76p.

中华人民共和国国务院，2017. 国务院关于印发全国国土规划纲要（2016—2030 年）的通知 [R/OL].（2017-01-03）[2020-07-13]. http：//www.gov.cn/zhengce/content/2017-02/04/content_5165309.htm.

中华人民共和国国务院，2017. 国务院关于印发“十三五”现代综合交通运输体系发展规划的通知 [R/OL].（2017-02-03）[2020-07-13]. http：//www.gov.cn/zhengce/content/2017-02/28/content_5171345.htm.

中华人民共和国国务院新闻办公室，2018. 中共中央 国务院印发《乡村振兴战略规划（2018—2022 年）》[R/OL].（2018-09-26）[2020-07-13]. http：//www.moa.gov.cn/xw/zwdt/201809/t20180926_6159028.htm.

中华人民共和国国务院新闻办公室，2018. 中共中央 国务院关于建立更加有效的区域协调发展新机制的意见 [R/OL].（2018-11-18）[2020-07-13]. http：//www.gov.cn/zhengce/2018-11/29/content_5344537.htm.

中华人民共和国国务院新闻办公室，2020. 中共中央 国务院印发海南自由贸易港建设总体方案 [R/OL].（2020-06-01）[2020-07-13]. http：//www.gov.cn/zhengce/2020-06/01/content_5516608.htm.

# 后 记

《加快构建现代综合交通运输体系》是《学习贯彻习近平新时代中国特色社会主义经济思想 做好“十四五”规划编制和发展改革工作》系列丛书之一。由国家发展改革委基础设施发展司牵头负责，国家发展改革委综合运输研究所为总支撑单位，中国城市和小城镇改革发展中心、中国交通运输协会参与，成立编写组共同编著。

本书在国家发展改革委党组书记、主任何立峰同志的直接领导下，由委党组成员、副主任胡祖才同志担任编写组组长，罗国三同志担任编写组执行组长，郑剑、汪鸣、史育龙、吴文化同志担任编写组执行副组长，仵宏元、樊一江同志编写统稿。各章节主要参编人员为：第一章，蒋中铭、陈晓博、史宇昕、李欣珏；第二章，向爱兵、李玉涛、李名良、何军；第三章，高月娥、刘昭然、孙综国、先虹锦；第四章，潘昭宇、高胜庆、黎明、王淑伟、谢英仪；

第五章，丁金学、刘思琦、李卫波、乌达、段冰凌。

袁达、孟玮、赵怀勇、张路鹏、李玥、杜彩军、王成金、陈沛然、李韶辉、李连成、谢雨蓉等对本书提出了宝贵意见。中国计划出版社责任编辑高明、李颖对本书进行了编辑加工整理。在此一并表示感谢。鉴于编写组水平有限，本书还存在一些理解不够精到之处，敬请大家批评指正。

本书编写组

2020 年 8 月

学习贯彻习近平新时代中国特色社会主义经济思想
做好“十四五”规划编制和发展改革工作
| 系列丛书 |